国家社会科学基金课题（10XJY039）研究成果
重庆工商大学企业管理研究中心开放基金项目资助

中国西部地区政府支农专项资金投入方式及监管问题研究

章新蓉　陈煦江　蒋　弘◎著

经济管理出版社
ECONOMY & MANAGEMENT PUBLISHING HOUSE

图书在版编目（CIP）数据

中国西部地区政府支农专项资金投入方式及监管问题研究/章新蓉等著．—北京：经济管理出版社，2017.2

ISBN 978-7-5096-4928-2

Ⅰ.①中… Ⅱ.①章… Ⅲ.①财政支农—专项资金—资金投入—资金管理—研究—西北地区 ②财政支农—专项资金—资金投入—资金管理—研究—西南地区 Ⅳ.①F812.7

中国版本图书馆 CIP 数据核字(2017)第 025228 号

组稿编辑：陈 力
责任编辑：陈 力 舒 林
责任印制：司东翔
责任校对：赵天宇

出版发行：经济管理出版社
（北京市海淀区北蜂窝 8 号中雅大厦 A 座 11 层 100038）
网 址：www. E-mp. com. cn
电 话：（010）51915602
印 刷：玉田县昊达印刷有限公司
经 销：新华书店
开 本：720mm×1000mm/16
印 张：13
字 数：255 千字
版 次：2017 年 5 月第 1 版 2017 年 5 月第 1 次印刷
书 号：ISBN 978-7-5096-4928-2
定 价：42.00 元

前 言

改革开放以来，随着经济快速发展和分税制的施行，在财力越来越集中的同时，财政转移支付规模也水涨船高。21世纪以来，中央和地方政府加大对农业、高新技术产业、社会事业、扶贫事业等领域的资金投入力度，但监管制度建设与资金投入规模不匹配问题较为突出。

在各项政府支出中，专项资金问题更为突出。专项资金反映的是政府临时性政策指向，但专项资金的监管一直是薄弱环节。政出多门，政策制定与资金分配、资金监督未实现完全分离，转移支付链条过长等问题突出。针对这些问题，需要梳理各类专项资金运行模式与监管机制，找出其中主要的问题，探索解决的理论和方法。

本课题组以重庆工商大学会计学院教师为主体，基于“大会计观”，充分探索、拓展和创新会计核算与监督职能，对政府专项资金监管问题开展研究。课题组发现，政府支农专项资金监管问题研究更加具有挑战性，支农专项资金涉及面广，规模扩张快，支付链条长，农村基层监管制度建设薄弱，存在问题比较隐蔽，监管难度大，成本效益矛盾比较突出。为了能够深入研究该问题，我们申请了国家社科基金，2010年获得国家社科基金批准立项（10XJY039）。

经过近4年的研究发现，支农专项资金监管是农村面临的诸多问题中的一个。现行“财政主导型”支农专项资金监管模式存在诸多不足，本书构建“利益相关者共治”监管模式及实施途径。“利益相关者共治”监管模式不仅可以提高农民在支农资金监管中参与度，同时希望农民能更加广泛参与农村各项治理，让农民真正成为农村的主人。

本书出版有利于政府相关监管部门以及有志于这方面研究的专家，特别是农村一线工作的财政工作者借鉴和参考。囿于水平、时间、成本等方面原因，本书还存在许多不足，恳请读者批评指正。

作者于重庆工商大学

2016年12月

目录

第一章 绪论

一、问题的提出

（一）研究背景

政府支农专项资金，是国家为了解决以“农业、农村、农民”问题而实施的一项财政转移支付手段。每年中央和地方财政筹集的支农专项资金达数千亿元，2006 年之后增长速度较快。相比于一般性或经常性财政转移支付，政府支农专项资金是一种应急性的转移支付手段，体现了政府对当前特定对象、特殊事项的政策取向。政府支农专项资金项目多，渠道复杂，管理环节多，效率低，一直是困扰政府和社会的监管难题。

通过调研分析认为，造成支农专项资金监管难主要是体制原因，使得监管变成一个难解的死结。要想解决支农专项资金监管难题，需要考虑从管理体制和投入方式上改革，改变政出多门、彼此脱节、交叉重复投入现状，建立支农资金统筹分配、责权利协调一致、管理高效有序投入机制，从根本上改进支农专项资金的监管，提高支农专项资金使用效果。因此，本书基于支农专项资金投入方式的理论分析和调查研究，通过分析不同投入方式下监管工作的制度性困境及其成因，进而对监管模式和机制进行较为系统的研究，以期为优化支农专项资金的投入方式、完善支农专项资金监管政策提供参考。

政府支农专项资金种类多，涉及面广。本书将政府支农专项资金投入方式与监管进行联动研究，重点对涉及面最广的直补资金，投入效益比较明显的农业项目的投入方式及监管进行重点研究。随着调研的进一步深入发现，涉及面最广的支农专项资金监管难度最大，直补政策在基层执行过程中出现了一些不公平、不和谐现象。2013 年年初，《民主与法制》杂志第 2 期刊出了“三峡库区惠农资金调查”系列报道，系列报道分为：《直补“一折通”牵出云阳县惠农资金乱象》《专项打击涉农犯罪，巫溪为惠农资金护航》《让基层政权回归群众》等，三篇报道通过一系列案例描绘了目前农村基层组织在惠农资金管理上的漏洞，揭露抨击了侵吞国家惠农直补资金腐败现象，也报道了巫溪县为保护惠农资金和农民合法利益采取的措施；报道从这些存在的问题深挖表面现象背后的体制原因，认为农村基层政权行政化、科层化，干部一切唯上的官场文化，是造成基层干部脱离群众，侵害群众利益的深层次原因。三篇报道涉及体制机制、政府职能、监管等多方面。受此事件启发，课题组对涉及农户的惠农直补资金监管问题作为研究的重中之重，多次深入农村基层调查，从制度设计、流程环节、监督机制等多个层面深入剖析原因，研究解决方法，提出相应对策。

（二）研究意义

西部地区的国土面积占全国 2/3，幅员辽阔。在西部大开发中，政府除了提高农村经济实力，解决城乡协调发展的制度创新外，一个主要做法就是加大对农村各类资金投入力度，进而提高农村经济实力。由于投入数额巨大，周期较长，投入的效率是政府和社会关注的问题。然而，政府支农专项资金存在投资效率低下现象，这种低效率在很大程度上削弱了一系列惠农政策的实施效果，甚至起到相反作用。本书研究目的是针对困扰我国多年的支农专项资金的投入方式和监管难题进行深入调查和分析，掌握实际执行效果情况，发现主要问题，找出定性原因和定量关系，提出治理对策。从课题组调查来看，由于存在制度漏洞，这方面问题比较普遍，前述系列报道所揭示的问题不过是冰山一角。由于监管体制导致的腐败问题，扭曲了惠农政策本质，加大了贫富悬殊，形成新的社会矛盾，导致不少基层抗争事件，违背了财政惠农资金的民生目标，严重损害了政府公信力。因此，通过调研，找到问题及其原因，对于改进支农专项资金管理模式，提高资金使用效率，扩大资金供给和投入规模，促进农业资本形成和壮大，加快西部地区的发展都具有重要的现实意义，同时也是一项紧迫的政治任务。

二、国内外文献研究及述评

（一）政府支农专项资金投入效率及评价研究

1. 政府支农专项资金投入效率研究

国外学者关于政府支农专项资金投入效率研究较多，主要集中于支农资金投入对经济增长的贡献、支农资金投入效率影响因素和投入产出效率三个主题。

一些学者研究了支农资金投入对经济增长的贡献。例如，Chang（2001）认为，财政投入对经济增长具有双重影响。Barro（1990）对公共支出与经济增长的实证研究表明，财政支出存在最优规模。Theodore William（1987）认为，由于利益最大化原则，投资者不愿意投资收益率较低的传统农业。因此，应该改造传统农业，引进新的生产要素，以提高收益率。政府应该发挥其优势。Scott（1999）在他的实证研究中分析了农业科研公共投资与农业增长贡献率关系，肯定了要素投入对农业增长的作用。他的观点是，虽然农业基础设施等要素投入相对制度创新来说，对生产的贡献效果不甚显著，但其作用却是可持续的。

不少学者立足于发展中国家情境研究影响支农资金投入效率因素。Ulrich Koester（2004）、Jensen（2000）分别从农村金融市场和农业信贷体系角度研究经济转轨国家对农村资金的配置问题，前者认为经济转轨国家因为缺乏有效的农村金融市场体系，所以国家的财政、金融部门对农村资金的配置效率低下；而后者认为在发展中国家的农业信贷资金主要来源于国家财政，而发达国家的城乡金融体系已经整合为一体，因此，其政府资助补贴的农业信贷模式在逐步转为市场化融资。分析得出：发展中国家政府主导下的农业信贷体系对促进农业投资缺乏效率。OECD（2001）认为，中国政府农业资金投资的最大问题在于：农业风险大，农业收入低下，农村信用和风险管理市场不完善，地方政府的趋利行为、寻租行为造成财政、金融资源低效配置和大量转移。Naude、Coetzee（2004）指出，发展中国家农村经济发展投资效率普遍低下问题，而解决这一问题必须规范政府行为，进行金融制度改革与完善。Chris、Salih（2008）调研发现，随着国际石油价格飞速上涨，支农资金在市场的热度正在减缓。但是从长期来看，政府对农业的财政支出最终将呈增长趋势，而且将是不可估量的。Spittler 等（2011）指出政府玉米补贴对美国和全球经济的负面影响，特别是与其相关的外部效应和长期后果，包括全球市场食物方面的低效率，政府资助在农业生产的垄断越来越多。Beason、Weinstein（1996）对投资补贴效应研究发现，补贴导致企业低增长以及规模报酬递减。Van Tongeren（1998）对荷兰的投资补贴研究发现，投资补贴提高了企业偿付能力，不恰当地改变了企业投资决策。Bergstrom（2000）对瑞典企业 1987 ~ 1993 年投资补贴效应进行分析发现，补贴在第一年会给企业带来积极影响，但从第二年开始，补贴带来的却是负面影响。Tzelepis、Skuras（2004）对希腊企业 1982 ~ 1996 年的分析发现，补贴能够提高企业偿债能力，但是不利于企业效率与获利能力的提高。

国内学者集中对我国政府支农专项资金投入产出的研究，主要有以下五个方面。

（1）以DEA模型为基础研究我国政府支农专项资金投入整体效率。杨伯坚（2012）采用DEA模型和Malmquist生产率指数计算各省（市、自治区）财政支农支出的静态和动态效率。研究表明，强化资金管理使用效益是提高财政农业支出效率的关键，强化各省（市、自治区）粮食安全责任意识、优化农业基本生产条件，提高农业投入的比较利益、增强城镇的集聚效应，可以提高财政农业支出的使用效率。刘穷志、卢盛峰（2009）利用DEA模型和改造的四阶段DEA－TOBIT效率评价模型研究发现，在新农村建设中，财政支农支出效率一般不高。财政支农投入必须激励农业生产增长和农民生活质量改善；必须缩减低效财政支出，进而提高公共支农资金的使用效率。方鸿（2011）采用剔除外生环境和随机误差对效率影响的三阶段DEA方法，对我国2005～2008年各地区政府财政资金支出效率进行了测评。分析结果显示，普通的DEA方法在评价各地区政府支农专项资金效率时会出现对总体效率水平的低估，尤其是西部地区很多省份政府支农专项资金投入效率被低估，不同地区之间效率差异程度被夸大。而实际上，近些年我国各地支农专项资金管理使用效率水平总体逐渐提高，不同地区之间效率水平的差异逐渐缩小。张鸣鸣（2010）通过DEA方法测评了我国近年来政府支农专项资金对第一产业、农村基础教育、公共卫生及其综合效率贡献。研究表明，我国农村公共产品投入总量长期不足，其结构性供给不足较为显著，供给技术效率不稳定且规模效率低下，使农村公共产品呈现显著供给无效率状态，为此有针对性地提出了建议。

（2）基于时间序列数据，对我国政府支农专项资金投入效率及其影响进行宏观研究。彭克强（2008）依据1987～2006年我国的时序数据研究发现，财政支农效率低下与金融支农积极性不高并且互为表里，而财政与金融彼此割裂地“单干”式支农是二者陷入困境的主要原因。为提升财政、金融支农能力，必须以整合观为指导，将二者有机结合，发挥各自在支农上的比较优势，以强化支农资金的政策功能和使用效率。何军、胡亮（2010），陈丽华（2010）发现，我国财政支农支出规模逐年增加，但支农资金利用效率却并未相应改善，政府支农专项资金利用效率总体处于下降趋势，并探寻了政府支农专项资金利用效率下降的原因。康书生等（2010）利用1980～2008年统计数据探讨政府支农专项资金、农村信贷、农业各税等因素与农民增收的相关关系，进而就加强农村金融发展，增加农民收入提出建议。杨建华、岳正华（2013），张亦工、胡振虎（2007）检验了政府支农专项资金投入与农民增收因果关系。分析表明，建立政府支农专项资金稳定增长投入机制，创新政府支农专项资金投入方式，有助于提高政府支农专项资金使用效率，促进农民收入增长。张攀峰（2012）对财政农业支出与农村居民消费相关关系进行探讨发现，财政农业支出对农村居民消费有拉动效用。其中，支农支出和农业基本建设支出对消费有明显促进作用，但农业科研和农村救济对消费无显著影响。朱牡丹等（2009）探析了1978～2006年我国财政支农结构与城乡居民收入差距的关系，研究表明，长期内，农村救济支出、农业基本建设支出、农业科技三项费用支出均有利于缩小我国城乡居民收入差距；而短期内，仅农业科技三项费用、农村救济支出能够缩小我国城乡居民收入差距。朱迎春（2013）研究结果与之有所差异，她指出，我国政府支农专项资金与农村基尼系数之间存在长期均衡关系，但各项支农资金的收入分配效应差异较大。其中，支农支出和农业科技三项费用能够有效缩小农村居民收入差距，而农业基本建设支出和农村救济费则未能发挥积极作用。姚林香（2011）则认为，财政是政府发挥作用的重要手段，在缩小城乡居民收入差距，促进农民增收过程中担负着重要使命。建议加大财政对农业的总量投入，优化政府支农专项资金结构，加大财政对农村公共品供给的投入，完善现行财政管理体制。钟德仁等（2012）以制度变迁视角审视政府支农专项资金低效，政府支农专项资金改革不仅要形成收益递增机制，还要重视中央政府、地方政府、农民组织者之间相互支持与配合，从内生层面和外生层面对政府支农专项资金低效锁定进行突破，制定更有效率的财政支农政策，实现政府支农专项资金效益的跃升。

（3）基于省际面板数据对我国政府支农专项资金的投入效率情况及其影响因素进行中观研究。赵璐、吕杰（2011）利用1949～2008年全国31个省（市、自治区）农业总产出和农业内部农、林、牧、渔的各自产出以及全国财政支农总支出数据进行面板估计，研究不同时期、不同经济区域农业总产出及农业内部农、林、牧、渔各自产出对财政支农总支出的弹性。结果表明，原始禀赋差异对资金使用绩效还是有一定影响的，我国政府支农专项资金使用绩效在农业优势地区高于农业劣势地区。从地理角度看，中西部地区政府支农专项资金的使用绩效要高于东部地区，这一点符合资金使用边际报酬递减的经济意义，也就是说，财政支农的资金投入到缺乏资金的地区会更有效率。徐建军、星焱（2013）利用1985～2009年我国省际面板数据，根据不同区域划分标准，实证研究政府支农专项资金对粮食产出的影响。研究表明：第一，按产销状况划分，我国粮食生产区财政支农力度和粮食边际产出效应明显高于非生产区；第二，按经济发展水平划分，中部、东部地区财政支农的粮食边际产出效应明显高于西部地区，但是二者的财政支农力度明显低于西部地区；第三，各地区财政支农的粮食单位产出效应正在逐步收敛于一个较低水平上。林江、李普亮（2011）运用1981～2006年全国30个省（市、自治区）数据为样本对象，运用双向固定效应模型和PCSE方法综合分析了地方财政农业资金投入对农村居民消费的影响。研究发现，地方财政农业投入对农村居民消费的效应总体上比较微弱，但表现出明显的区域性差异。其中，东部地区的财政农业资金投入对农村居民消费有显著的正向作用，而中西部地区的财政农业投入对农村居民消费的影响并无显著影响。为此，笔者建议构建财政农业投入稳定增长机制，优化财政农业投入区域结构，完善农村居民对农业公共产品的需求意愿表达机制，健全农村社会保障体系以及完善农村消费环境等政策建议。李普亮、贾卫丽（2011）根据 1994～2006 年省级面板数据，借鉴“Armey 曲线”二次方程模型，对我国地方财政农业投入最优规模进行估算。结果发现，如果以农业 GDP 作为农业经济代理变量，则当地方财政农业投入占农业 GDP 的比例为 39.8% 时，农业经济增长速度达到峰值，而地方财政农业投入的现实规模远远小于估算的最优规模。为此，必须通过制度创新进一步强化地方财政对农业的投入。

（4）立足于上市公司、农户等主体对我国政府支农专项资金的投入效率情况及其影响因素进行微观研究。林万龙、张莉琴（2004），邹彩芬等（2006）基于不同时期农业上市公司财务数据，分析了财政补贴政策对农业上市公司绩效影响。研究显示，税收优惠政策对农业上市公司产出没有显著影响，而直接的财政补贴却对企业偿债能力有显著促进作用，但会导致企业管理层的寻租和偷懒行为，即政府的财政补贴政策是缺乏效率的。冷建飞、王凯（2007）运用面板数据检验了财政补贴政策对农业上市公司绩效的影响。研究表明，税收补贴对上市公司盈利有显著促进作用，但对其长期发展作用非常小；而补贴收入对其经营业绩和发展能力的影响均不明显。彭熠、胡剑锋（2009）对“国家农业财政补贴优惠政策有效”这个假设进行检验。检验结果显示，目前的财政补贴政策对农业上市公司的业绩并未产生显著促进作用。黄海洋等（2008）运用 Granger 因果检验法检验政府支农专项资金投入与农业产出之间的相关关系，运用生产函数测定政府支农专项资金各类支出的边际产出效应，并从财政支农政策制定和执行两方面探讨财政支农支出结构偏差原因。研究表明，农业公共产品投入不足，极大地制约了中国农业可持续增长。因此，为最大限度提高财政支农资源配置效率，必须进一步加大农业科技投入力度，增加农业基础设施投入力度，压缩农业事业费支出，并在政策层面进一步改革和完善财政支农政策的制定和执行机制。

刘旦（2006）从我国财政支农结构角度，运用向量自回归模型（VAR）分析财政农业资金投入结构与农民收入增长的关系。结果表明，财政支农支出结构中对农民增收效应高低的次序为：用于农村科技三项费用支出最高、支农支出次之、农村基本建设支出最差。彭克强、鹿新华（2010）则基于 1950～2007 年粮食总产量和财政支农投入总额数据，对财政支农投入与粮食生产能力之间关系展开协整分析并建立误差修正模型，并检验两者之间短期因果关系。曹子坚等（2007）通过灰色关联分析得出，农业生产投入与农业科技投入对当期农民收入影响最大，因此，笔者建议加大农业生产、农业科研与推广投入力度，提高农业发展中科技含量，改造落后农业生产方式。尽管农业基础设施投入对农民收入的增加具有滞后效应，但政府对于农田基础设施建设、农村能源电力建设、农村道路建设等农业基础设施的大力投入，必将对后期农民收入产生促进作用。

（5）省市政府支农专项资金问题个案研究。管鹏、刘荣茂（2007）选择江苏省作为研究样本，利用江苏省 1990～2005 年农业信贷、财政支农投入与农民人均纯收入的实际数据，运用考虑残差项序列相关的 ADF 单位根检验法的实证分析方法检验农民收入提高与外部资金投入之间的关系。结果表明，政府支农专项资金对促进农民收入水平提高绩效不明显，所以当务之急是完善农村金融市场体系，优化政府支农专项资金配置结构。张甲东、马惠兰（2009）首先分析了新疆财政支农投入与农业经济发展状况，在此基础上建立了非线性回归模型分析我国政府支农专项资金总体效率水平，又使用该模型对全国各省、市、自治区（包括四个直辖市）财政支农投入效率水平进行评价；同时运用单指标评价法和综合评价法对 1991～2005 年新疆财政支农投入效率水平、产出效率水平及农村居民生活提高效率水平进行综合评价。刘国辉、林娅琪（2010）以辽宁省为例，对 1978～2006 年辽宁省财政支农和农民收入数据，采用计量经济研究方法进行实证分析认为，财政支援农业支出总体对农民收入增加的带动作用很强，为财政支农政策提供理论依据。李琼、严伟涛（2010）指出，自重庆直辖以来，市财政支农政策体系得到较快发展。研究发现，政府的投资、财政支出对农业 GDP 的增长、农业产出的提高具有较大弹性作用。现阶段，应进一步完善财政支农政策体系；规范政府支农专项资金管理机制；有效整合政府支农专项资金，集中有限资金解决重大问题；健全政府支农专项资金分配方法，调动各方面积极性；创新政府支农专项资金拨付方式，确保支农资金的时效性；完善政府支农专项资金监督体系，提高政府支农专项资金效用。

2. 政府支农专项资金投入产出绩效评价研究

李健等（2004）从经营效果、绿色效果、资源能源属性、销售和消费属性、生产属性、环境效果、发展潜力等方面构建了面向循环经济的企业绩效评价指标体系。温素彬、薛恒新（2005）从经济、生态、社会三个方面建立了基于科学发展观的企业绩效评价指标体系和评价模型。韩春伟（2009）在三重绩效评价研究中引入矢量分析方法，并通过矢量空间的引入建立分析模型，找到三重绩效契合点。这种既有大小又有方向的矢量分析方法打破了企业绩效评价传统方式中的简单求和，丰富了三重绩效评价理论依据。矢量分析方法将静态均衡性综合评价与动态协调性综合评价相结合，有助于推进可持续发展战略在微观层面的实践。温素彬（2008）按照可持续发展战略要求，也从经济、生态、社会三个方面构建了企业的三重绩效评价指标体系，运用空间几何方法建立一套企业三重绩效评价模型。这套模型包括静态绩效评价、静态平衡度评价、动态协调度评价以及综合评价。宋志华等（2011）根据财政支农专项资金特点，采用模糊综合评判和层次分析方法，初步构建财政支农专项资金绩效评价模型。该模型能够更客观反映农业财政专项资金绩效评价等级状况；也可以计算农业专项资金绩效模糊综合评判结果对应的单值，对各项农业专项资金绩效进行排序；还可以计算农业专项资金绩效模糊综合评判结果隶属度对比系数，获得各等级隶属度内部结构信息等。

（二）政府支农专项资金投入方式及整合研究

1. 政府支农专项资金投入方式研究

（1）国外研究。

目前，国外关于政府支农专项资金投入方式的研究主要集中在直接补贴问题上，立足于发展中国家和发达国家两大情境进行影响因素的探究。

1）有关发展中国家政府支农专项资金投入方式的研究。

Dorward 等（2011）分析了马拉维 2005 年 6 月至 2008 年 9 月的补贴方案，发现全国范围内发放的化肥和种子补贴大幅度提高了玉米生产率，增加了食品的可用性。然而，随着国际化肥价格和玉米价格的增高，补贴方案破坏了粮食安全，减少了马维拉贫困农民购买玉米主食的数额。最后，改进了补贴方案，提高了方案的有效性，为马拉维玉米经济的发展做出了贡献。Ali、Sonia 等（1996）研究埃及粮食补贴制度（面包、小麦、面粉、糖和油）对收入分配的影响，即使这些补贴的食品原意是提供给所有的埃及人，而研究发现补贴会自动地有针对性地发给穷人。因为财政补贴的是“劣质食品”。因此，埃及食品补贴具有收入分配的积极影响，当粮食补贴未列入支出时，城市地区基尼系数上升为 3.7%，农村地区为 1.2%。Jha、Raghbendra 等（2013）认为，印度穷人中实施的最大的有针对性的公共配给系统（粮食）失败了，他们采用来自印度三个地区安得拉邦、马哈拉斯特拉邦和拉贾斯坦邦的数据分析表明，通过食品价格补贴仅仅是实际收入转移计划的一小部分，其贡献是通过小麦、大米和糖的补贴分析真实收入转移的决定因素，分析新收入转移与家庭经济地位的不平等，食品价格补贴金额，购买地分布变化的交易成本，商店的公平价格和供应短缺之间的关系，这些结果对政策的影响是深刻的。Geraldo Sant’ana de Camargo Barros 等（2010）研究粮食安全和清洁能源之间的关系，并进一步评估巴西南部的食品、乙醇和生物柴油生产的经济可行性。结果表明，即使是最有效的乙醇生产国巴西，如果美国坚持对巴西商品征收进口关税，政府也需要对生产者进行补偿性补贴。就食品安全问题，由于新兴国家的强劲竞争需求，乙醇和牛肉的价格将会呈现上升的趋势。

同样的道理，生物柴油也将变得不那么经济可行。因此，创新的、清洁的、有价值的、天然能源将更有竞争市场。未来几十年，食品和能源的高消耗将带来高利润率，制造业带来的环境污染将会阻碍食品行业扩张和清洁能源扩张。

Torayeh、Neveen（2011）指出，尽管世界贸易组织提倡减少农业补贴，但是欧盟和美国的农业补贴仍占世界农业补贴总额的85%以上。发展中国家在香港会议上面临的一个重要政策决策是他们是否应该减少补贴来确保获得更多的贸易收益。为此，他们运用19个发展中国家1995～2005年的数据，基于协整与ECM结果表明，欧盟和美国的补贴每削减1%，发展中国家农产品出口量在世界农产品出口总量中的占比将增加0.11%～0.55%。因此，在未来的政策研究中应该重点关注农业补贴范围和结构。Abdoulkarim Esmaeili等（2013）认为，在发展中国家，粮食补贴是社会安全网方案的主要部分，这些补贴的主要目的是减少这些国家中持续的贫穷。但是，由于方式不恰当，这些粮食补贴很大一部分“泄露”给高收入群体。他使用一个可计算一般均衡（CGE）模型，对生产、外贸、食物替代补贴改革，影响家庭的福利和政府在伊朗的开支进行研究。如果有针对性地对食物消耗大的低收入家庭进行补贴，将减少政府开支4.4%；增加农业出口，减少非农业出口，对于消费者的福利会产生负面影响，包括对于所有的城市消费者和农村消费者，除了最贫穷的1/5。Sharma、Vijay Paul和Alagh、Munish（2013）认为，食品价格补贴在发展中国家减少贫困方面发挥重要的作用。因此，几十年来对粮食市场的政府干预存在几种形式。政府可以作为供应商或买家（采购人），通过税收、补贴、法规等直接参与或间接参与。在印度，政府干预粮食市场有着悠久的历史，19世纪60年代中期，其主要干预措施是建立农业价格委员会（后来更名为农业成本和价格委员会）和印度食品公司；后来，政府干预主要包括以最低支持价格/采购价格采购粮食，通过食品库存管理存储和缓冲库存，通过公共基本粮食的分配系统（PDS）资助的价格，直接和间接干预内部和外部贸易。这些干预措施的主要目的是给予农民有利可图的价格，从而增加粮食产量。

国外学者也对处于转型经济下的中国情况进行专门研究。例如，Du Yuneng等（2011）分析了中国农业补贴制度当前面临的一些问题，并提出了今后改进方向；Guanzhong James Wen等（1999）认为，乡镇企业的利润补贴农业的政策在保持社会稳定和加速平衡中国农村地区的经济增长具有重要作用，这主要基于两个原因：一方面，这项政策开始在工业化初期；另一方面，这项政策被实施的对象是在社区一级，而不是在国家一级。对这种政策的合理性和起源进行检查发现，这项政策不能被很好地监督。

2）有关发达国家政府支农专项资金投入方式的研究。

Zou Yang和Wang Qingbin（2012）通过1960～2010年数据研究美国政府直

接补贴对农业生产的影响。回归结果表明，政府直接补贴对农业生产和出口有负面和滞后影响，但影响程度有限。这一研究结果为中国等其他国家的农业政策制定者提供了有用的信息。De Gorter 等（2009）研究美国乙醇税收抵免和进口关税政策如何影响玉米乙醇汽油的市场和农业补贴，这些政策如何相互作用，即乙醇的税收抵免和进口关税各自对乙醇和汽油价格的影响。乙醇进口关税仅增加乙醇和玉米出口贸易条款，但会降低汽油进口贸易条款和农产品价格支持的税收成本。在农业补贴影响下，税收抵免和进口关税的最优状态取决于价格。当农业补贴支出规模较大时，乙醇的进口补贴将会带来更好的社会效益，因为燃料市场补贴规模和玉米市场息息相关。Bureau 等（2012）撰文探索了欧盟委员会一项提案的不足。2011 年 10 月，欧盟委员会提出了一套旨在使共同农业政策更有效的法律建议。该文对提案进行了批评，并有针对性地提出改进建议。研究中，作者特别关注直接付款、CAP 绿化和农村的发展，以及议案推行过程中的权利授予。

（2）国内研究。

国内学者关于政府支农专项资金投入方式的研究包括政府投入方式、非政府投入方式和政府支农专项资金整合研究方面。

1）对政府投入方式的研究。

政府投入方式主要有直补投入及项目投入。直补投入研究主要集中在粮食直补、农资综合补贴、良种补贴及农机具购置补贴。有关粮食直补研究重点集中在以下两个方面：一是对粮食直补政策实施现状的分析。郭春丽、赵国杰（2010）从制度经济学视角，应用“同意一致性”原则对我国粮食直补政策进行绩效评价。结果显示，不仅政府和农民最优绩效的“同意一致性”程度逐步增强，粮食直补制度绩效也在增强。王金晖等（2008），林弓长、单德鹏（2007），吴茂群、谢晶莹（2007），唐茂华（2010），刘桦、朱云（2008），冉红毅等（2009），孙艺、胡艳芳（2009），李喜童（2009），张莹（2013）等对粮食直补存在的问题进行了分析并提出解决建议。二是关于粮食直补绩效的分析。刘忠侠等（2009）通过实证研究表明，不挂钩方式下的粮食直补政策比挂钩方式下的粮食直补更适合当地发展。柴洪等（2011）研究表明，甘肃省河西、河东 8 地市在实施粮食直补后，粮食生产的规模报酬递增不显著。提出要按粮食主产区和非主产区增加补贴额，按粮食销售量直补。刘艳、吴平（2012）研究表明，粮食直补政策对于粮食主产区和非主产区效果差强人意，主产区的效果稍好于非主产区，进而提出了改进建议。

关于农资综合补贴研究主要集中在如何完善农资综合补贴方面。彭嫃、孟俊杰（2014），崔奇峰等（2013），潘群敏（2013）认为，农资综合补贴政策有一定的增收和增产效应，但实施过程中存在很多问题，进而提出了改进建议。魏茂青、郑传芳（2013）利用调研数据分析农户对农资综合补贴政策的认知情况，发现农户对农资综合补贴的认知不够明确，进而提出了改进建议。

有关良种补贴主要集中在农户对良种补贴的认知和良种补贴实施效果方面。王秀东、王永春（2008）研究结果显示，农户小麦新品种选择行为主要受地区差异、新品种可获性、农户风险意识以及良种是否增加收益的影响。因此，政府应改进良种补贴政策执行方式，引导并推动农户采用良种。冷博峰等（2012）研究表明，良种补贴能够显著地促进农户选用良种，但对于稳定小麦种植面积的效果不显著，建议在坚持执行良种补贴政策基础上，提高补贴标准，选用高品质良种。王秀东、王永春（2007）从我国农户小麦生产决策主体、生产投入要素、农户科技指导信息来源等方面入手，剖析我国农户小麦生产模式对执行良种补贴政策的影响，最后结合我国农业政策实际环境，提出解决问题的途径。郭军、任建超（2011）分析了良种补贴对粮食质量的影响程度，提出了衡量补贴政策对于粮食品质提升的评价体系。张冬平等（2011）运用回归模型对良种补贴政策满意影响因素进行分析，进而提出了建议。

关于农机补贴主要集中在实施影响及效果研究上。颜玄洲等（2011）以江西省为例，实证分析农机购置补贴政策对农民收入的影响，为优化我国农机购置补贴政策提供理论依据。顾和军（2008）研究结果表明，对农机具实施补贴之后，农机服务供给增加，价格下降，接受服务的农户也能分享补贴部分收益，并且可能存在机械对劳动力的替代。随着土地转租及雇用劳动和雇用机械的大量产生，农民逐渐分化为主要依靠地租收入的土地所有者、主要依靠工资收入的劳动者和主要依靠资本收入的经营者，在这种情况下，该项政策的实施可能产生新的收入分配效应。刘宁（2010）分析了农机补贴对粮食生产成本收益影响及其面临的主要问题，并在此基础上，给出了提高农机补贴政策的对策。恽竹恬（2010）对目前农业机械购置投入现状进行了分析，认为当前财政投入总量与实际需求仍存在差距，财政投入效果仍有待提高，最后提出对策建议。关于项目投入的研究主要集中在加强项目资金监管建议上，具体文献参见支农资金监管文献研究部分。

2）对非政府投入方式研究。

非政府投入方式研究较少，目前比较普遍的是金融支农。吴旭峰（2013）认为，我国支农资金来源应该包括财政支农和金融支农两个方面，同时坚持信贷支农为主、财政支农为辅的原则。韩财安（2011）认为，以农村信用社为主的金融机构应积极改进“三农”金融服务，缓解“三农”贷款难困境，积极支持农业增产、农民增收和农村经济发展。陈新平（2008）认为，在财政支农过程中，应该将政府支农专项资金进行金融化运作，实行支农资金的循环和有偿使用。王正艳（2012）认为，我国农村小额贷款公司试点以来，对促进我国农村经济发展，解决我国支农资金不足等问题发挥了一定作用，但仍然面临着业务品种单一、收入有限等问题，针对当前现状，提出了相应对策。周科、王钊（2010）以重庆市为例，对西部农村金融服务缺失现象进行了考察，构建了一个信贷交易合约模型分析西部农村金融服务缺失的生成机理，发现模型中贷款利率管制、担保抵押难、政府支农专项资金低效利用等因素导致信贷交易合约无法完成，出现农村金融服务缺失。

3）关于政府支农专项资金整合研究。

汪上等（2012）利用2001～2011年凤阳县政府支农专项资金及农业经济增长时间序列，分析两者之间动态关系及作用机制。基于两者之间在国家、省城与县城层面的差异性，提出若干整合政府支农专项资金的路径。肖文兴、向佳炜（2011），彭克强、胡星城（2008），胡振虎（2009），饶培元（2009），逯文生等（2012）在归纳财政支农缺陷（管理部门多、到位速度慢、投入分散和效率低下等）基础上，对整合政府支农专项资金可行性展开深入剖析并提出相关建议。泽巴足（2007），庞鉴宏（2007）分别根据四川省开展的6个财政部试点县市和2个省级试点县的以县为主的支农资金整合试点，包括重庆黔江区在内的50多个县市开展政府财政支农投资整合的实践总结得出，支农资金应整合使用，减少资金的重复使用和内耗，集中力量突破新农村建设中的重点和难点问题。王奎泉、刘鹏（2013）结合个体理性决策与集体决策的非理性理论分析了支农资金整合，认为政府集中投入支农资金方式会受各部门利益竞争的影响。借助委托代理理论得出了县级政府必然认真分析当地农业发展重点及农民偏好，提供适应当地发展需求的公共产品，保证委托人与代理人目标相一致，使得政府支农专项资金整合工作符合当地需求。另外，结合浙江省政府支农专项资金整合调研，通过建立政府支农专项资金整合效果测定指标，对富阳市进行了实证分析，并结合研究对象的工作实践，有针对性地提出了与县级政府支农专项资金整合工作配套的机制创新和制度安排。王继华、张爱国（2010）提出了一个新思路，即以整合资源成规模、集中资金办大事为思路，挖掘各类支农项目资金相互支持、相互配合的聚合功能，建立农业综合开发项目区，以充分提高政府支农专项资金的使用效率。

（三）政府支农专项资金投入监管问题研究

1. 国外政府支农专项资金投入监管研究

James S. Wunsch（1983）较早研究了政府支农专项资金监管问题。他认为项目管理的重要性是公认的，提高管理的最好途径是丢弃课堂学习的，培养与实地项目直接相关的管理模式，援助项目主要是服务于官僚的利益而损害了其他人的利益。因此，项目管理需要被重新设计，从而使援助项目能够实现其目标达到利益最大化，他们围绕 1975 年开始的加纳农业管理开发项目，并在 1979 年带领团队进行鉴定，发现该项目取得了相当大成就，但也揭示了项目存在的问题。这些问题可以在农业部门坚持发展项目中丢失的官僚政治利益方面理解和解释。最后，作者建议通过增加激励进行改进。Bernard Paul Coulson（1993）检视了欧共体理事会第 4045/89 号审计条例在实行 3 年后在欧共体农业开支上的总体控制，他认为有充分证据证明多种受益计划的复杂性影响了欧共体对农业开支总体上的控制力度，使投机分子得以利用这些复杂性获取好处。因此，需要排除对政策的无休止争论，采取措施提高有效控制水平。

2000 年后，国外对政府支农专项资金监管问题研究文献日益丰富。Harris、Rebecca Lee（2000）认为，过去的十年，墨西哥已开放农业部门，从价格支持、生产者补贴和消费补贴系统改变成一个扭曲程度较低的计划，在这个计划下市场力量能够发挥更大作用。恰逢这些改革，政府向农民实施直接付款的联合系统。这篇论文采用一种可计算一般均衡模型来分析区域、家庭和整个经济从旧的价格支持和补助系统转换到新的减少价格干预和联合支付系统带来的影响。墨西哥 CGE 模型结构有四个农村地区、一个城市地区、一个高分列的农业和食品部门，还包括 15 个家庭，根据区域和收入水平定义，允许丰富的分配效应分析。通过一系列研究表明，在不受干扰的情况下，一次性补贴是最好的补贴制度；当存在负面冲击情况下，旧的价格支持、生产者补贴和消费系统将会在农业生产和产出方面有更好效果。Juliane Von ReppertBismarck（2005）认为，欧盟在 2004 年春天提议的宪法失败主要源于布鲁塞的官僚机构反馈信息缓慢所致。欧盟更趋向揭示一个个农场的详细信息，即倡议欧盟的补助能够更加贴合它的公民，使援助提供的帮助能够最大化帮助农民。“公民应该知道他们支付的税费用到哪里。”欧盟审计女发言人 Rampi 和反欺诈专员 Siim 表示。在欧盟委员会主席巴罗佐的支持下，欧盟的行政部门计划在星期三会议上公开发表和公示所有欧盟基金受益人名单，使基金管理透明化，这一措施将据实披露谁获取了欧盟的农场援助。Kroupova、Zdenka 等（2009）披露农业政策及相关评价由来已久。50 多年来，经济学家一直尝试评价农业公共支出选择程序标准。他认为，结构列表对农业政策及补贴效率的评价是有效的。同时，他也指出了测量农业政策收入再分配的方法。Nielsen、Laura（2009）指出，农业补贴应在农业规定中受到规范与监督，农业环境补偿补助应在农业规定的绿箱补贴附件二中被规范。国内的支持措施要求减免税承诺，他们应该没有或者很少扭曲贸易。因此，要求豁免的所有项目都应符合以下基本条件：所涉支持应该通过一个公共资助的政府项目（包括政府收入损失），不涉及从消费者的转移；所涉支持不应该对生产者提供价格支持的影响；再加上特定政策标准和下文所列的条件。而环境方案下的付款：此类付款资格应该被确定为明确定义下的政府环境或者养护方案的一部分，并且依赖实现特定条件下的政府方案，包括生产方法或投入的付款条件；付款金额应限于额外费用或收入在遵守政府方案中所涉及的损失。同理，AECS 绿箱补贴必须有四项正规要求：如付款必须由政府直接打到生产者账户。此外，Rednak、Miroslav 等（2013）对各国农业政策进行了比较，且支持欧洲一体化进程。他们开发了一种工具叫 APM（农业政策措施工具），该工具允许跨国家定性和定量分析的预算，其支持农业使用统一的分类和制度化模板。所有农业政策措施都基于三个主要支柱：市场和直接生产者支持措施、结构和农村发展措施和与农业有关的一般措施。对农业的总体预算支持应代表与农业有关的所有来源，但没有行政费用和向非农业部门转移的总和。该工具对西巴尔干国家农业政策进行分析，证明其政策是有用的，并允许加入欧盟。

美国政府责任办公室（GAO）对支农资金监管研究取得了系统化成果。随着联邦财政转移支付资金持续增长，GAO（2011）发布了系列报告，关注转移支付资金管理监督风险和薄弱环节。*Federal Grants*：*Improvements Needed in Oversight and Accountability Processes* 一文披露：在联邦财政转移支付过程中，有效的监管和内部控制对保证正确使用联邦资金发挥基础性作用。健全的内部控制系统为合法使用转移支付资金提供合理保证。为提高审计资源利用效率，提出了完善单一审计建议。GAO（2011）还披露，公众缺少对各援助项目实施有效性监督，建议美国农业部有效协调内部与外部机构，参照审计署以前针对农业部出具的各种建议，防止风险管理机构和农场服务局存在的潜在欺诈浪费以及联邦农作物保险程序中滥用职权的情况。农业部必须确保正在有效实施的各援助项目，其提供服务务必有效且能达到目标，实时审查项目进展，以提高性能和问责制。GAO（2012）披露，2003~2011 年，美国农业部通过直补方式给农民及生产者的补贴超过 460 亿美元。经审计署 2012 年报告鉴定，部分农业直补被转换为非农用途，因此，美国农业部不再有资格对其进行系统的报告。同时直补缺乏年度终结合规的审查过程，缺少监管，因此建议国会减少直补、对直补政策重新考虑。Michael Fiebig 认为，传统金融行业的审慎监管框架将有利于农业金融市场，包括农业生产，尤其是小农民。在监管过程中，应该引入多种监管机制，重点在于外部监管，但内部监管和自我调节也是必不可少的。GAO（2014）披露，为防止农业部各个作物补助计划之间重复拨款，审计署建议联邦安全署、风险管理机构等监测识别重复拨款程度，并制订一个计划，防止 2014 年参与试点的 RMA 作物保险政策的所有重复拨款。

2. 国内政府支农专项资金投入监管研究

国内关于政府支农专项资金监管分为政府支农专项资金监管和其他投入方式

监管。

政府支农专项资金监管的研究主要从两个方面展开：

（1）政府支农专项资金监管现状。张志鹏等（2003）、种金睿（2008）、胡飞（2009）、马晓萍（2009）、陈学军（2008）、占玉芳（2008）指出，政府支农专项资金监管中存在支农专项资金投入渠道紊乱，整合不到位，分配级次多、链条长，项目管理不够科学等问题，进而提出改进建议。邵淑娥（2012）认为，当前财政农业项目资金管理普遍存在的主要问题有预决算报表编制不完整，预算执行不够严格，部分专项资金闲置没有发挥效益，"收支两条线"执行不到位，内部控制及会计核算不规范。李玲英（2012）结合实地调查研究指出，中国政府支农专项资金会计监督模式存在会计主体不合理，没有确立政府支农专项资金为主体；会计核算基础不具有科学性，未按照政府支农专项资金性质选择；会计核算的财务报告不完善等问题。韩凤清（2012）、吴佶楠等（2012）发现资金管理和使用存在以下问题：管理制度不完善；政府事权划分不清；部门协调不尽如人意，缺少与之适应的财力匹配机制；部门职责交叉不明，缺乏与之相适应的有效协调机制；资金使用监管不严，缺乏与之相适应的绩效评价机制。

（2）政府支农专项资金监管改进建议。辛波、于淑俐（2007）提倡进行转移支付制度变革，建立一个均等化转移支付与专项拨款并重的转移支付体系，各级政府应建立有权威的转移支付政策委员会及管理信息系统。贠鸿琬（2008）提出的对策是建立严格的预算可行性分析制度、严格的专项资金专款专用制度、严格的预算审签和审核支付审批制度、严格的效益分析制度及加强对建成项目跟踪检查制度。林振平等（2009）提出在支农资金投入机制改革上要设立支农资金基金管理委员会统一支农基金账户，各级政府在财政支农方面的财权和事权要界定清晰，调整优化财政支农支出中要推进行机构改革，缩减涉农行政事业费。徐金清（2009）从农业基建项目前期工作、实施、竣工验收三个环节提出加强农业基建专项资金管理建议，认为在前期要引入新机制、建立健全项目评价分析体系。王红梅（2009）、谭林根（2006）等认为，应减少农业专项资金拨付环节，建立支农资金项目责任追究制度，完善财政资金报账制，完善会计监督体系，转变审计方向，由合规审计向效益审计转变。李连华（2010）指出，我国的"三农"资金监管体系由纵向监管、横向监管和群众监管三种监管方式构成。但是，这种"三位一体"的高密度的监管网络并没有产生预期的监管效果。监管效率低下所导致的"三农"资金流失、挪用时常发生。通过对纵向监管、横向监管和群众监管效率差异进行分析研究，作者认为这三者之中，纵向监管具有效率优势，应该成为可以依恃的重点；而对于横向监管，应让上级审计部门监管下一个层次财政部门；同时应提高群众对"三农"资金监管参与度，提高群众监管效率。

章新蓉、王杏芬（2011）通过构建不完全信息的静态和动态博弈模型对舞弊者与检查者收益函数进行了合理设计，并对二者之间关系进行了详细分析。分析结果表明，与政府自查相比，独立第三方监管可以更好地降低检查成本，最终提高惠农政策效果。陈道燕、李义平（2011）从支农资金来源于财政性资金角度，提出一些发挥乡镇政府支农专项资金监管作用的建议：整合各类支农资金，可有效解决资金分散、建设重复、效益不高问题，也能减轻乡镇财政监管工作量；构建立体监管网络，合理划分监管责任；有效利用“乡财县管”及“村财乡管”平台，将全部支农资金全部纳入乡镇财政专户管理并封闭运行，在乡镇层面构建一道支农资金“防火墙”；从拥有资金管理权角度，发挥面向第一线的优势，融入项目的申报、评估、实施及验收的全过程，并以此作为是否拨付资金的重要参考；大力加强乡镇财政自身建设，强化其监管支农资金的能力。毕瑞祥（2012）通过创新支农基金监管机制，在事前、事中及事后监督环节应用信息技术，事前加强“信息公示”，事中重视“资金网络动态监管”，事后重视“绩效评价”，从而保证支农基金发挥应有的效应。李仿（2012）针对当前支农资金安全得不到保障问题，建议从加强村级干部综合素质入手，实行政务公开，对现行管理体制中的弊端进行改革，实施集中核算报账管理模式。董琦（2013）认为，应该抓好资金的审计，采用分析性复核、现场实地调查、点面结合等多种审计方法，将账面审计与深入乡镇、农户调查结合起来。

关于其他投入方式的监管，如世界银行贷款项目的监管。世界银行贷款的使用和管理要严格按照《国际复兴开发银行贷款和国际开发协会信贷采购指南》以及《世界银行贷款项目财务管理与支付手册》，结合各个项目贷款协议、项目协议和世界银行支付中有关规定执行。目前关于世界银行贷款项目监管的研究不多。曾芸（2014）研究表明，当前社区参与出现目标群体逐渐失语，基层政权逐渐走向权力中心，其他相关群体逐渐“离席”现象，进而探讨了行政路径依赖的发生逻辑。研究从学术和理论批判中寻找政策出口，提出政府主动推动社会主体性成长的突破路径。韩谷（2014）以世界银行贷款项目投标为例，运用风险管理手段和方法，对投标中存在的风险进行全面识别和准确分析，最终决策出投标风险管理方案。刘平平（2009）认为，世界银行招投标管理经验对规范我国招投标项目有积极借鉴作用，进而提出了改进建议。

（四）简评与启示

通过上述文献的梳理，我们发现：首先，关于政府支农专项资金投入产出效率文献颇多，但研究方法比较单一，几乎都是通过 DEA 三阶段模型进行估计，且数据来源比较滞后。其次，大量学者都认为当前我国政府支农专项资金管理存在分管部门重复、投入规模有限、结构设置不合理和效率低下等问题，并分别从完善相关法律制度、扩大投入规模、优化投入结构、整合投入路径等方面改善投入效率、提高社会效益，但大部分文献建议比较空洞，可操作性不强。几乎没有文献从政府支农专项资金投入方式和监管匹配视角探索提高支农资金投入产出效益。

本课题在文献研究基础上，重点从政府投入的不同方式，以深入农村基层、农户实地调研为基础，分别就监督方、执行方、政策受益方进行问卷调查和深度访谈，同时收集农业上市公司政府不同投入方式产出效益样本，在掌握大量第一手资料的基础上，采用统计分析、结构方程模型分析、典型案例分析、扎根理论等量化与质性研究方法，发现支农专项资金使用中存在的核心问题，探索问题背后的因果关系、条件关系、传递机制等，最终从利益机制、监管机制、制度设计及实施等几个方面开展深入研究，形成立足于现实问题的成果，以期为我国支农专项资金投入方式及监管改革提供参考。

三、研究内容、研究方法与技术路线

（一）主要研究内容

1. 文献及理论研究

在文献研究基础上，对政府支农专项资金投入方式及监管理论基础、机制体制、利益相关者及其博弈关系进行研究。此部分为整个课题研究的基础，一方面对本课题的研究对象，特别是投入方式等问题进行明确界定及理论支持；另一方面对参与支农专项资金投入的各级政府及在投入和监管过程中的其他行为关系人加以分析，解析各级政府以及其他相关方的利益、动机、行为模式和博弈关系，为实证研究打下了理论基础。

2. 西部地区政府支农专项资金投入及监管现状分析

这部分研究主要是分析现状并找到问题。研究内容包括对西部地区投入构成、投入产出效益的东中部比较、趋势分析及发现问题；同时，通过现状分析，研究现有体制下，我国政府及西部地区支农专项资金监管模式特征、机制、流程及存在的主要问题。

3. 结合不同投入方式对监管问题进行实证研究

开展点面结合实证研究，首先对西部地区政府专项资金投入及监管面的问卷调查研究；其次在重点区域开展深度实证研究，按“三大投入方式”对农户直补、农业合作社基地补贴、农业上市公司补贴监管进行重点调查研究，对涉及面广的农户直补，重点对乡镇、村、农户这三个基层主体进行问卷和深度面访调研；对农业合作社的基地补贴选择典型案例进行分析；对所有涉及有政府补贴的农业上市公司的全部样本进行实证分析，证实当前支农专项资金投入及监管出现的问题并挖掘深层次原因。

4. 提出改进政策建议

梳理政府支农专项资金现状及实证研究得到的结论，针对支农专项资金投入和监管各环节上的关键风险控制点，结合风险控制理论、委托代理理论、监管理论等构建起具有创新性的支农专项资金投入与监管治理模式及配套政策，探索适应不同投入方式下的支农专项投入资金的执行与监管对策。

（二）研究方法及技术路线

1. 研究基本思路及技术路线

本课题在文献研究基础上，运用相关理论及博弈分析方法，对各级政府在政府支农专项资金投入方式及监管过程中动机、行为、利益和相互关系进行剖析，在此基础上，对农户、农业合作社基地、农业上市公司等进行西部地区和重点区域的调研及实证分析。对西部地区农户主要通过问卷调研方式，同时对西部地区农业上市公司全部样本进行收集，对重点区域的调研：一是对农户直补方式的调研采取问卷调研、座谈会及深度访谈等多种调研方式；二是对农业合作社选取典型案例调研。课题组多次深入农村基层、农户进行调研，在掌握大量第一手资料的基础上，运用扎根埋论进行模型推演、采用统计分析、结构方程模型分析、典型案例分析等量化与质性研究方法。通过以上调查和实证研究发现，政府支农专项资金使用中存在的核心问题，探索问题背后的因果关系、条件关系、传递机制等，最终从利益机制、监管机制、制度设计及实施等几个方面开展深入研究，构建政府支农专项资金投入方式及监管新模式，形成立足于现实问题的成果，技术路线如1－3－1图所示。

2. 研究重点

（1）现状研究。这部分研究主要是通过西部地区与中、东部地区比较分析，发现西部地区支农专项资金投入方式及监管中存在的问题，特别是研究现有体制下，我国政府支农专项资金监管模式特征、机制、流程及存在的主要问题。

（2）实证研究。结合不同投入方式对监管问题进行实证研究。按“三大投入方式”对农户直补、农业合作社基地补贴、农业上市公司补贴进行重点研究，其中对农户直补分“两条路线”重点对乡镇、村、农户这三个基层主体进行调研；

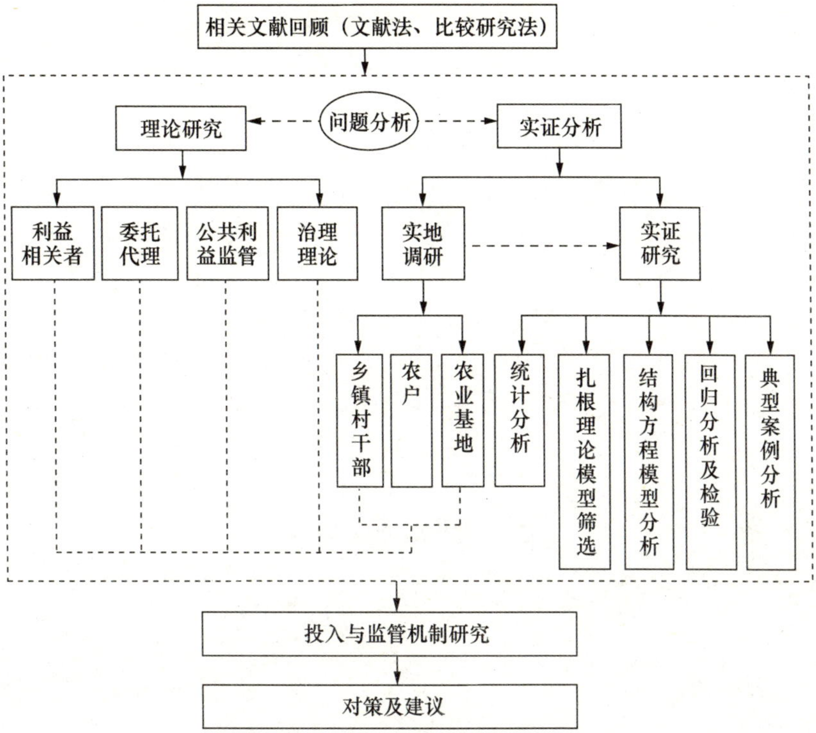

图 1－3－1 技术路线

对农业上市公司进行样本收集及回归分析及检验；对农业基地进行典型案例调研，发现当前支农专项资金出现问题的主要类型和深层次原因。

（3）政策研究。在现状及实证研究基础上，梳理不同投入方式下的监管流程，分析各流程监管的关键风险点，结合利益相关者理论、委托代理理论、治理理论、公共利益监管理论等构建“利益相关者共治模式”，探索适应西部地区支农专项资金的投入和监管新模式及配套政策。

3. 研究难点

（1）档案数据收集与实地调研困难。年鉴数据中缺少政府支农专项资金投入的专项统计数据，更没有各投入项目按省（自治区、直辖市）的明晰数据。实地调研中涉及当事方利益的问题比较敏感，有些问题具有隐蔽性，需要深入实地跟踪调研才能了解真相，而许多基层干部对于调查持敏感态度，不愿意在调查中透露真实情况；此外，农户回答问题也有一定顾虑，或认为课题组的调研对他们价值不大，影响参与态度。

（2）理论与方法的综合运用困难。支农资金涉及的利益关系复杂，涉及主体多，具有地域特殊性，因此，如何在研究中排除表面现象抽取本质性问题，如何建模分析，对于我们都是一个考验。本课题拟综合运用几种经典理论，组合采用多种方法对我国西部地区支农专项资金投入与监管进行定性与定量研究，在理论与方法的综合性及其有效性方面需要谨慎考究。

（3）研究广度与深度权衡的困难。西部地区涉及12个省、市和自治区，幅员辽阔，制约了课题组进行全域广泛调研的现实可行性，因此，如何确定有代表性且有调研可行性的样本省、市和自治区，是本课题面临的一大困难。同时，支农专项资金种类繁多、投入方式不同、监管机制有别，因此，选择重要的、有代表性的支农资金项目进行大样本问卷和实地深度访谈，从中摸清我国支农资金投入与监管存在不足的主要原因和影响因素，是本课题需要大力解决的难题。

四、创新与不足

（一）主要创新点

课题组历时三年，花费大量时间深入基层调查研究，发表了3篇专题研究论文并撰写了研究报告，主要创新有：

1. 运用扎根理论建立支农直补资金监管研究模型

课题组首先对西南6省区农户补贴资金进行大样本问卷调查，从广度上获得了西部支农资金调研数据，掌握支农资金投入与监管基本现状；其次课题组通过对上述调研现状的分析发现，农户行为和基层干部管理是主要影响因素，进一步确定了重庆为重点调研区域，应用扎根理论，不带任何预设预判和感情色彩，通过深度访谈，与不同地区农户（包括大户和一般农户）、干部、直补资金工作人员进行深度访谈，根据访谈记录抽取关键信息并统计其出现的频率，找到农户和干部各自的关注点，弄清政策执行和政策满意度之间关系，理顺建模分析思路，进而分别建立农户和干部两个分析模型，并分类设计测量量表问卷，使后续实证研究得到重要结论。运用扎根理论进行支农专项资金问题研究，在国内理论界还没有查到先例，应该是本课题一个重要创新。

2. 采用结构方程模型实证检验农户对支农资金监管政策满意度

支农专项资金的监管是否真正到位，作为直补对象的农户最有发言权。但是，仅靠单方面听取并分析农户对惠农政策实施的看法，由于缺乏评价基准，难以准确判断政策实施情况。比如，农户认为政策实施得好，那么如何正确解读这个“好”，必须有一个相应的基准。农户的评价高于该基准，这个“好”才是真正的好；低于此基准，这个“好”就不那么好了。也就是说，政策实施的好或坏是一个相对概念，需要通过比较，才能有所鉴别。于是，我们将农户对政策实施的感受与干部对政策实施的感受进行对比，通过结构方程模型实证检验政策实施过程中农户的亲身体会与干部的自我感觉是否一致，发掘双方向我们传递的信息是否存在相互背离的现象，进而把握政策实施情况的本质。课题组以农户和干部调查问卷为基础，采用结构方程模型构建“农户对政策实施的感受”和“干部对政策实施的感受”的潜变量，并计算它的值，进而将双方提供的有关信息相互对照，据以发现在惠农直补资金监管过程中可能存在的被忽视的问题。通过这种分析方式，看到了部分地区尽管干部对工作评价很高，但是并没有得到群众认可，而另外一些地区的情况可能正好相反。

3. 剖析“财政主导型”监管模式缺陷并构建了“利益相关者共治”新模式

长期以来，政府支农专项资金的监管总被认为是政府的事情，采取的主要是以“财政为主导”的上级监管下级模式。像政府支农专项资金这样涉及面广，工作环节复杂，风险点多的工作，完全由政府监督审计成本是不可行的，必须发动一切可以发动的力量参与监督。但是各方以什么身份，从什么角度参与监管？监管模式怎样？“利益相关者共治”模式解决了这个问题。“利益相关者共治”就是调动一切可以调动的力量参与支农资金的监管，各方从维护自身合法权益出发，沟通渠道丰富多样，信息完全透明，各级政府在资金分配、申报、拨款、执行、验收等各个环节责任分明，执行与监督完全分开。在这样的环境下，腐败分子难有可乘之机。

4. 构建具有可操作性的“从农户到农户的双向风险追溯与监管体系”

各项直补资金原本是政府财政支农的一项创新性举动，其动机是为了减少中间环节，让农民直接拿到补贴。但是在实践中，直补资金从申报到划拨的信息链和操作链很长，中间风险点仍然很多，监管难度比较大，出现了错发、漏发，甚至干部挪用、贪污直补资金的情况出现。由于直补资金涉及千家万户，不可能逐一核查，因此，只能在“利益相关者共治”模式下，动员所有农户参与监管，利用农户维护自身权益的强烈愿望，以及农户自身的庞大数量，使其成为整个监管中天然而强大的力量。从农户到农户的监管模式，按照“双向流程—风险定点—按点监管—措施改进”思路，由农户出发，到农户结束，充分激活农户这一监督端，体现了党的群众路线传统，较好解决了直补资金的监管难题。

（二）不足之处

1. 实地调查未能完全覆盖西部地区

西部地区包括内蒙古、广西、四川、重庆、贵州、云南、西藏、陕西、甘肃、青海、宁夏和新疆共12个省、市、自治区，其中有内蒙古、新疆、西藏、广西、宁夏、青海6个少数民族为主的自治区（省），这些地区路途遥远，考虑经费、语言、安全等多种问题，我们未安排到这些省区进行实地调查，这无疑是一个比较大的缺憾。西部地区国土面积占全国的2/3，在这么大面积的国土上进行抽样调查也是我们的力量、预算、时间不能做到的，虽然课题组在“现状分析部分”的数据调研，以及农业上市公司的调研中都包括西部地区（其中也包括东、中部地区，以便对比），但课题组还是感到十分遗憾。

2. 试点范围和时间不足

对于一个影响全局的政策研究，最好有一定的试点工作以探索政策建议的可行性。在重庆市财政局、重庆市社保局、中国农业银行重庆分行的大力支持下，对课题组提出的“多卡合一”实施方案在重庆市北碚区永兴村进行了试点，将农户现有的接受政府补贴的“多张存折”合并到“一张金融社保IC卡中”：实现“多卡合一”。当然对于课题组来说，仅仅就直补资金的发放工作在一个点上做过试点，其他方面的建议均未经过实践检验，这是一个缺憾。如果条件允许的话，还可以做“农户到农户信息平台”信息沟通试点，但因时间及经费所限，未能开展这方面工作。

通过本课题研究，课题组在政府支农专项资金投入与监管方面建立了研究基础，今后课题组还将继续开展这方面的研究工作，为支农专项资金投入方式及监管问题研究的深化和提高继续努力。

第二章　政府支农专项资金投入与监管关系辨析及理论借鉴

一、政府支农专项资金范畴与特征

（一）政府支农专项资金范畴及界定

政府支农是为了支援农业，增加农民收入，通过加大资金投入支持农业生产以及减免农业税等政策，完善和强化农业基础设施建设，稳定和保护农产品价格，支持和推进农业生产和市场贸易、科技推广等环节，从而促进农业生产发展、实现农村经济繁荣、带动农民收入提高。政府支农专项资金是指政府用于支持农民、农业、农村发展的资金投入，包括预算内财政投入资金和预算外财政投入资金。预算内资金投入是指列入国家预算支出直接拨付的支农资金，预算外资金是指不列入国家预算，包括地方财政部门和农业有关部门投入用于发展农业的资金。

政府支农专项资金，也称财政支农专项资金，具有两种含义：一种是广义支农资金，即政府对农业、农村生产、农林水利等部门事业发展的各项专项支出的资金，包括支援农村生产支出、农业基本建设支出、农业科技三项费用、农村救济费、农林水利气象等部门的事业费、农产品价格补贴支出、农业公司税收优惠、购置大型农业机械的财政补贴等。另一种是狭义支农资金，主要包括三大类：支持农业生产支出，农村社会事业发展支出和四项补贴支出。支持农业生产支出包括对农村举办的小型农田水利和打井、喷灌等补助费、对农村举办的小水电站的补助费、特大抗旱的补助费、农村开荒补助费、扶持乡镇企业资金、农村农技推广和植保补助费、农村草场和畜牧保护补助费、农村造林和林木保护补助费、农村水产补助费和发展粮食生产专项资金。四项直补包括粮食直补、良种补贴、农资综合补贴、农机购置补贴。农村社会事业发展支出包括农村教育支出、农村文化体育建设支出、农村医疗卫生事业支出和农村社会保障支出等。由于农村社会事业发展支出主要用于农村教育、卫生、文化体育及医疗等事业，有专门相关规定，因此，本课题重点研究范围主要界定为支持农业生产支出和四项直补两大类。

（二）政府支农专项资金特征

政策性。国家财政通过对国民收入分配和再分配，从财力分配上支持农业增产、农民增收、农村发展。政府支农专项资金投入是以贯彻国家各项方针政策为主，支持农业基础设施建设，增强农业综合生产能力，提高农产品供给能力，促进农民增加收入，全面繁荣农村经济。政府通过制定一系列文件规定支农专项资金支出方向和支出力度，具有政策权威性，增强了政府支农专项资金引导力和影响力。

间接性。财政支农专项资金的投入具有一定的间接性。在政府支农专项资金的分配过程中，由于采用“自上而下、层层落实”方式，常会因为各种原因如多环节资金管理和多重投放资金，这些因素都会导致资金使用效率的降低，从而降低支农效率，有时甚至出现政府支农专项资金非农化投入，即财政支农支出出现效益“渗漏现象”。

导向性。财政支农专项资金投入方向和力度犹如一张“晴雨表”，反映政府部门对农村公共事业、粮食生产的重视程度。一般来说，财政支农专项资金投入变化将会影响其他农业投资主体的农业投资行为，如果对带动农业发展的重点产业进行财政扶持，对农民及其他农业投资主体可以起到明确引导作用。在优化农民收入结构、拓宽农民增收渠道、促进农村经济发展，政府支农专项资金提供了明确的指引作用。

非盈利性。财政支农专项资金是指完成特定的支农项目而安排的资金，是具有特定使用范围和专门用途的财政预算资金。支持对象必须是种粮农民、从事农业生产的经营组织，并且支出用途是用于特定的支农项目，包括农业基本建设、农作物良种补贴等。政府投入支农专项资金必须以农民公共需求作为导向，以农民公共需求实际满足情况作为衡量标准，以满足农业公共需求和追求农民公共利益为目标，不以盈利为目的，凡是有市场营利性质的活动，都不应该纳入政府支农专项支出范围，政府原则上也不应介入。

二、政府支农资金投入方式与监管分类

（一）按直接与间接关系分类

财政支农专项资金按补贴标志，可分为两大类：直接补贴和间接补贴。直接补贴是政府为支持价格变化而将补贴款项直接支付给农民的一种补贴。直接补贴不通过市场传递，直接后果是增加农民收入。直接补贴按其政策目标可以分为三大类：以增加农民收入为目标的补贴、以促进农业生产为目标的补贴、以保护生态环境为目标的补贴。以增加农民收入为目标的补贴，是以增加农民经济收入为目的，是与当年生产情况无关的财政补贴，我国现在实行的对种粮农民的粮食直补和农资综合补贴，就属于第一种形式的直接补贴。以促进农业生产为目标的补贴即以改善农业生产条件，提高农业综合生产能力为标准的财政补贴，我国的农机具购置补贴和良种补贴就属于第二种形式的直接补贴。第三种直接补贴包括退耕还林补贴、沼气建设补贴等。

间接补贴包括投入补贴和产出补贴两类。这两种补贴都是通过市场传递给农民的。投入补贴包括两类：第一类是降低农产品生产经营内部成本的直接投入补贴，主要包括贷款贴息补贴、转贷贴息补贴、农用生产资料价格补贴等。这类补贴在一定程度上可以降低农业投入成本，推进农业规模经营，鼓励支持农民及农业合作社及涉农企业多购买种子、化肥等农用生产资料，促进农业生产持续发展。第二类是降低农产品生产经营外部成本的间接投入补贴，主要包括农村公共产品的投入、农村教育培训投入以及农业科技投入等。这类间接补贴方式改善了农业生产经营条件，降低农业生产经营外部成本，提高农民收入水平，有利于农村经济的持续发展。产出补贴也就是对农业产出进行补贴，最为典型的是政府以高于市场价从农户手中收购农产品，市场价和政府收购价的差额就构成产出补贴。

（二）按投入资金补贴的用途分类

政府支农专项资金按补贴用途标志分为农业基本建设补贴、支援农村生产补贴、农业事业费补贴，简要概括为“基建、生产和事业”三项。

农业基本建设补贴是指财政安排用于农垦、农、林、牧、渔业等部门所属企事业单位的资金。主要包括用于增加机械、农药和化肥等部门的固定资产，用于

农、林、牧、渔业等事业单位的建设拨款，用于增加农业生产的固定投资等。

支援农村生产补贴涵盖的种类繁多，首先将其分为三大类：粮食补贴、畜牧补贴和农业产业链发展补贴。其中，粮食补贴包括水稻良种补贴、农资综合直补、油菜良种补贴、农业机械购置补贴等；畜牧补贴包括生猪标准化规模养殖补贴、生猪良繁体系建设补助、能繁母猪补贴、奶牛良种补贴等；农业产业链发展补贴是政府为了提升农业产业化，实现农业生产经营专业化、标准化、规模化和集约化发展，通过贴息和补助打造粮食、蔬菜产业链而投入的资金。

农业事业费补贴按支出性质分农业事业单位人员机构经费和农业事业专项经费。其中，农业事业单位人员机构经费指农业事业单位为维持机构正常运转而开支的费用。农业事业专项经费主要包括财政部门安排的用于支持农业事业发展以及为发展农业事业提供保护和服务的具有专门用途的补贴，包括农业科技推广经费、农业保护经费、监督管理经费和其他专项经费。

（三）按补贴接受主体分类

财政支农专项资金按补贴受体分为农户直补、农业合作社补贴、农业性公司补贴。

农户直补是指政府为提高农民收入水平或降低农业给农民带来的风险，根据基期产出水平或其他条件对农民的直接转移支付。农户直补不通过控制价格或产量等手段，也不同于政府就整个行业进行的补贴或投入，它直接对单个农民进行补贴，可以对农民收入起到直接促进作用；农户直补有广义和狭义之分，狭义的农民直补主要是指为了削减由于价格支持或其他政策调整致使农民遭受利益损失而进行的转移支付，广义的农户直补是指政府对农民直接进行的补贴或支持，既包括狭义的直补，又包括农民最低生活保障、农业收入保险以及农业救济费等广义的直补。

农业合作社补贴是指政府为提高农民组织化和市场化程度，推动农业劳动生产率和农民收入水平提高而投入的资金。主要包括项目补贴和奖励补贴，其中项目补贴是政府安排专门资金或给予适当贴息，支持农民专业合作社开展信息技术、培训、质量标准与认证、市场营销等服务，建设标准化生产基地、兴办仓储设施和加工企业、购置农产品运销设备的一种补贴。奖励补贴是根据合作社业绩，重点奖励规范化程度高、农民增收明显的合作社的一项补贴。

农业性公司补贴是指作为农业生产参与者之一的涉农企业所涉及的政府补贴，根据补贴发放形式主要分为三大类：一是财政补贴，是政府对鼓励引导的农业发展项目，如农业新产品、环保项目等直接补贴给涉农企业的资金。二是费用支出补贴，常见的有税收政策方面的补贴如税费减免、税费返还、无息贷款、贴息贷款等。三是出口创汇贴息，是政府鼓励农产品出口竞争实行的一项优惠政策。

（四）按照投入与监管的主体部门分类

对于农户直补，主要就是现金补贴，在支农资金拨付过程中涉及很多部门，中央财政向各省拨付直补资金，如粮食直补和农资综合直补等，省财政厅将补贴资金拨付到所属区或县（市）粮食风险基金专户后，区、县（市）级财政部门对审核并公示的补贴对象和金额，通过代理银行直接将补贴资金打到农户在代理银行开立的个人账户“存折”上。其监管主体主要归各级财政部门，主管部门配合监管。

对于农业合作社补贴，支农资金投入方式主要是财政资金项目补贴和以奖代补，其中财政资金项目补贴由中央及省级财政部门拨付专项资金，但是一些地区将国家或省级支持农业建设的项目委托农业合作社实施；以奖代补由各级财政部门安排分配专项资金，但项目的申请、招标及验收主要由主管部门负责，其监管主体主要归各级财政部门和各级主管部门。

涉农企业接受的财政补贴主要来自各级政府，补贴项目很多，如资源探测经费、新产品开发补助资金、生产经营补贴收入，专项储备费用补贴等。涉农企业层层申报，由各级财政部门直接将资金拨付给涉农企业，但项目的申请、招标及验收主要由主管部门负责，其监管主体主要归各级财政部门和各级主管部门。

所有财政和主管部门以及资金使用单位的管理责任，最后都要接受政府审计部门审计。

从以上农户直补、农业合作社补贴和涉农企业补贴监管主题分析，目前我国对支农专项资金采用的主要是在国家主导前提下的“财政主导型”监管模式。

三、政府支农专项资金投入与监管理论依据

（一）利益相关者理论

利益相关者理论产生于20世纪60年代，1965年，Ansoff率先使用了利益相关者概念。在他看来，制定一个理想的企业目标必须综合平衡考虑企业诸多利益相关者之间的利益冲突。这些利益相关者包括管理人员、工人、股东、供应商以及顾客。Freeman于1984年在《战略管理：一个以利益相关者为起点的方法》

一书中给出了利益相关者的经典定义，他将利益相关者定义为“那些能影响组织目标的实现或被组织目标所影响的个人或团体”。Freeman 扩展了利益相关者范围，将社区、政府、竞争对手、特殊利益团体等实体都纳入研究范畴。同时，他也首次提出了利益相关者分析的三个层面：理性层面、过程层面和交易层面，解决了“谁是利益相关者”和“这些利益相关者可观察到的赌注是什么”、组织如何处理其同利益相关者的关系以及组织与其利益相关者之间的交易或讨价还价。由于利益相关者对企业的影响程度和方式存在差异，为了更好理解利益相关者之间的关系，20 世纪 90 年代中期，众多学者采用“多维细分法”对企业利益相关者进行分类和界定。Charkham（1992）根据相关利益群体与企业是否存在交易性合同关系，将其分为契约性利益相关者和公众性利益相关者。Clarkson（1995）认为，利益相关者应划分为主要的利益相关者和次要的利益相关者，前者指的是直接影响企业的经营状况，没有其参与，企业无法生存；后者指间接影响企业运作，对企业生存不起决定性作用，如政府、社区等。虽然理论界对利益相关者概念和分类并没有完全统一，但在某些方面已经达成了一些共识：任何一个组织的生存和发展都离不开利益相关者的参与，追求的目标是多元化利益相关者的利益均衡，而不仅仅是个别利益。

虽然利益相关者理论主要是针对企业提出的，但是政府等公共部门也存在众多的利益相关者，在政策制定和执行过程中也会涉及各相关利益群体，因此，利益相关者理论在分析和解决非企业主体上也具有适用性，从利益相关者方面研究政府支农专项资金投入与监管具有十分重要的意义。从当前我国支农专项资金的投入与监管来看，支农专项资金的主要利益相关者包括中央政府、各级财政部门、监管部门、地方政府各个层级和部门、村干部、农户、涉农企业等，其具有不同的利益诉求且可能相互冲突，比如在涉农企业项目补贴过程中，将资金使用权交由各级财政部门的中央政府的利益诉求是推进农业发展，拥有资金分配权和资金使用权的各级财政部门如果和资金使用方合谋套取支农专项资金，形成利益团体，这时他们的利益诉求就会背离中央政府的初衷。这时即使审计方进行审计，由于其缺乏独立性，容易受监管方的行政干预，导致政府审计失败。

综合以上对支农专项资金利益相关者的行为分析，利益相关者理论能够为本课题研究的政府支农专项资金投入和监管提供两大理论指导：①基于该理论和我国的现实情境，能够深入分析我国当前采用的“财政主导型”支农资金监管模式存在的不足，为构建更加有效的“利益相关者共治模式”提供重要理论依据；②根据追求多元化利益相关者利益均衡的目标，寻找解决相关利益者利益冲突的协调机制，克服当前我国支农专项资金存在的投入分散、监管真空与监管重复等不足，探索更加有效的资金投入方式与监管机制。

（二）委托代理理论

委托代理理论是制度经济学契约理论核心内容之一，Coase 作为新制度经济学奠基人，他在经典论文《企业的性质》（1937）中首先提出契约理论。在 Coase 看来，企业内部存在委托人和代理人关系，他们之间的利益冲突难以避免，可以通过订立契约协调各方利益。后经由 Wilson、Rose、Morris、Jensen Meckling 等经济学家发展，创立了委托代理理论。委托代理理论主要研究在利益冲突和信息非对称环境下，委托人如何设计最优契约激励代理人（Sappington，1991）。Morris 认为，委托代理关系泛指任何一种非对称信息交易，在交易过程中，有信息优势的一方为代理人，另一方为委托人。隐含的假定是代理人凭借信息优势会影响委托人利益，让委托人承担风险。Kenneth J. Arrow 于 1985 年在《代理权经济学》一文中将委托代理问题进一步分为隐藏信息和隐藏行动，由此产生了道德风险和逆向选择问题。

政府支农专项资金投入过程涉及众多利益主体，形成复杂的多重委托代理关系。公民作为政府支农专项资金最初委托人，委托中央政府和地方各级政府对资金进行管理，形成第一层委托代理关系。中央政府和地方各级政府将资金交由财政部门管理，然后由财政部门拨付给农业、林业等主管部门，同时委托审计部门对财政部门和主管部门资金使用情况进行审计检查。政府作为委托人，财政部门、各主管部门和审计部门成为代理人，形成第二层委托代理关系。各财政部门和主管部门将项目资金委托各资金使用单位，形成第三层委托代理关系。政府之间也会形成从中央、省、市、县、乡五级纵向委托代理关系，每一级政府既是委托人，也是代理人，具有双重身份。多层次委托代理关系，造成支农资金拨付链条过长，影响资金使用效率。

委托代理理论能够为本课题研究的政府支农专项资金投入和监管提供如下理论指导：①探寻支农资金投入与监管过程中的主要委托代理风险点分布及其作用关系，从而为由点到面构建系统的支农资金投入与监管风险控制系统提供理论依据；②在对我国当前支农资金监管现状调查基础上运用该理论进行分析，能够精简、整合当前我国支农专项资金投入链条长度、方式等问题，实现投入与监管链条的“作业再造”和“作业增值”，节省成本；③当前我国的支农资金监管基本是“自上而下”的“事件导向”监管路径，缺乏结合“自上而下”和“自下而上”两种路径的结合采用。该理论能够为探索以农民为服务核心的“双向”监管机制提供指导。

（三）公共利益监管理论

政府监管理论的主流起源于福利经济学的公共利益理论，Pigou 是旧福利经济学的代表人物，他在1920年出版的代表作《福利经济学》一书中指出，各种形式的市场失灵会造成社会福利的降低，为了纠正市场失灵，就需要政府的干预即监管。Kahn作为传统公共利益理论代表人物，在《规制经济学—原理与制度》一书（1970）中提出自己的观点，他认为政府始终代表的是公众利益，政府管制可以有效的治愈因市场失灵导致公众利益受损。Kahn的研究以纠正市场失灵为主要目的，主要强调对公用事业的监管及费率的决定。由以上可知，政府作为公共利益监管者，其行为是有效的，可以矫正由自然垄断、外部效应和信息不对称导致的市场失灵，最终实现公共利益最大化。

对于农业而言，一方面，由于其外部性因素会导致市场失灵，包括外部经济和不经济两个方面，前者表现为农业在食物保障、经济、生态、社会与文化等方面所具有的多元价值，后者主要表现在农业对环境造成的非点源污染（吕耀、章子舒，2000）。另一方面，由于没有建立市场信息传递机制，导致农产品种植信息的不对称，农户生产就带有较大的盲目性，出现农产品供应过剩或短缺现象。按照公共利益监管理论，政府作为公共利益代表，通过出台各种惠农政策，弥补由于外部不经济和信息不对称造成的农民、农业企业收入的减少，并同监管机构一起对直补过程中参与各方行为进行监督和管理，使支农专项资金真正发挥效益。

公共利益监管理论能够为研究政府支农专项资金投入和监管提供如下理论指导：①公共利益监管理论前提是政府代表公共利益，应当提防政府偏离公共利益轨道，出现监管无效情况；②该理论为解决支农资金监管过程中产生的信息不对称问题，以及基于“庇古税”或“科斯办法”解决这些信息不对称问题提供部分理论依据。

（四）治理理论

治理理论可以分为公司治理理论和政府治理理论两种类型。本课题主要运用政府治理理论（以下简称治理理论）。

由于在公共物品的提供过程中，会出现市场失灵和政府失灵现象，无论是凯恩斯的“看得见的手”，还是布坎南的公共选择学说，都具有一定的局限性。针对市场失灵和政府失灵二者间的悖论关系，治理理论应运而生。治理理论建立在对新公共管理理论反思与批判之上，在吸收新公共管理“掌舵”思想基础上，突破“政府中心论”局限性，将市场、政府、公众以及其他机构作为一个整体，可以说治理理论直接构成新公共管理的替代模式。正如Osborne和Gaebler在《改革政府：企业精神如何改革公营部门》（1996）一书中提出的观点：政府实现公共服务职能的方式应掌舵而不是划桨。James Rosenau是治理理论的主要创始人，他在1992年出版的《没有政府的治理》一书中提出了“治理”概念。英国学者Rhoads在其1996年出版的著作《新的治理》一书中列举了治理的6种含义：最低限度的国家、公司治理模式、新公共管理、善治、社会控制体制以及自组织网络。英国学者Stoker于1999年出版的《作为理论的治理：五个论点》一书中，梳理了流行的各种治理概念，也意味着研究政府治理的学者已经达成了一些共识，其中主要有：一是政府不再作为单一的治理主体，由多元化主体共同参与；二是强调国家与社会合作，模糊了公私机构之间的界限和责任；三是强调管理对象的参与，形成上下主体持续互动的管理过程；四是管理方式和手段的多元化。

政府为了弥补由于农业外部性因素导致的市场失灵，出台惠农政策，对农业、农村、农民投入支农专项资金。在支农资金管理上，我国一直秉承的是传统的政府治理模式，但在当前实际工作中呈现出一系列问题，集中表现为支农专项资金管理的低效、浪费，甚至腐败现象的滋生。如多层次的委托代理关系降低了支农资金透明度；委托人不能对代理人进行有效约束，导致支农资金不能发挥预期政策效益。并且我国对支农专项资金实行以财政为主导的监管模式，缺乏完善的公民举报系统，限制了我国公民行使监督的权力。我国传统的治理模式难以适应经济社会发展的需要，在社会转型时期面临着治理转型的压力。治理理论能够为本课题研究的支农资金投入过程同时出现市场失灵和政府失灵时，结合利益相关者理论探索构建社会广泛参与的利益相关者共同治理模式等提供理论支撑。

四、政府支农专项资金投入与监管关系

政府支农专项资金是农业投入的具体实现途径，不同的支农专项资金投入方式对经济、社会和生态的作用也存在差异。政府支农专项资金投入过程中，监管模式与机制是实现支农专项资金综合效益的手段，“三农”政策是实现支农专项资金综合效益的保障。

（一）转变投入方式是实现支农专项资金综合效益的途径

政府支农专项资金的投入以提高经济效益为中心，同时重视社会效益和生态效益，综合平衡三大效益之间的关系。我国政府支农专项资金的投入方式分为直接补贴和间接补贴，不同投入方式对支农资金使用效益的影响程度与方式存在差异。

直接补贴包括粮食直补、农资综合补贴、农机具购置补贴、良种补贴和退耕还林补贴。粮食直补和农资综合补贴一定程度上可以保证农民种粮收益的相对稳定，引导农民积极发展粮食生产，保障国家粮食安全；良种补贴可谓是对粮食生产源头的补贴，可带动农业科技的推广作用，由种子优良，对增加全国粮食总产量、提高粮食单产和增加农民收入起到明显的作用；农机具购置补贴实施以来，激发了农民和合作社购买农业机械积极性，有力地促进了粮食生产机械化水平；退耕还林补贴，从保护和改善生态环境出发，鼓励农民退耕还林。

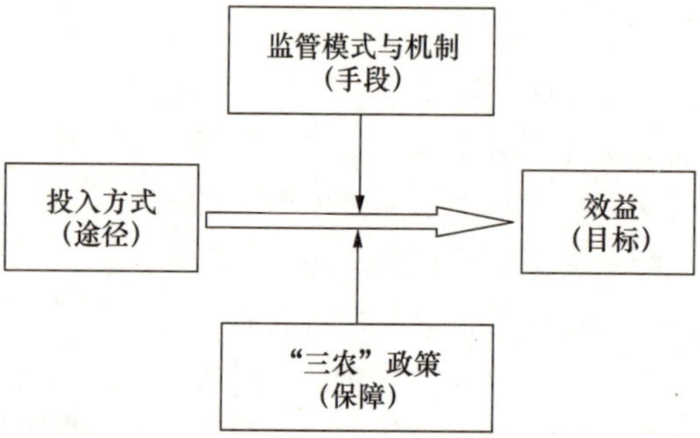

图 2－4－1　支农专项资金综合效益提升的实施路径模型

间接补贴包括贷款利息补贴、转贷贴息补贴、农用生产资料价格补贴、农村公共产品投入、农村教育培训投入和农业科技投入等。贷款利息补贴和转贷贴息补贴可减轻涉农企业财务负担，鼓励和支持农业生产，保证农产品供给数量。农村公共物品的投入如农村基础设施建设，可增强农村基础设施抵御自然风险灾害的能力。农业科技投入，可促使农业企业大力发展生物技术、信息技术、节水灌溉技术等高新技术，提高农业的生产效率，保护生态环境，促进传统农业向现代农业的转变。农村教育培训投入，可通过提高农业生产者的科学文化素养，成为新型职业农民，稳定现代生产经营者队伍，带动农业持续稳定发展。

（二）有效监管是实现支农专项资金综合效益的手段

要使政府支农专项资金充分发挥预期综合效益，必须加强对支农专项资金使用的监督工作。在政府支农专项资金发放过程中，要经过多层委托代理。理论上，我国政府支农专项支出的委托人具有任免代理人的权利，通过任免代理人对代理人行为进行约束，但是冗长的委托代理链条拉长了信息传递过程，放大了委托人和代理人之间的信息不对称性、目标不一致性以及利益非均衡性，委托人对代理人的行为约束力被大大弱化，导致支农专项资金使用效益偏离预期政策设计。

我国对政府支农专项资金监管政策有《中央财政现代农业生产发展资金管理办法》《财政农业专项资金管理规则》《农作物良种推广项目资金管理暂行办法》《农业机械购置补贴专项资金使用管理暂行办法》等，规定了财政部门、农业部等部门对支农专项资金监管和管理职责。我国对支农专项资金监管是以国家为主导的监管模式，包括上级政府对下级政府、政府对部门、部门对下级、审计部门对资金分配部门及使用单位的监管。这些部门在支农资金发放过程中既是上一级代理人，又是下一级委托人，既接受上一级监管，又要履行对下一级的监管责任，只有上下级同时对政府支农专项资金进行有效监管才可以防止支农资金“跑冒滴漏”，保证政府支农专项资金的综合效益得到充分发挥。

（三）“三农”政策是实现支农资金综合效益的保障

“三农”政策是促使支农资金发挥效益的支撑与保障。我国对直接补贴的政策主要包括粮食直补政策、农资综合补贴政策、良种补贴政策、农机具购置补贴政策和退耕还林补助政策。实行“谁种粮，谁受益”原则的粮食直补政策和遵循“价补统筹，动态调整，只增不减”原则的农资综合补贴政策规定了粮食直补、农资综合补贴限于种粮农民，每年变动不大，可以切实保障种粮农民利益，提高其种粮积极性，实现农产品增产增收。《中华人民共和国种子法》以及良种补贴政策可以切实保障使用优良作物品种并配套使用良法技术的农民获取良种补贴。《中华人民共和国农业机械化促进法》以及农机具购置补贴政策对推行农机具购置补贴起到保障性作用，推动了农业机械化发展。我国针对间接补贴也实行了一系列优惠政策，如粮食最低收购价政策、基层农技推广体系建设政策、农民培训和农村实用人才培养政策、扶持农民专业合作社发展政策、农村财政金融政策等。这些政策的实施为农村经济发展、农民生活水平提高、生态农业发展提供了基本前提和必要条件，使有限的政府支农专项资金产生最佳经济效益、社会效益和生态效益。

第三章　政府支农专项资金投入方式及监管的博弈分析

一、政府支农专项资金相关利益主体及其相互关系

支农专项资金是政府安排用于农业和农村经济发展及帮助农民脱贫致富的专项支出，包括农业基本建设投资、农业综合开发资金、优质商品粮基地、农产品绿色基地、生态示范村建设、扶贫资金、粮食直补、良种补贴、农机具购置补贴、农资综合补贴、育林、水利专项资金等，具有较强的政策性和专用性。由于财政支农专项资金在发放和使用过程中的制约措施和监督机制不健全，政府支农专项资金审计中常发现相关部门滞留、挤占、挪用财政支农专项资金等现象（陈治，2010），从而直接影响政府支农专项资金投入效率。①

支农专项资金涉及的利益相关主体包括中央政府、中央政府各涉农部门、监管部门如审计署、财政部、地方政府各个层级和部门、农户、涉农企业等。按照支农专项资金是否直接补贴给农户，可将投入方式分为直补方式和非直补方式（也称项目投入方式）两种，下面分别对这两种不同投入方式下的利益相关主体及其相互关系进行剖析。

（一）直补方式下相关利益主体及其相互关系

支农专项资金对农户进行直接补贴时，其主要利益相关方包括从中央到地方的五级政府、村干部以及广大农户。为简化起见，将我国五级政府按照层级高低，从中央到乡镇各级监管部门分别设为 A1，A2，…，A5；B 表示村干部，C

① 章新蓉，程杰，徐向丽．政府支农专项资金审计的博弈分析［J］．江西财经大学学报，2014（3），86－91.

表示单个农户，将这些利益主体按高低顺序排列在两个维度上，如表3－1－1所示。

表3－1－1　直补方式下支农专项资金主要利益相关方关系格局

主体	A_1	A_2	A_3	A_4	A_5	B
B	A_1B	A_2B	A_3B	A_4B	A_5B	—
C	A_1C	A_2C	A_3C	A_4C	A_5C	BC

注：A_iB、A_iC 分别表示政府对村干部和农户实施监管，其中 i＝1，2，3，4，5。
BC 表示村干部对农户的监管。

上表阐释了在目前直补支农专项资金的监管体系下，各利益相关主体间的相互关系，即村干部统计农户直补相关资料（如耕地面积、粮食种植面积以及退耕还林面积等）并上报上级政府，各级政府审核并据此对农户发放直补资金，同时实施监管。

（二）项目投入方式下相关利益主体及相互关系

政府支农专项资金在以项目投入方式下，涉及的相关利益各方有资金分配方、资金监管方、资金使用方和资金审计方。其中资金分配方包括涉及专项资金发起和分配的各级政府主管部门；资金监管方指对支农专项资金负有监管责任的相关主管部门，如发改委、财政、农业、水利等部门；资金使用方包括农业基地、农业上市公司等；资金审计方指对资金监管方或资金使用方实行政府审计的审计部门。

下面用A表示资金分配方，B表示资金监管方，C表示资金使用方，D表示资金审计方。将这些利益主体排列在两个维度上，如表3－1－2所示。

表3－1－2　项目投入方式下支农专项资金主要利益相关方关系格局

主体	A	B	C	D
A	—			
B	AB	—		
C	AC	BC	—	
D	AD	BD	CD	—

表3－1－2阐释了在项目投入方式下，支农专项资金各利益相关主体间的相互关系：即AC代表资金使用方通过项目向资金分配方申请支农专项资金，审批

一旦通过，资金分配方即向资金使用方拨付资金；AB、BC、BD 代表资金监管方负责事前、事中、事后监管职责；AD、CD 代表资金审计方对整个项目资金分配和使用的审计职责。

二、政府支农专项资金投入方式及监管的博弈分析

（一）直补方式中利益相关者博弈分析

由前述利益相关者关系分析可知，直补方式下的支农专项资金利益相关者主要有政府、村干部、农户。假定参与博弈的各方均为理性经济人且为风险中立者，均完全了解参与方的策略及其相应收益。在此博弈过程中，政府、村干部和农户三方的决策虽然不同时，但在对方做决策前不为对方所知。因此，采用完全信息静态博弈进行分析。

1. 模型假设

政府监管可分为高效监管或者低效监管，村干部可选择舞弊或者不舞弊，农户可选择与村干部合谋或者不合谋（直补中农户很难绕过村干部单独实施舞弊）。三者都知道对方和自己的收益函数，不同策略组合下各参与者的支付确定如下：

村干部与农户合谋舞弊，政府高效监管时，政府因发现舞弊而获得的收入为 S（包括各种显性收益和隐性收益，如政绩的积累以及社会声誉的提高等），其监管投入为 C_0，其收益为 $S-C_0$；此时村干部与农户因舞弊被查处其收益分别为 $-L_4$、$-R_4$。

村干部与农户合谋舞弊，政府低效监管时，政府的成本除了其监管投入 C_1，还有其因未发现舞弊而造成的损失 C_2（主要包括各种隐性损失，如社会不良影响等），其收益为 $-C_1-C_2$；此时资金使用方与监管方舞弊获得收益分别为 L_1、R_1。

村干部单独舞弊（农户未合谋），政府高效监管时，政府因发现舞弊而获得的收入为 S（包括各种显性收益和隐性收益，如政绩积累以及社会声誉提高等），其监管投入为 C_0，其收益为 $S-C_0$；此时村干部因舞弊被查处其收益为 $-L_4$，农户收益为 R_3。

村干部单独舞弊（农户未合谋），政府低效监管时，政府除了其监管投入 C_1，还有因未发现舞弊而造成的损失 C_2（主要包括各种隐性损失，如社会不良影响等），其收益为 $-C_1-C_2$；此时村干部舞弊收益为 L_2，农户收益为 R_2。

村干部与农户都不舞弊（严格守法），政府高效监管时，政府监管投入为 C_0，其收益为 $-C_0$；此时村干部与农户收益分别为 L_3、R_3。

村干部与农户都不舞弊（严格守法），政府低效监管时，政府的监管投入为 C_1，其收益为 $-C_1$；此时村干部与农户收益分别为 L_3、R_3。

根据现实情况，村干部不舞弊时，农户不可能与其合谋舞弊，故与双方都严格守法的情况相同。

假设监管方高效监管概率为 P_j，村干部舞弊概率为 P_w，农户与村干部合谋舞弊概率为 P_h。其中，政府要使监管更有效，其投入（包括人、物、财等）必然增加，故假设 $C_0 > C_1$。村干部舞弊后收益必然大于其不舞弊收益，而一般讲村干部与农户合谋舞弊收益会大于其单独舞弊收益，否则合谋舞弊很难出现，故假设 $L_1 > L_2 > L_3$。同理，农户合谋舞弊收入会大于其不合谋收入，故假设 $R_1 > R_3$；而当农户选择不合谋而村干部选择舞弊时，此时农户收益必然因为村干部舞弊而受到侵害，使得其收益比正常收益更低，故假设 $R_3 > R_2$，即 $R_1 > R_3 > R_2$。

三方博弈模型如表 3-2-1 所示。

表 3-2-1 政府与村干部、农户三方博弈模型

	村干部舞弊		村干部不舞弊	
	农户合谋	农户不合谋	农户合谋	农户不合谋
政府监管高效	$S-C_0, -L_4, -R_4$	$S-C_0, -L_4, -R_3$	$-C_0, L_3, R_3$	$-C_0, L_3, R_3$
政府监管低效	$-C_1-C_2, L_1, R_1$	$-C_1-C_2, L_2, R_2$	$-C_1, L_3, R_3$	$-C_1, L_3, R_3$

2. *模型求解*

（1）给定村干部舞弊概率为 P_w，农户与村干部合谋舞弊概率为 P_h 后，政府高效监管与低效监管期望收益如下：

政府高效监管期望收益：

$$X_1 = P_w[P_h(S-C_0)+(1-P_h)(S-C_0)]+(1-P_w)[P_h(-C_0)+(1-P_h)(-C_0)]$$

政府低效监管期望收益：

$$X_2 = P_w[P_h(-C_1-C_2)+(1-P_h)(-C_1-C_2)]+(1-P_w)[P_h(-C_1)+(1-P_h)(-C_1)]$$

令 $X_1 = X_2$，得：

村干部舞弊最佳概率：

$$P_w^* = (C_0-C_1)/(S+C_2)$$

当村干部以概率 $P_w > P_w^*$ 舞弊时，政府最优选择是加强监管使监管更有效；

与之相反，当村干部以概率 $P_w < P_w^*$ 舞弊时，政府最优选择是放松监管使监管成本达到最低；当村干部以概率 $P_w = P_w^*$ 舞弊时，政府可以任意选择其策略。

（2）给定村干部舞弊概率为 P_w，政府高效监管概率 P_j 后，农户与村干部合谋舞弊与不合谋舞弊期望收益如下：

农户与村干部合谋舞弊期望收益：

$$Y_1 = P_w[P_j(-R_4) + (1-P_j)R_1] + (1-P_w)R_3$$

农户不与村干部合谋舞弊期望收益：

$$Y_2 = P_w[P_jR_3 + (1-P_j)R_2] + (1-P_w)R_3$$

令 $Y_1 = Y_2$，得：

$$P_j^* = 1-(R_3+R_4)/(R_1-R_2+R_3+R_4)$$

当政府以概率 $P_j < P_j^*$ 进行高效监管时，农户最优选择是与村干部合谋舞弊；与之相反，当政府以概率 $P_j > P_j^*$ 进行高效监管时，农户最优选择是不参与舞弊，当政府以概率 $P_j = P_j^{**}$ 进行高效监管时，农户可以任意选择其策略。

（3）给定政府高效监管概率 P_j，农户与村干部合谋舞弊概率为 P_h 后，村干部舞弊与不舞弊期望收益如下：

村干部舞弊期望收益：

$$Z_1 = P_j(-L_4) + (1-P_j)[P_hL_1 + (1-P_h)L_2]$$

村干部不舞弊期望收益：

$$Z_2 = L_3$$

令 $Z_1 = Z_2$，得：

$$P_j^{**} = 1-(L_3+L_4)/[P_hL_1+(1-P_h)L_2+L_4]$$

当政府以概率 $P_j > P_j^{**}$ 进行高效监管时，村干部的最优选择是不舞弊；与之相反，当政府以概率 $P_j < P_j^{**}$ 进行高效监管时，村干部最优选择是舞弊；当政府以概率 $P_j = P_j^{**}$ 进行高效监管时，村干部可以任意选择其策略。

（二）项目投入方式下利益相关者的博弈分析

由前述关系格局可知，项目投入方式下的支农专项资金利益相关者有资金分配方、监管方、资金使用方和审计方。若政府支农专项资金使用方和监管方合谋舞弊，其手段往往更加隐蔽复杂，对于审计方来说更难发现，且如果分配方与监管方又为同一部门，缺乏相互制约，则审计时就难上加难，故主要对资金使用方和监管方（同时具有分配权利）合谋舞弊情况进行博弈分析。

假定参与博弈各方均为理性经济人风险中立者，均完全了解参与方策略及其相应收益。尽管在此博弈过程中资金使用方和监管方先决策，审计方后决策，但由于审计方审计时不知道资金使用方和监管方决策。因此，采用完全信息静态博弈进行分析。

1. 模型假设

资金使用方与监管方策略有两种：合谋舞弊或不合谋并对实际情况进行真实反映。审计方的策略为审计与不审计，审计结果可能是查出舞弊，也可能未查出舞弊。资金使用方、监管方和审计方都知道对方和自己收益函数 S。不同策略组合下各参与者支付确定如下：

资金使用方与监管方合谋舞弊，审计方审计查出舞弊时，审计方因发现舞弊而获得收入为 s（包括各种显性收益和隐性收益，如政绩积累以及社会声誉提高等），审计成本为 c，收益为 $s-c$；此时资金使用方与监管方应舞弊被查处其收益分别为 $-b_1$、$-j_1$。

资金使用方与监管方合谋舞弊，审计方审计未查出舞弊时，审计方成本除其审计成本 c，还有其因未发现舞弊而造成的损失 c_0（主要包括各种隐性损失，如社会不良影响等），其收益为 $-c-c_0$；此时资金使用方与监管方舞弊获得收益分别为 s_1、s_2。

资金使用方与监管方如合谋舞弊，审计方未审计时，仍旧会因未发现舞弊产生损失 c_0，审计方收益为 $-c_0$，资金使用方收益为 s_1，监管方受益为 s_2。

资金使用方与监管方如真实反映，审计方审计时，审计方收益为 $-c$，资金使用方与监管方收益都为 0。

资金使用方与监管方如真实反映，审计方未审计时，审计方、资金使用方与监管方收益均为 0。

假设资金使用方与监管方合谋舞弊概率为 p_h，审计方审计的概率为 p_s，审计方审计且审计成功概率为 p_c。

三方博弈模型如表 3-2-2 所示。

表 3-2-2 审计方与资金使用方、监管方三方博弈模型

		审计方		
		审计（p_s）		不审计（$1-p_s$）
		审计成功（p_c）	审计失败（$1-p_c$）	
资金使用方与监管方	合谋舞弊（p_h）	$(-b_1, -j_1, s-c)$	$(s_1, s_2, -c-c_0)$	$(s_1, s_2, -c_0)$
	真实反映（$1-p_h$）	(0, 0, -c)	(0, 0, -c)	(0, 0, 0)

2. 模型求解

（1）给定资金使用方与监管方合谋舞弊概率 p_h 后，审计方审计与不审计的期望收益如下：

审计方审计期望收益：

$\pi_1=p_h[p_c(s-c)+(1-p_c)(-c-c_0)]+(1-p_h)[p_c(-c)+(1-p_c)(-c)]$

审计方不审计期望收益：

$\pi_2=p_h\ (-c_0)\ +\ (1-p_h)\ 0$

令$\pi_1=\pi_2$，得资金使用方与监管方合谋舞弊最佳概率 $p_h^*=c/(s+c_0)p_c$

当资金使用方与监管方以概率 $p_h>p_h^*$ 合谋操纵舞弊时，审计方最优选择是审计；与之相反，当资金使用方与监管方以概率 $p_h<p_h^*$ 合谋舞弊时，审计方最优选择是不审计；当资金使用方与监管方以概率 $p_h=p_h^*$ 合谋舞弊时，审计方可以任意选择其策略。

（2）给定审计方审计概率为 p_s 后，资金使用方合谋舞弊与真实反映的期望收益如下：

资金使用方合谋舞弊的期望收益：$\pi_3=p_s[p_c(-b_1)+(1-p_c)s_1]+(1-p_s)s_1$

资金使用方真实反映的期望收益：$\pi_4=0$

令$\pi_3=\pi_4$，得：

$p_s^*=s_1/(b_1+s_1)p_c$

当审计方以概率 $p_s>p_s^*$ 进行审计时，资金使用方最优选择是真实反映；与之相反，当审计方以概率 $p_s<p_s^*$ 进行审计时，资金使用方最优选择是合谋舞弊；当审计方以概率 $p_s=p_s^*$ 进行审计时，资金使用方可以任意选择其策略。

（3）给定审计方审计概率为 p_s 后，监管方合谋舞弊与真实反映的期望收益如下：

监管方合谋舞弊的期望收益：$\pi_5=p_s[p_c(-j_1)+(1-p_c)s_2]+(1-p_s)s_2$

监管方真实反映的期望收益：$\pi_6=0$

令$\pi_5=\pi_6$，得：

$p_s^{**}=s_2/(j_1+s_2)p_c$

当审计方以概率 $p_s>p_s^{**}$ 进行审计时，监管方的最优选择是真实反映；与之相反，当审计方以概率 $p_s<p_s^{**}$ 进行审计时，监管方的最优选择是合谋舞弊；当审计方以概率 $p_s=p_s^{**}$ 进行审计时，监管方可以任意选择其策略。

三、支农专项资金投入方式与监管风险分析

（一）直补方式下的监管风险分析

由 $P_w^*=(C_0-C_1)/(S+C_2)$ 可知，村干部舞弊概率取决于：政府高效监管投

入、政府低效监管投入、政府因发现舞弊而获得的收益以及未发现舞弊而造成的损失。政府高效监管投入越多，从短期看其发现舞弊能力越高，能有效抑制舞弊，但从长期看，政府对监管投入往往是有限的，加大对监管的投入必然导致监管频率的降低，村干部反而会倾向于舞弊；政府低效监管投入越少，就越不容易发现舞弊，村干部也就越倾向于舞弊；政府因发现舞弊而获得的收益越大或者因未发现舞弊而遭受的损失越大，政府会加大对舞弊的监管，舞弊更容易被发现，从而村干部越倾向于不舞弊。为了使支农直补资金效用最大化，政府部门希望村干部舞弊的均衡概率 P_w 足够小，趋近为 0（理想状态）。而为保证监管高效，其投入必须得到保证，并且在舞弊行为日益复杂隐蔽情况下，其投入反而会增加；为减少低效监管损失，对其投入应该越小越好；对发现舞弊的奖励和监管失败的惩罚也只能保持在一定限度内。在政府监管投入、奖励和惩罚综合作用下，村干部舞弊均衡概率理论值会稳定在一定范围，使得很难有效降低村干部舞弊概率。

由 $P_j^* = 1 - (R_3 + R_4)/(R_1 - R_2 + R_3 + R_4)$ 和 $P_j^{**} = 1 - (L_3 + L_4)/[P_h L_1 + (1 - P_h) L_2 + L_4]$ 可知，政府对村干部监管有效的概率取决于三个方面：一是农户的不同收益。与村干部合谋舞弊后未被查出所取得的收益，未参与村干部的舞弊所取得的收益，依法所取得的正常收益，以及舞弊被查出后的惩罚。二是村干部的不同收益。与农户合谋舞弊后未被查出所取得的收益，单独舞弊所取得的收益，依法所取得的正常收益，以及舞弊被查出后的惩罚。三是农户选择与村干部合谋的概率。舞弊的收益越高，监管越有效；舞弊的处罚越大，为逃避处罚舞弊会更加复杂隐蔽，监管效率反而会有所降低；农户不合谋而村干部舞弊的收益越偏离其正常收益，农户会更配合监管，监管也就越容易发现舞弊；村干部与农户的正常收益越高，监管效率越低；农户合谋舞弊的概率越大，即对另一部分未合谋农户来说，其收益会显著降低，从而导致监管效率提高。为使支农直补资金得到有效监管，即政府有效监管的均衡概率 P_j^* 足够大，趋近为 1（理想状态）。而由于直补的特殊性，舞弊收益只能在一定范围内，不可能无限扩大；为降低舞弊，往往加大对舞弊的处罚；现实情况中村干部与农户的正常收益往往只能增加；而要控制合谋概率，仅仅通过政府很难实现，只有政府、村干部和农户共同参与，才有可能得到一定控制，即监管高效的均衡概率不可能达到理想状态，只会在一定范围波动，甚至会出现下降趋势。

由上述分析可知，让农户和村干部，尤其是农户有效参与监管，一旦发生舞弊，其对未参与舞弊农户的利益侵占必然发生，监管效率会得到有效提升。现实情况表明，在农户充分了解直补政策并有畅通的反馈渠道情况下，无论提高监管效率还是降低舞弊，都优于政府单独监管。

（二）项目投入方式下的监管风险分析

由 $p_h^* = c/(s + c_0)p_c$ 可知：资金使用方与监管方合谋舞弊概率 p_h 取决于审计方审计成本、收益、审计失败的损失和审计成功的可能性。审计成本越高，其审计可能性越小，合谋舞弊更可能发生；审计成功收益越大或者审计失败损失越大，政府会加大对舞弊的审计，合谋舞弊更容易被发现，从而使得合谋舞弊更难发生。政府希望支农专项资金能够得到有效利用，即资金使用方与监管方合谋舞弊的均衡概率 p_h^* 足够小，趋近为0（理想状态），但其仅仅可以采取以下3种措施（政府不仅不能提高审计失败的损失，反而应该降低该损失）：降低审计成本、提高审计方的收益和提高审计成功率。而审计方的成本只能在一定限度内降低，否则必然会影响审计成功率，得不偿失。审计方的收益达到一定水平后也很难再提高。由于我国政府审计属于政府行政行为，并未独立于政府行政，故而我国政府审计独立性存在重大系统性缺陷。一旦监管方和资金使用方形成利益团体，若审计方决定对其进行审计，监管方可以通过行政干预对审计方施压，影响其独立性，使得审计成功概率 p_c 大幅下降，并且这种下降在现行体制下无法得到有效控制。

由 $p_s^* = s_1/(b_1 + s_1)p_c$，$p_s^{**} = s_2/(j_1 + s_2)p_c$ 可知，审计方进行审计概率取决于资金使用方与监管方合谋舞弊收益、资金使用方与监管方合谋舞弊被查出后的处罚和审计成功率。舞弊收益越高，自然越可能进行审计；舞弊处罚越大或者审计成功率越高，舞弊可能性越小，从而审计频率会有所降低。而对于资金使用方或监管方而言，提高发现舞弊后对其的惩罚并不直接对合谋舞弊概率产生影响，反而会降低审计方审计最优概率，在我国现行审计制度下，审计方在一定时间内的审计概率往往不会发生改变，故提高对合谋舞弊的惩罚能在一定程度上减少合谋舞弊。但该惩罚并不能无限提高，达到一定程度便很难提高。惩罚一定时，若是资金使用方或监管方合谋舞弊收益足够大，审计方审计最优概率会上升，合谋舞弊可能性反而会在一定程度上上升。由于政府干预审计的存在，审计成功概率 p_c 往往较低，这也会使审计方最优审计概率上升，即合谋舞弊概率在一定程度会上升。

从上述分析可知，政府要实现其将资金使用方与监管方合谋舞弊的概率 p_h 控制在一个合理范围内，仅仅通过政府审计是很难实现的。

第四章　西部地区政府支农专项资金投入方式与监管演变及现状

一、西部地区政府支农专项资金的投入方式及监管演变

（一）计划经济体制下支农专项资金投入方式及监管

新中国成立初在计划经济体制下，我国政府选择了优先发展工业，特别是重工业，对农业财政投入较少。1950 年，国家对农业的资金投入为 2.74 亿元，仅为国家财政总支出的4.03%。可是，这一时期的农业却肩负着向工业输送资本的重任，其主要是通过农业税收以及工农产品价格“剪刀差”政策反哺工业。1952~1990 年，农业为工业化提供的全部资金积累中，有 3/5 来源于“剪刀差”方式①。

1958 年以后，人民公社制度逐渐在全国范围确立，农业生产被纳入国家控制之下，为国家获取农业剩余提供了组织上的保证。此外，由于体制原因和反“右倾”“文化大革命”等一系列重大历史事件严重制约了国民经济发展，加上国家财政收入来源渠道比较单一，国家财政收入水平低下，而搞重工业必定又要大量财政投入，导致这一时期国家财政用于支持农业和农村的支出不仅增长缓慢，而且很不稳定，1960 年财政支农支出突增至 90.52 亿元，主要用于农业基本建设与农村生产，由于发生饥荒，1962 年财政支农投入仅为 36.82 亿元，下降了 59.32%。1964~1968 年，国家财政支农投入总量又呈现下降态势，直到 1968 年

① 冯海发，李微．我国农业为工业化提供资金积累的数量研究［J］．经济研究，1993（9）：60-64.

以后我国财政支农投入才开始出现稳定上升趋势。此外，这一时期我国财政支农专项资金投向主要用在发展农业机械化、兴修水利工程和救济贫困人口等方面。人民公社期间，主要通过行政手段和政治动员开展农业基础设施的修建。

总体来讲，我国在以农扶工的经济发展和增加农产品供给为首要政策目标条件下实施农产品统购统销制度，形成了工农产品“剪刀差”，虽然在某种程度上农业有所发展，农村经济也有起色，但是工业发展通过农业税和工农产品价格“剪刀差”从农业取得的资本远远大于同期财政的支农投入。由于当时农业剩余大量被转移到工业，导致农业资本的自我积累过小，严重阻碍了农业发展，挫伤了广大农民的生产积极性，农产品供给严重短缺，农民生活水平低下，致使大量人口因饥饿致死。孙圣民（2009）的研究表明，我国计划经济时代实施农业支持重工业战略因失误致使农业产值和农民收入各损失 1/3 的潜在收益，工业部门的损失多则 8% 少则 2% 的潜在农业剩余支持，损失的社会剩余总量至少是同时期转移给工业的农业剩余量的 2 倍①。

（二）家庭联产承包责任制下的支农专项资金投入方式及监管

1978 年以后，“家庭联产承包责任制”在全国农村迅速蔓延，给中国农村带来翻天覆地的变化。1980 年发布的中共中央 75 号文件提出，“在那些边远山区和贫困落后地区，可以包产到户，也可以包干到户”，第一次正式提出“包产到户”与“包干到户”概念。1982 ~ 1984 年，中共中央连续下发 3 个一号文件，明确家庭联产承包责任制是社会主义农业经济的重要组成部分，采取统一经营与分散经营相结合的原则，使农业向现代转化，并允许农民和集体联合兴办各种企业，积极支持农村专业户。

20 世纪 80 年代初，中央将农业基础设施建设的小型农田水利资金包干给地方，农村教育、卫生等支出责任也主要由地方财政承担。同时，为了调动地方财政支农积极性，中央要求地方对财政支出进行资金配套，如 1988 ~ 1993 年的 6 年期间，中央对农业综合开发累计投入达到 78.1 亿元，地方财政累计投入则达到 65.8 亿元②，对于扩大地方政府财政对农业的投入起到了一定的激励作用。到 80 年代后期，国家财政开征耕地占用税，将税收用于建立农业发展基金，为进一步加大对农业的投入打下了基础。此外，国家财政还安排了大量资金用于支持乡镇农产品加工企业发展、农业基本建设、农业抗灾救灾、农村扶贫开发等。1978 ~ 1993 年，财政涉农资金投入累计达到 3465 亿元，大大高于改革开放以前

---

① 孙圣民．工农业关系与经济发展：计划经济时代的历史计量学再考察——兼与姚洋、郑东雅商榷［J］．经济研究，2009（8）．

② 苏明．中国农业财政政策的回顾与展望［R］．中华人民共和国财政部专题报告，2006.

的水平。中国统计年鉴数据显示，1980 年，我国用于农业基建的财政支出为 48.59 亿元，但是 1981 年则降到 24.15 亿元，降幅达到 50.3%。这一期间，国家财政对农业基本建设财政资金投入匮乏且不稳定，农业基础建设比较薄弱，成为农业未来发展的一个障碍。

根据冯海发（1993）估计，1978～1990 年，国家通过价格剪刀差从农业部门获取资金高达 5000 多亿元①。虽然这一期间“剪刀差”依旧存在，但总的来说“多取少予”情况从根本上有了松动，农村形势有了较大转变，农民开始有饭吃。这个历史时期，监管问题并不突出，主要是由于政府投入较少，另外当时我国财政支农体系也相对简单。

（三）分税制体制下的支农专项资金投入方式及监管

1993 年分税制改革开始试点，到 1994 年已在全国大范围实施。分税制改革对我国中央政府与地方政府财政关系进行了大的调整。一方面，中央实施宏观管理政策的财力得以保证；另一方面，可以充分发挥税收杠杆调节经济配置资源的独特作用。随着经济发展和分税制改革的进行，我国财政收入摆脱以前的困境，走向复苏。与此同时，中央财政收入在国家财政总收入的比重增加，对地方政府的转移支付能力增强。在此背景下，中央政府较大幅度增加用于农业的财政支出，“多取少予”格局得到进一步扭转。

分税制改革后，地方财政收入在总财政收入中的比重由 1993 年的接近 80% 下降到 1994 年的 45% 左右，中央集中了大量财政收入，但是中央和地方支出划分几乎没有发生显著变化。这样的分配格局，使财政上收的压力逐渐转移到下级财政部门，这对地方财政，尤其是县、乡级财政造成了巨大的影响。分税制改革之后农民负担突然增加，地方各项税费、集资和摊派成了压在农民头上的大山。陈桂棣在《中国农民调查》中描述了白庙镇农民的心酸：“尽管已经贫困到了这个地步，县、镇、村还是层层加码，不断地把各种各样的乱摊派、乱集资、乱罚款强加到村民的头上，而绝大多数的村民对这种巧取豪夺却只是敢怒不敢言”。② 1996 年 12 月，中共中央、国务院出台《关于切实做好减轻农民负担工作的决定》，进一步完善减轻农民负担的政策规定。2000 年起，我国农村税费改革工作开始启动。改革主要内容包括：取消乡统筹、农村教育集资等专门向农民征收的行政事业性收费和政府性基金、集资；取消屠宰税；取消统一规定的劳动义务工；调整农业税和农业特产税政策；改革村提留征收使用办法。同时，为了弥补

① 冯海发，李微．我国农业为工业化提供资金积累的数量研究［J］．经济研究，1993（3）：60－64.

② 陈桂棣，春桃．中国农民调查［M］．人民文学出版社．2004（3）．

基层财政因降低农业税而减少的财政收入，中央和地方设立了转移支付，以确保改革的顺利推进和基层的平稳运转。

总体来看，分税制改革之后，中央摆脱了财政资金危机，从而使财政支农总体规模增大，且我国农业基础条件有所改善，对农业生产的发展以及农民增收起到了积极作用。1996 年，粮食产量首次突破 5 亿吨，1997 年农民人居纯收入也突破 2000 元。然而，这一时期财政支农政策也有三个较大不足：一是粮食收购保护价格制度未能得到很好执行。由于在粮食市场阶段性过剩、粮食市场价格下跌的情况下，国有粮食企业为了自身利益未能有效执行国家政策，粮食保护价格水平开始不断下降，出现农民卖粮难，极大影响农民生产积极性，导致粮食产量下降；二是虽然中央设立了转移支付，但是转移支付的分配存在区域间不平衡，未能消除地区之间的不均衡状态；三是减轻农民税费负担的一些政策和措施未能得到很好执行。分税制改革后，基层政府财权与事权不匹配情况比较普遍，财政收入的不足导致县、乡政府仍然通过各种名目向农民收费，大大增加了农民负担，再加上农产品保护价格水平的不断下降，使城乡居民收入差距不断扩大，这也是导致农村内需长期不足的重要原因之一。

（四）统筹城乡背景下的支农专项资金投入方式及监管

2002 年 11 月，党的十六大报告首次明确提出“统筹城乡经济社会发展，建设现代化农业，发展农村经济，增加农民收入，是全面建成小康社会的重大任务”。从此以后，我国过去农业支持工业的政策开始向工业反哺农业政策转变，财政支农政策随之发生一些大的变动。我国农村税费改革在党的十六大以后得到进一步推进，2004 年我国取消农村税费试点工作范围不断扩大，到 2005 年年底，全国已有 28 个省区市免征农业税。2006 年 1 月 1 日《农业税条例》的废除标志着在我国历史上延续了 2000 多年的农业税正式退出历史舞台。

2001 年，国务院发布文件进行粮食直补试点，并于 2004 年全国农业及粮食工作会议上，提出“尽可能在春播之前兑现部分补贴资金，全部补贴资金要在上半年基本兑现到农户”的直补工作任务，粮食直补工作全面推广。同年，我国出台 21 世纪首个中央一号文件《中共中央、国务院关于促进农民增加收入若干政策的意见》，将促进农民增收作为主要议题，将农民最关切的利益问题提上议事日程。从 2004 年开始，国家全面放开粮食收购和销售市场，实行多渠道经营，建立对农民的直接补贴制度。良种补贴和农机购置补贴也在这一时期相应出台，并且补贴的品种范围和区域不断扩大。2005 年中央一号文件《中共中央、国务院关于进一步加强农村工作提高农业综合生产能力若干政策的意见》则以耕地保护制度、农田水利和生态建设、农业科技创新、农业和农村经济结构调整、农产品流通等方面为工作重点。2006 年中央又增加了农业生产资料综合直接补贴，至此，政府对农户的“四项直补”全部实施。2007 年以后，政府又陆续出台奶牛、棉花、油料良种补贴以及生猪生产补贴等一系列补贴项目。2008 年，中央安排在粮食直补、良种补贴、农机具购置补贴和农资综合直补四项补贴上的财政资金达到约 1030.4 亿元①，并在全国农村基本普及新型农村合作医疗制度。在对农民实施直补的同时，为了在市场经济条件下保护农民种粮利益，在我国粮食主产区实行粮食最低收购价格政策。国务院 2004 年发布的《国务院关于进一步深化粮食流通体制改革的意见》（国发〔2004〕17 号）指出，“一般情况下，粮食收购价格由市场供求形成，国家在充分发挥市场机制的基础上实行宏观调控。要充分发挥价格的导向作用，当粮食供求发生重大变化时，为保证市场供应、保护农民利益，必要时可由国务院决定对短缺的重点粮食品种，在粮食主产区实行最低收购价格”。在往后的几年，我国政府又多次较大幅度提高主要粮食品种最低收购价水平。

进入 21 世纪，为了解决农业基础薄弱、城乡差距过大等问题，政府加大对农业与农村公共产品供给力度，主要包括：①财政加大对包括“六小”工程（节水灌溉、人畜饮水、乡村道路、农村沼气、农村水电、草场围栏）在内的农村基础设施建设投入，同时积极开展天然林保护、退耕还林、京津风沙源治理等林业重点生态工程建设。②加大对农村义务教育的资金投入，主要包括危房改造工程、现代远程教育工程、西部地区“两基”攻坚计划、农村中小学生布局调整等项目，并推行“两免一补”政策。③启动农村卫生服务体系建设，并推行新型合作医疗制度。这一时期政府加大对农村卫生基础设施建设投入，并于 2003 年下半年启动新型农村合作医疗试点工作。2006 年 6 月 30 日，全国开展新型农村合作医疗试点县（市、区）达 1399 个，覆盖农业人口达 4.95 亿，占全国农业人口的 55.8%；参加合作医疗人口达 3.96 亿，占全国农业人口的 44.7%，参合率达 80.1%②。④加大扶贫力度，在全国范围建立农村最低生活保障制度。党的十六大以后，农村最低生活保障制度试点范围逐渐扩大。2007 年，国务院决定在全国建立农村最低生活保障制度。通过中央财政对财政困难地区给予适当补助，到 2007 年底，全国 31 个省、区、市的所有涉农县（市、区）都出台了农村低保政策，普遍建立和实施了农村最低生活保障制度，当年农村享受低保人数已达 3400 多万，给广大农村生活困难群众带来了实实在在的好处。⑤启动新型农村养老保险试点工作。2003 年，我国开始新型农村养老保险试点。2009 年，全

① 资料来源：2013 年中国农村统计年鉴 p：77.

② 张通，穆树彬等．财政出钱，农民受益——部分省（区）新型农村合作医疗改革试点跟踪调研报告［R］．2006.

国新型农村社会养老保险试点工作正式启动，试点范围为全国10%的县级市，实行个人缴费、集体补助、政府补贴相结合的筹资办法，为农村居民提供老年基本生活保障。2014年2月7日，国务院常务会议决定合并新型农村社会养老保险和城镇居民社会养老保险，建立全国统一的城乡居民基本养老保险制度，农民可以和城市居民一样享有最基本的养老保障。

综上所述，我国农村发展先后经历了土地改革、合作化、人民公社化、家庭联产承包责任制、统筹城乡等演变。1990年之前，农业总体承担为国家工业化和城市发展积累资本的重担，加上农业户口与城市户口的区分，使得很长一段时间形成城乡“二元”结构状况；政府对于农民采取“多取少予”政策，农业处于“反哺”工业的状态。1990年以后，随着国家经济状态的好转，对农民“多取少予”的政策有所松动，但是1994年分税制之后，农民经济负担又有所增加；直到2004年取消农业税和农特税，国家对于农民的政策才彻底转变为“多予少取”，开始对农民长期的经济损失进行补偿，政府支农专项资金也逐年加大，“剪刀差”则不断缩小，农民处境开始有所转变。这些情况，在我国西部地区与全国情况基本上一致，但是西部地区经济发展水平低于全国平均水平，历史欠账更多，农业基础薄弱、农村发展缺乏后劲以及城乡居民收入差距扩大等问题更为突出。如何提升西部地区农业发展水平，改善农村面貌，是保持我国经济社会均衡可持续发展亟待解决的重要问题。

二、西部地区政府支农专项资金投入及监管的现状分析

（一）西部地区政府支农专项资金投入现状分析

1. 西部地区政府支农投入总额比较

按照经济技术发展水平与地缘相结合原则，通常将我国划分为东部、中部和西部三大经济地带，这也是我国区域经济研究和政策制定中用的最广泛方法。具体划分为：东部地区包括北京、天津、河北、辽宁、上海、浙江、江苏、福建、山东、广东和海南；中部地区包括山西、吉林、黑龙江、安徽、江西、河南、湖南和湖北；西部地区包括内蒙古、广西、四川、重庆、贵州、云南、西藏、陕西、甘肃、青海、宁夏和新疆。西部地区土地面积681万平方公里，占全国总面积的71%；人口约3.5亿，占全国总人口的28%。西部地区疆域辽阔，大部分

是我国经济欠发达地区。①

从2004年我国发布了21世纪首个中央一号文件——《关于促进农民增加收入若干政策的意见》到2014年发布的《关于全面深化农村改革加快推进农业现代化的若干意见》，中共中央、国务院已经印发了11个中央一号文件。经过数十年时间，我国农村农业得到较大发展，粮食产量不断增长，农村改革不断推进，农户生活有所改善。考虑我国自2007年起财政预算科目进行过较大的调整，因此分析数据的选取从2007年开始，且政府支农专项资金以对农林水事务的财政投入为参照。中部、东部、西部三个地区的比较主要从投入总量、投入比重和增长率三个方面进行。

如表4－2－1和图4－2－1所示，2007年，我国的财政收入为27749.16亿元，经过五年的发展，2012年我国的财政收入增加到了61078.29亿元，是2007年的2.2倍。中部、东部、西部三个地区的财政收入都在稳步上升，五年期间，

表4－2－1　2007～2012年西部与东部和中部地区财政收入比较

地区	东、中、西部三地区财政收入比较（亿元）					
	2007年	2008年	2009年	2010年	2011年	2012年
东部地区	18241.79	20744.17	22027.26	24633.86	27196.91	32781.84
中部地区	4490.41	5593.63	6412.19	8197.11	10966.46	12997.88
西部地区	5016.96	6342.76	7476.26	9657.50	13163.86	15298.57
总计	27749.16	32680.56	35915.71	42488.47	51327.23	61078.29

资料来源：中国统计年鉴2008～2013。

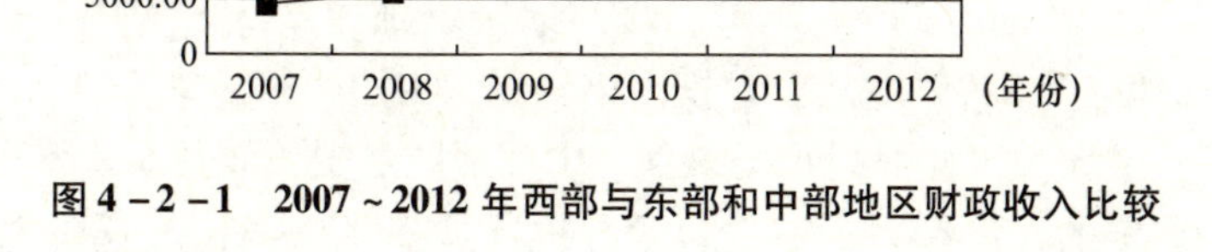

图4－2－1　2007～2012年西部与东部和中部地区财政收入比较

① 资料来源：2013年中国统计年鉴，pp. 104－105.

东部地区财政收入增加 79.91%，中部地区增加 189.45%，西部地区增加 204.9%。西部增长的百分比最大，但西部 12 省市的财政收入和东部 11 省市的财政收入还存在巨大差距，以 2012 年为例，东部地区财政收入是西部地区的 2.14 倍。即使是只有 8 个省的中部地区，其财政收入也和西部地区接近，根本原因在于财政收入的差距主要和区域经济发展程度相关。

表 4－2－2　2007～2012 年西部与东部和中部地区财政支农专项资金投入比较

地区	东、中、西部三地区财政支农专项资金（亿元）					
	2007 年	2008 年	2009 年	2010 年	2011 年	2012 年
东部地区	1184.46	1557.66	2308.16	2790.05	3425.24	4133.81
中部地区	881.03	1211.74	1950.75	2336.85	2743.83	3265.05
西部地区	1025.51	1466.23	2142.8	2614.79	3351.92	4072.53
总计	3091	4235.63	6401.71	7741.69	9520.99	11471.39

资料来源：中国统计年鉴 2008～2013。

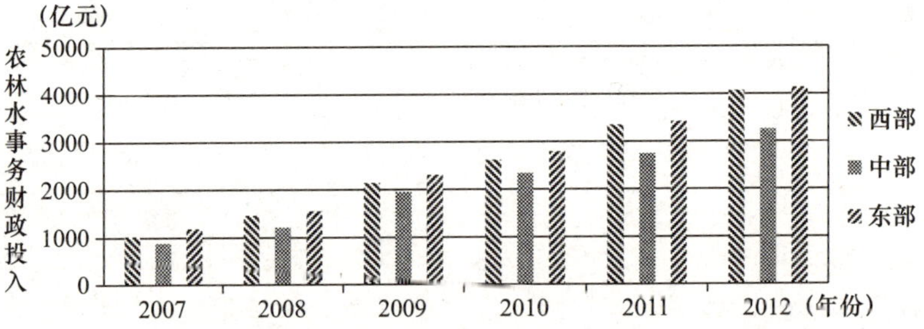

图 4－2－2　2007～2012 年西部与东部和中部地区财政支农专项资金投入比较

从投入规模看，由表 4－2－2 和图 4－2－2 可知，中、东、西部三大区域支农投入都呈现上升趋势，投入总规模从 2007 年的 3091 亿元增加到 2012 年的 11471.39 亿元，增加了 271%，其中西部地区增加了 297%，中部地区增加了 271%，东部地区为 249%。从三者投入比较看，由图 4－2－2 可知，历年来东部地区投入都是最大的，西部略小于东部，中部地区最少，而且对三个区域的投入比重是比较稳定的，没有太大波动，西部地区从 2007 年的 33.18% 上升到 2012 年的 35.5%，东部地区 2007 年为 38.32%，2008 年为 36.78%，以后 4 年期间均在 36% 上下浮动。

2002 年，九届全国人大常务委员会第三十一次会议修订并从 2003 年开始实行的《中华人民共和国农业法》明确规定，“中央和县级以上地方财政每年对农业总投入的增长幅度应当高于财政经常性收入的增长幅度”。从图4－2－3中不难发现，地方政府每年对农业总投入的增幅均大于财政经常性收入增幅。

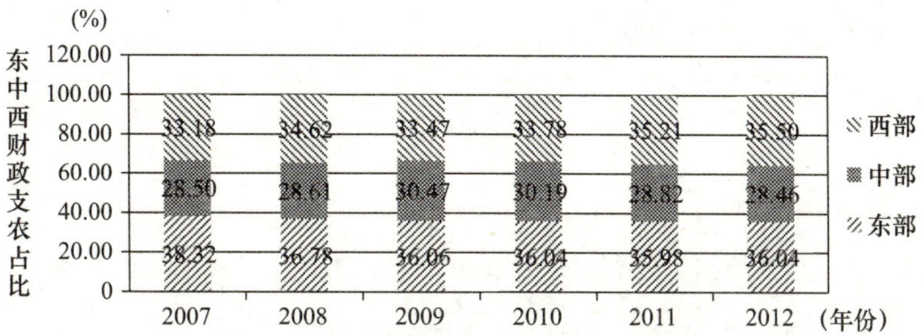

图4－2－3　三大区域财政支农比重比较

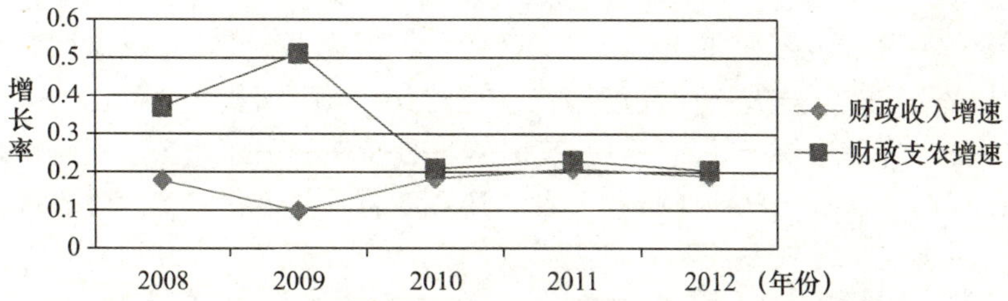

图4－2－4　2007～2012年我国财政支农和财政收入增速比较

从增长幅度看，由图4－2－5可知，中、东、西部三大区域的增长率的起伏趋势具有一致性，2009年相比2008年有所上升，2010年三大区域增速都下降到20%左右，2011年东部上升到28.19%，西部地区略升，中部地区略降。到2012年，三大区域增速又回归到20%的。2009年，上涨幅度较大主要是因为各项强农惠农政策的支持，中央财政加大惠农补贴力度，启动重点小流域综合治理项目建设。扩大专项资金规模和扶持范围，推动现代农业生产发展。

表4－2－3　三大区域财政支农占财政收入比重比较

地区	三大区域财政支农占财政收入比重比较					
	2007年	2008年	2009年	2010年	2011年	2012年
东部地区	6.49%	7.51%	10.48%	11.33%	12.59%	12.61%
中部地区	19.62%	21.66%	30.42%	28.51%	25.02%	25.12%
西部地区	20.44%	23.12%	28.66%	27.08%	25.46%	26.62%

资料来源：中国统计年鉴2008～2013。

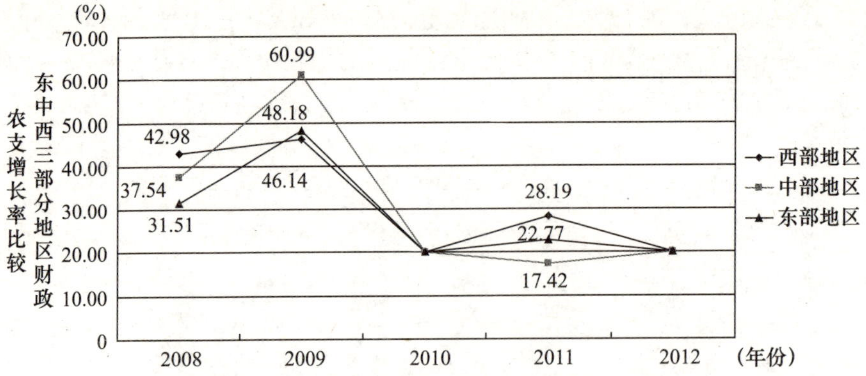

图 4－2－5　2008～2012 年三大区域财政支农增长率比较

从表 4－2－3 和图 4－2－6 可知，东部地区财政支农占财政收入比重呈逐年上升趋势，2007 年为 6.49%，到 2012 年这一数据为 12.61%。西部地区和中部地区这一比重 6 年间均有不同程度起伏，且均在 2009 年达到最高值，这和 2009 年国家政策和经济形势有较大关系。同时，不难发现，东部地区这一数据远低于中、西部地区，但是东部地区财政支农却是最多的，主要和经济发展程度及国家扶持政策有关。

图 4－2－6　三大区域财政支农占财政收入比重比较

2. 西部地区政府支农投入占财政收入比较

由表 4－2－4 和表 4－2－5 可知，由于每个省份区域面积、发展水平和地理资源等存在较大的差异，因此每个省份的财政收入和财政支农水平不一样，但各省份财政收入和财政支农都是增长的。从总规模看，财政支农从 2007 年的 1025.51 亿元增加到 2012 年 4072.53 亿元；财政收入从 2007 年的 5016.96 亿元上升到 2012 年的 15298.57 亿元。

表4-2-4 西部地区各省份财政支农专项资金投入

省份	农林水事务投入（亿元）					
	2007年	2008年	2009年	2010年	2011年	2012年
内蒙古	108.5	160.72	222.36	281	391.68	450.83
广西	89.82	139.4	210.74	260.26	314.86	369.07
重庆	55.97	76.72	128.33	161.04	198.91	256.35
四川	175.65	242.61	322.76	401.76	545.7	654.95
贵州	87.53	121.71	204.13	246.76	278.47	361.87
云南	127.6	177.77	267.28	327.21	409.8	518.6
西藏	40.31	62.87	84.71	89.11	126.53	142.62
陕西	100.08	146.29	220.74	267.16	333.79	376.45
甘肃	84.44	107.34	158.95	196.26	237.66	302.3
宁夏	27.92	45.2	68.68	94.23	112.19	139.79
青海	29.26	42.44	57.84	69.5	104.74	134.31
新疆	98.43	143.16	196.28	220.5	297.59	365.39
总计	1025.51	1466.23	2142.8	2614.79	3351.92	4072.53

资料来源：中国统计年鉴2008~2013。

表4-2-5 西部地区各省份的财政收入

省份	财政收入（亿元）					
	2007年	2008年	2009年	2010年	2011年	2012年
内蒙古	835.4915	1107.27	1377.7018	1738.1353	2264.1	2497.3
广西	703.881	843.3036	966.8808	1228.6122	1542.23	1810.1386
重庆	442.7	577.57	681.82	1018.29	1488.33	1703.49
四川	850.86	1041.66	1174.59	1561.67	2044.79	2421.27
贵州	285.14	349.55	416.48	533.73	773.08	1014.05
云南	486.71	614.05	698.25	871.19	1111.16	1337.98
西藏	310.13	386.44	501.86	573.47	778.78	899.92
陕西	475	591	735	958	1500	1601
甘肃	177.88	264.9	286.54	353.6	450.4	520.88
宁夏	80.03	95.01	111.58	153.55	219.98	263.96
青海	83.04	110.47	136.51	166.46	270.4	319.68
新疆	285.86	361.06	388.78	500.58	720.43	909.1
总计	5016.9625	6342.7636	7476.2626	9657.4975	13163.86	15298.5686

资料来源：中国统计年鉴2008~2013。

3. 政府“三农”财政支出结构分析

2001年“三农”问题提法开始写入文件，于2003年正式将“三农”问题列入政府工作报告，提出“统筹城乡”和“西部大开发”方略，2004年中央出台的21世纪首个中央一号文件——《中共中央国务院关于促进农民增加收入若干政策的意见》的发布开启了财政支农新的里程碑。先后出台实施了以“四减免”（农业税、牧业税、农业特产税和屠宰税）“四补贴”（种粮直补、农资综合直补、良种补贴和农机具购置补贴）为主要内容的支农惠农政策，国家对农业投入力度进一步加大，财政支农工作指导思想也发生较大转变。从政策层面上，把财政支农的重点由原来的以促进农业生产为目标，转向以促进农业农村的全面发展为目标；把整合财政支农专项资金，发展现代农业，统筹城乡发展作为财政支农新的着力点。

“三农”支出主要分为农业生产支出、四项补贴支出、农村社会事业发展支出等，其中四项补贴支出是指农作物良种补贴、农机购置补贴、粮食直补和农资综合补贴。农村社会事业发展支出主要包括农村教育、卫生等社会事业发展等方面。由于财政预算体制改革，2007年前后口径有变化，故以下分析数据采用2007～2013年的数据，其中2007～2012年数据主要来源于《中国农业年鉴》和《中国农村统计年鉴》，2013年数据则主要来源国家统计局网站。

2007年至今，财政支农金额逐年增加，主要得益于国家对“三农”资金投入力度的不断加大。2007年一号文件要求加大对“三农”投入力度，到2009年一号文件要求大幅度提高农业补贴，再到2010年一号文件的健全强农惠农政策体系，我国财政支农在资金规模上有了明显增加，投入内容有了较大丰富，制度体系也不断完善。正如图4－2－7和表4－2－6所显示，2013年农业支出达到了13799亿元，几乎是2007年的3.2倍。从增长率上看，增长幅度最大的是2008年的37.91%，最小的是2013年的11.39%，总体上增长率呈放缓趋势。主要是直接补贴额度的增加和补贴范围的扩大，增加防汛抗旱、动物防疫和农村基础建设投入，其中当年用于农村基础设施建设的预算资金达到1022.8亿元。其次，2008年我国农业农村发展经历了重大自然灾害以及多种困难的考验，财政支农稳定了农业发展。财政支农专项资金增加幅度的放缓和资金结构的优化不无关系，近年来，我国公共财政重视改善民生，对农村社会事业发展投入不断增加，从图4－2－7可以发现，农村社会事业发展支出在总的支出中所占的比例增加，2007年农村社会事业发展支出占总支出的33.79%，到2013年，农村社会事业发展支出占总支出比重达到43.58%，增加近10个百分点。

表 4－2－6　2007～2013 年“三农”支出主要构成　　单位：亿元

年份	“三农”支出			
	总额	其中：农业生产支出	四项补贴支出	农村社会事业发展支出
2007	4318. 30	1801. 70	513. 60	1415. 80
2008	5955. 50	2260. 10	1030. 40	2072. 80
2009	7253. 10	2679. 20	1274. 50	2723. 20
2010	8579. 70	3427. 30	1225. 90	3350. 30
2011	10497. 70	4089. 70	1406. 00	4381. 50
2012	12387. 60	4785. 10	1643. 00	5339. 10
2013	13799. 00	5426. 83	1700. 55	6051. 12

资料来源：中国农业年鉴 2008～2013，中国农村统计年鉴 2008～2012，2013 年数据来源于国家统计局网站。

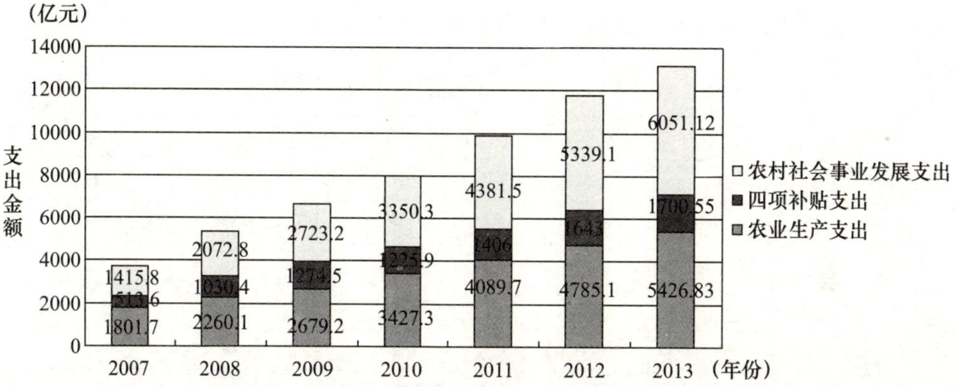

图 4－2－7　2007～2013 年“三农”支出主要构成

表 4－2－7　2008～2013 年“三农”财政支出增长率变化趋势

年份	2008	2009	2010	2011	2012	2013
增长率	37. 91%	21. 79%	18. 29%	22. 36%	18%	11. 39%

2004 年，中央一号文件提出实行“两减免、三补贴”政策，其中“三补贴”即粮食直接补贴、农机具补贴和良种补贴。2005 年，中央一号文件要求继续加大对“两减免、三补贴”力度。而 2007 年的中央一号文件则提到加大农业生产

资料综合补贴力度。到2008年中央一号文件首次将粮食直补、良种补贴、农机具购置补贴和农资综合直补放在一块，即现在所说的“四项补贴”或“四项直补”。

在中央强农惠农政策支持下，“四项补贴”金额也有了快速增长，以2007~2008年为例，2007年“四项补贴”的金额为513.60亿元，到了2008年金额数达到了1030.40亿元，几乎是2007年的2倍，但2009年“四项补贴”的金额少于2008年的金额，主要系粮食直补和农资综合补贴有所下降，但是变化不大。近年来政府“四项补贴”投入总体增长让农户得到实惠。

良种补贴是指对一地区优势区域内种植主要优质粮食作物的农户，根据品种给予一定资金补贴。良种作物主要包括水稻、小麦、棉花、玉米、大豆等作物，根据作物的类别和区域补贴金额略有不同，而且地方可以根据自身情况确定补贴方式。从图4-2-8和表4-2-8不难发现，良种直补的金额相对稳定，2009~2013年变化幅度不大，保持在200亿元水平。主要是良种补贴金额一方面和补贴力度有关，另一方面还和良种播种面积等有关，而良种播种面积总体比较稳定，因此，良种补贴的多少很大程度上取决于财政补贴力度。

表4-2-8　2007~2013全国四项补贴金额构成　　单位：亿元

年份	四项补贴支出	良种补贴	购置农机补贴	粮食直补	农资补贴
2007	513.60	66.63	20.00	151.00	276.00
2008	1030.40	123.40	57.78	130.00	716.00
2009	1274.50	198.50	130.00	198.60	756.00
2010	1225.90	204.00	155.00	151.00	716.00
2011	1406.00	220.00	175.00	151.00	860.00
2012	1643.00	287.41	215.00	151.00	989.59
2013	1700.55	208.63	208.60	206.32	1077.00

资料来源：2007年至2011数据来源于历年的《中国农业年鉴》，2012年和2013年度的数据主要来源于官方媒介的公布和加减汇总。

农业机械购置补贴资金是指中央财政和地方财政为农民和农业生产经营组织购买国家支持推广的先进适用农业机械给予的补贴，为推进农业机械化进程，提高农业综合生产能力，促进农业增产增效、农民节本增收而设立的专项资金①。2007年，中央专项资金用于补贴动力机械、耕作机械、种植机械、植保机械、收获机械、粮食干燥机械、排灌机械7大类24个品种的机具。2013年，补贴机

① 中华人民共和国农业机械化促进法［M］．中国民主法制出版社，2004：7.

具种类涵盖 12 大类 48 个小类 175 个品目，在此基础上各地最多可再自行增加 30 个品目。可见补贴范围变得更加广泛。补贴金额也不断上升。2007 年农机购置补贴金额仅为 20 亿元，2012 年则达到 215 亿元，是 2007 年的 10 倍之多。尤其是 2008 年和 2009 年增长幅度较大，2009 年之后呈稳定上升趋势，直到 2013 年有小幅回落。

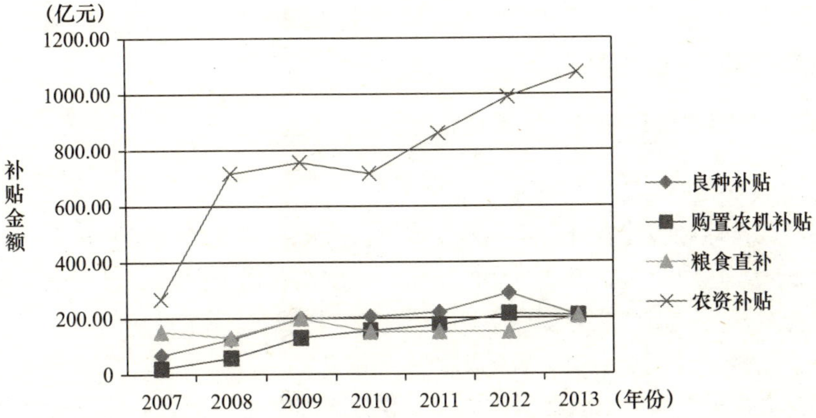

图 4－2－8 2007～2013 年全国四项补贴金额构成

粮食直补金额一直比较稳定，这和补贴方式有关。目前我国大多数省份都按照种植面积或确权面积核算，各个省份核算方式不尽相同，但是补贴标准存在差异。农资综合补贴在四项补贴中所占份额最大，主要是根据实际种植面积来测算补贴金额，按照谁种植谁受益原则进行补贴，抛荒的耕地和非农业征用不予补贴。农资综合补贴 2006 年为每亩 10 元，2007 年为每亩 30 元，2008～2010 年每亩 69 元，2011 年每亩 81.5 元，2012 年第一次按 81.5 元，第二次每亩又增加 21.9 元。从图 4－2－8 和表 4－2－8 可知，随着补贴力度的加大，农资综合补贴金额也随之有了大幅度提升，根据财政部提供的决算数，2013 年农资综合补贴达到 1077 亿元。

2004 年至今，财政支农专项资金总量逐年加大，补贴内容日趋丰富，补贴重点渐渐转向价格补贴、直接补贴以及生产资料补贴等。但是也存在诸多亟待解决的问题。首先，补贴总量偏小，我国农业人口基数庞大，农民受益有限，以四项补贴为例，《2013 中国统计年鉴》显示，我国农村人口数为 63163 万，人均补贴约为 270 元[①]。在西南地区各省份，由于人口密度高，人均土地面积小，而补

① 资料来源：2013 年中国统计年鉴。

贴又和土地面积挂钩，所以人均补贴更低。其次，财政补贴政策建设有待改进，现阶段许多补贴项目发放流程和核算机制过于烦琐，补贴标准不够明确，造成补贴公平程度不够。

农业存在天生的弱质性，在西部地区，小规模的农户家庭经营模式占据农业主体，生产力不高，虽然财政支农专项资金补助力度经过几年发展有了很大提升，但改变农村落后面貌的目标远未实现。财政资金投入规模还是太小，没有建立长期稳定的增长机制，无法满足农业现代化发展需求，不能满足广大农民改善生活条件和生产条件的需求。

（二）我国支农专项资金监管现状分析

1. 我国现行的支农专项资金监管模式

现阶段，针对农业直补资金和农业专项资金的特殊性，我国采取了不同的两种监管方式，这两种监管方式背后的本质，反映出我国现阶段对支农专项资金监管实施的是一种“财政主导型监管”模式。

（1）财政直补资金监管方式的财政主导现状。

农业直补是指国家财政在促进农民增收方面和农业生产方面的直接补贴，而现行的农业直补资金包括粮食直接补贴、农资综合直补、农机购置补贴、良种补贴、库区补贴、退耕还林等。

粮食直接补贴是我国目前推行的农业直接补贴之一，也是第一项农业综合直补。2004 年财政部发布的《财政部关于尽快落实对种粮农民直接补贴的紧急通知》（财建明电〔2004〕2 号）也是第一次对粮食直补资金监管作了初步规定，指出在特殊情况下，可由省级财政部门“一竿子”插到乡，以提高工作效率。而具体的资金监管工作还是由各个地方财政部门负责，同时财政部驻各地财政监察专员办事处负责对粮食直接补贴资金监督检查，主要是对粮食直补资金兑付情况进行抽查并向财政部汇报。当时根据国务院的规定，粮食工作实行省长负责制，但综观整个工作过程，主要还是由财政部门主导。2005 年《关于进一步完善对种粮农民直接补贴政策的意见》和《财政部关于进一步做好 2007 年对种粮农民直接补贴工作的通知》均提出了“专户管理、财务公开、档案管理、省长责任制、村级公示”工作方针。省级政府部门要责成省级财政部门牵头，由财政、发展改革（计划）、农业、物价、粮食等部门和农业发展银行组成粮食直补工作小组，分工协作，共同落实粮食直补工作。由此可见，财政部门在粮食直补资金使用及监管上占据主导地位，而其他主管部门主要负责协同工作。

农资综合补贴资金监管方式和粮食直补资金监管方式类似，由中央统筹预算和分配，省级人民政府负责落实，实行省长负责制。由财政部门牵头，发展改革委负责农资价格、粮食价格监测和粮食成本收益调查等工作，农业部负责监测并提供化肥、柴油用量及粮食播种面积等有关数据，财政部负责补贴资金安排。可见各部门职责分工还是比较清晰的，但是除了财政部门，其他部门在资金监管方面的职责并不明确。

农机具购置补贴于 2004 年正式启动实施，并于同年颁布了《中华人民共和国农业机械化促进法》，指出中央财政、省级财政应当分别安排专项资金，补贴资金的使用应当遵循公平、公开、公正、及时、有效的原则。2005 年《农业机械购置补贴专项资金使用管理暂行办法》（财农〔2005〕11 号）则进一步明确各个部门对资金监管的职责，由财政部门负责资金预算、拨付、使用以及监管。农机管理部门主要职责是具体负责补贴专项的组织实施和管理，主要包括编制实施方案、制定补贴机具目录和组织开展购机申请、审核、登记、公示等。虽然，近些年我国发布的一些规章制度不断强化地方监管力度，但是从资金监管职责的权重来看，财政部门还是起主导作用。

良种补贴政策是指政府对特定区域内购买国家规定的优质良种的农民，采取现金直接补贴或售价折扣补贴政策。2009 年财政部、农业部印发《中央财政农作物良种补贴资金管理办法》（财农〔2009〕440 号，以下简称《办法》），《办法》总则明确由财政部、农业部共同组织落实良种补贴政策，指导地方各级财政部门、农业部门做好组织实施管理工作。各级财政、农业部门应当明确分工，落实责任，加强协调，密切配合。在具体资金监管细节上，由财政部门、农业部门、统计部门以及检察部门共同负责。补助公示和宣传主要由乡镇基层和财政部门负责。从《办法》要求来看，各级财政部门和农业部门在负责本级良种补贴工作上处于相同位置，但是两者分工不尽相同，财政部门主要负责资金的预算、分配、拨付、监督检查和使用管理；农业部门主要负责编制方案、审核、监管实施和评估。和 2004 年发布的农作物良种推广项目资金管理暂行办法（财农〔2004〕16 号）相比，各部门职责并没有显著变化。

（2）财政支农项目资金监管方式下的财政主导现状。

2001 年，为规范财政农业专项资金管理，提高资金使用效益，财政部制定了《财政农业专项资金管理规则》（财农〔2001〕42 号，以下简称《规则》）。《规则》主要适用于具有专门用途、适合项目管理的农业专项资金（也称为项目补贴），特大防汛抗旱资金、农业救灾资金、农业税灾情减免补助、农业基本支出等资金或经费不适用于本《规则》。

从《规则》制定看，其主要根据《预算管理条例》和《中央财政专款管理办法》制定的，之前我国没有专门针对农业项目补贴管理的详细规章。和大多数现行政策一样，《规则》由中央财政部门征求有关部门和地方财政部门意见之后制定。

从农业项目补贴设立看，由各级财政部门负责已设立农业项目补贴的调查研究，对设立的必要性进行科学、客观评估。其他主管部门（如农业、水利、林业、气象主管部门）负责将农业项目补贴报送同级财政部门，并报项目支出预算。因此，从农业项目补贴资金设立程序看，是以各级财政部门主要负责监管，其他主管部门为各级财政部门服务。

不仅如此，在项目补贴资金的申报、分配、使用、检查管理等各个方面也是紧紧围绕财政部门展开各项工作的。《规则》明确规定财政部门负责农业项目资金分配管理，制定有关项目资金管理办法，财政部门拥有停拨项目资金或终止项目执行的权利。主管部门主要负责协同财政部门对项目资金的用途、补助标准进行公告，组织有关专家，或委托专门的项目评审机构对上报文件进行评审，出具评审报告。项目单位应对项目进行预算，并与项目所在地财政部门或主管部门签订目标责任书，负责提供相关资料和可行性报告，定期向财政部门或主管部门报告项目资金使用和项目实施情况。

从《规则》制定内容可以看出，财政部门和主管部门，上级部门和下级部门，项目单位和财政部门或主管部门之间的权责还是比较清晰的，即由上级财政部门负责制定办法、资金分配管理以及项目审核等，主管部门协同同级财政部门展开各项工作；下级财政部门和主管部门负责将上级部门拨付的项目资金划拨给项目单位，并向上级财政部门报告。

从我国现行的各部关于农业项目资金管理规章也可以找到类似缩影。如财政部和农业部于2004年3月发布的《农作物良种推广项目资金管理暂行办法》（财农〔2004〕16号），2007年的《中央财政农业保险保费补贴试点管理办法》（财金〔2007〕25号），以及地方财政部门设立的农业专项资金管理规则等，各级财政部门无一例外从项目资金申报、落实、监管等各个环节都扮演着极其重要的角色，而各级主管部门在整个过程中多是协同者角色，资金监管的“权杖”主要落在财政部门手中。此外，由于管理分配资金部门众多（如发改委、科技、国土、农委、水利、计生、交通等），因此资金管理办法多种多样，导致政出多门、各自为政、缺乏沟通等问题的出现，在这种情况下，财政部门不得不挑起监管大梁。

综合分析以上两类补贴监管方式发现，我国财政部门处于支农专项资金监管的绝对主导位置，其他各级主管部门主要处于配合财政部门进行监管工作的“配角”地位，实质是一种“财政主导型监管模式”。这种监管模式的主要弊端在于，由于财政部门和农业、金融等其他职能部门在监管职责、分工等方面不够明确，导致“监管真空”“重复监管”等问题，一旦出现监管事故，其他部门又将矛头指向财政部门，财政部门反过来又倾向于采取“一统到底、单打独斗”的监管做法，这种做法使财政部门面临处理大量涉及农业、金融等方面的专业问题；反过来又增大了出现监管事故的风险。此外，“财政主导型监管模式”采取了一种沿袭传统行政管理惯例的“自上而下”的监管路径，忽视了财政支农政策的直接服务对象——农民的重要地位，没有发挥农民既应是政策的受益者，又应是政策监管者的应有地位，其“自下而上”的监管职能缺失。因此，现行“财政主导型监管模式”亟待改革。

2. 我国现行支农专项资金监管机制

现行政府支农专项资金监管机制是在“财政主导型监管模式”之下的具体运行机理和方式。明确该机制有助于从实践操作层面进行改进优化，以适应新的监管模式的要求。如图4－2－9所示，可将财政资金大致分为17类，由相应部门对应协同负责。根据财政资金投入和监管内在关系，又将财政资金分类为直补资金和项目资金。

（1）直补资金监管流程。

如图4－2－9所示，直补资金监管流程如下：①虚线部分为资金流，实线是申报、审批、管理等信息流。上级财政和主管部门将直补资金文件下发到区、县财政局和主管部门，由区、县财政局和主管部门确定资金分配方案之后，将指标文件下发到乡镇财政所和乡镇人民政府，再逐级下发到村（居）委员会。②村（居）委员会收到上级下达的文件之后，对补贴对象进行宣传和登记，并形成清册，再由村（居）委员会将登记清册报送乡镇人民政府和乡镇财政所审核，同时公示。经乡镇人民政府和乡镇财政所审核之后，由乡镇人民政府汇总上报区县财政局和主管部门，同时公示。③区县财政局根据汇总数据经审核录入系统之后送至代发银行，并将补贴资金拨到代发银行，由代发银行将资金拨付到补贴对象。事后监督方面，由当地财政部门和政府职能部门（如农委）共同负责，接受群众举报投诉，也有一些抽查，但囿于成本限制，无法进行全面复核。

（2）项目资金监管流程。

可将项目资金再细分为农业农村发展项目资金和涉农企业项目资金。农业农村发展项目资金包含种类丰富，包括农村基本建设、农业生产基地建设，具体的资金流程如图4－2－9所示相似。先由基层单位或者涉农公司向上级部门申报，经过上级部门评估后批准项目。农村发展补贴资金的相关文件逐级下发到乡镇人民政府，再由乡镇人民政府分配落实到各个村（居）委员会进行项目实施（也有部分由乡镇政府甚至省市区县直接实施）。图中虚线部分主要是资金拨付流程，项目资金由区、县财政局或乡镇财政所支付给承建单位，也可能根据招标合同，由承建单位垫资建设后分步向地方财政报账。同时，区、县财政局负有向上级部

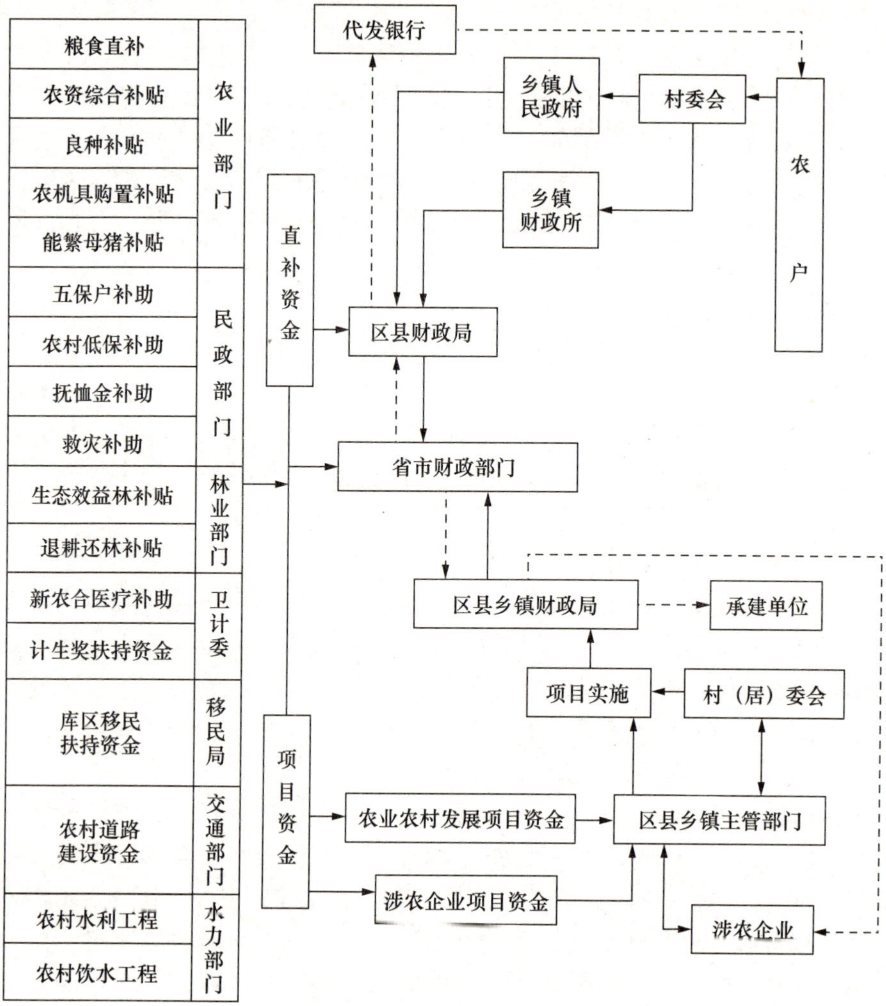

图4－2－9 财政支农专项资金监管流程

门提供项目实施情况报表的职责。部分农村发展项目的管理，采取项目招标制、项目法人制和工程监管制。项目实施后，采取经常检查机制。项目资金主要由区、县财政局负责管理，资金跟着项目走，按工程进度报账。检查机制主要包括，区、县部门和项目单位自检、省（市）级部门复检验收等。涉农公司项目资金管理流程和基地项目资金监管流程类似，也包括申报、批复审核、资金拨付、项目检查验收等。由涉农公司向区、县或省（市）财政局提供申报资料，由财政部门和相关部门对申报材料和涉农公司资质进行审定，对申报项目进行评审，公示通过后由区、县或省（市）财政局负责补贴资金的拨付。

（3）现行监管机制存在的问题。

从我国目前支农专项资金监管机制看，主要还是至上而下的监管机制，双向监管、同级监管和交叉监管体现不够或者缺失。在项目招标这个最重要环节，地方政府一把手、主要官员往往影响很大，甚至一锤定音，小型项目的招标几乎没有专业机构介入。而财政部门则承担监管环节各个部分责任，与财政部门同级的其他主管部门在本级监管环节的作用比较薄弱，与此同时，作为监管最前沿的基层财政部门和主管部门又存在监管不足问题。这种表象看似监管权力辐射不足和监管力度衰落，其实质为监管机制建设不完善。一方面，双向监督和同级监管在现行监管机制中没有很好体现出来，监管职责分工不够明确，联合监管匮乏。另一方面，基层对资金监管意识不够，主要按照上级部门意见行事，缺乏监管积极性和自主性。此外，上下级之间监管缺失是当前监管机制建设面临的一个主要问题，网型监管机制的建设势在必行。

3. 我国现行支农专项资金监管模式与机制成效与不足

2004年起，我国财政支农专项资金总量逐年增大，我国也先后出台多部涉农资金管理办法强化资金管理力度，并取得了一定效果，但是问题仍然层出不穷。2004年之前，我国财政支农专项资金规模较小，支农专项资金监管问题不明显，随着我国支农专项资金投入的加大，支农项目的增多，资金监管问题也逐渐暴露出来，因此我国在出台各个支农惠民政策的同时也对资金管理和使用做出相应规定，采用了先在全国部分地区试点，再推广到全国范围的实施方案，并在资金监管工作基础上不断总结经验，形成以财政部门为主体，其他主管部门协同监管的资金监管模式。与此同时，以往简单的“至上而下”的监管机制也发生变化，横向监管和纵向监管机制逐步形成。最为重要的是，监管问题引起了各个层级的重视，把支农惠民作为农村和农业发展的重点工作落实，各县级财政部门和主管部门在政策引导下纷纷制定适合本地的资金监管办法，丰富发展了支农专项资金监管。

虽然政府在支农专项资金监管上付出了许多努力，也取得了一定成效，但是从当前监管模型和机制来看，支农专项资金监管仍然存在很多问题：其一是监管层级较多，监管效率低下。目前的纵向监管层级主要由6个层级构成，包括中央、省级、市级、县级、乡镇级、村（居）委，横向监管层级之间也存在权力交叉和职能重叠问题。其二是基层监管体系建设滞后，体系建设所需的财力资源、人力资源和智力资源匮乏。其三是乡镇基层监管意识淡薄，部分层级监管力度不够，政府支农专项资金在使用过程中被挪用、截留、挤占现象比较严重。其四是农户在资金监管循环中的地位边缘化，其原因主要是支农政策宣传不到位，大多数农户处于弱势地位，信息匮乏，不了解自身利益是否被侵害，也不知道如何投诉检举，这使农户无法融入监管循环之中。

4. “财政主导型”监管模式及其机制下的负面案件分析

(1) 政府支农专项资金违法犯罪案件概况。

随着我国支农惠民政策不断出台，各级财政配套投入大幅增加，资金投入渠道也趋于多样化，基层自主权增大，涉农领域职务犯罪案件呈现多发态势，涉案金额明显增大，问题较为突出。我国支农专项资金落实过程的违规问题较多，职能部门在资金拨付过程中，存在延期拨付、人情拨付、吃请回扣等不正之风。乡镇村基层也存在补贴金额公开不及时、不到位，存在“关系户”等诸多问题。2009 年，国家审计署发布了对全国 10 个省区市财政支农专项资金审计调查的结果（河南、甘肃、山西、黑龙江、江苏、湖南、福建、陕西、内蒙古和重庆），2006 ~2007 年，上述 10 省区市有关部门和单位违规使用支农专项资金 26.93 亿元。截至 2009 年 5 月底，各地已经整改的违规资金 22.86 亿元，占审计调查发现违规资金总额的 84.91%。10 省区市被挤占挪用的财政支农专项资金已经归还原渠道 7.53 亿元。据不完全统计，仅 2012 年 1 月至 11 月，全国检察机关查办涉农惠民领域贪污贿赂犯罪案件 9612 件 14517 人，涉案总金额 27.7 亿余元。

通过表 4 -2 -9 可以看出，涉农领域违法犯罪是各个地区普遍存在的问题，主要有以下几类特点：①涉农惠民违法案件频发，群众反映强烈。从各种渠道数据看，随着我国支农专项资金总量增多，违法案件有上升趋势。②涉农案件领域不断扩大。早期，涉农案件主要集中在挪用救济资金、土地征用、征地补偿款、集体土地经营管理等。现在逐渐蔓延到各种惠农补贴、扶贫资金、各类保险资金等。③违法犯罪手段多样。利用职权、职务违法案件增多，与以往相对简单的作案手段不同，现在越来越多案件涉及上下相互串通、包庇、欺上瞒下等方式的合谋作案，尤其是窝案串案突出，“通常是国家工作人员与村干部相互勾结，多人共同作案，一旦案发便出现‘办一案、查一窝、挖一串’现象”①。

表 4 -2 -9　2008 ~2013 年各地区对外公布的涉农案件统计

序号	地区	案件数/件	涉案人数/人数	涉案资金
1	北京	125	175	—
2	广东	313	348	—
3	天津	88	115	2100 余万元
4	福建	1427	2028	—

① 周以明. 涉农惠民领域贪贿犯罪呈现五特征［N］. 检察日报. 2013 -01 -15.

续表

序号	地区	案件数/件	涉案人数/人数	涉案资金
5	山东	—	3458	3.1 亿元
6	海南	30	40	—
7	浙江	1731	2182	—
8	上海	377	433	—
9	河北	403	675	4830 万元
东部地区合计数		4494	9454	—
10	贵州	223	229	5759.38 万元
11	云南	398	505	5460 万元
12	广西	1739	2539	2 亿余元
13	内蒙古	377	669	2.01 亿元
14	四川	792	1078	—
15	重庆	121	167	—
16	新疆	304	364	—
17	宁夏	171	253	—
18	陕西	263	410	—
19	青海	48	63	—
20	甘肃	281	506	—
西部地区合计数		4717	6783	—
21	江西	1278	1822	2 亿余元
22	安徽	441	698	7275 亿元
23	湖南	290	439	—
24	黑龙江	515	775	1.8 亿元
25	河南	849	1343	8.2 亿元
26	山西	410	639	3067 余万
27	吉林	1459	2100	2 亿多
28	湖北	1455	1912	—
中部地区合计数		6697	9728	—

资料来源：各地检察院或人民政府官方网站、职务犯罪预防网、检察院年度工作报告等。

（2）涉农案件主体及案件类型。

从支农惠农违规案件看，案件涉及支农专项资金投向各个方面，从事涉案的人员也遍布各个岗位，其中基层人员涉案事件频发。从全国看，根据最高人民检察院发布的数据：2008 年全国有 4968 名农村基层干部被立案侦查，其中村支书 1739 人，村委会主任 1111 人。[①] 各个地区情况也是如此，如 2008～2011 年，浙江省检察机关共立案查办涉农惠民领域职务犯罪案件 1580 件 1987 人，共查办农村基层组织工作人员 1122 人，占总数的 56.5%，其中村“两委”干部 518 人，乡镇站、所工作人员 433 人。[②] 2012 年，贵州检察机关共查办涉农惠民领域贪污贿赂犯罪案件 223 件 289 人，其中县级以上单位工作人员 53 人，乡镇站、所和农村基层组织工作人员 197 人，基层干部的比例达到近 68.2%。据新华网报道，2014 年，吉林省通报 8 起贪污截留涉农惠农资金典型案件，涉及骗取退耕还林补助款、私分村集体资金、非法占有机动地国家粮食直补款、骗取泥草房改造款、贪污母猪补贴资金、私分挪用拆迁补偿款、挪用发展甜玉米专项资金、违规对外发包村集体用地，这 8 起违规案件当事人全部是乡镇基层干部。

农村基层干部的涉农违法犯罪案件主要涉及挪用扶贫专项资金，贪污征地补偿款，骗取国家粮食直补、农资补贴等，又以贪污、贿赂、挪用公款三种经济型犯罪为主，作案手段多样化，主要包括：①利用其享有的职权，非法占有或挪用上级下拨的涉农资金；②恶意串通、私分用于农村基础建设的各项专项资金；③利用职务之便，虚立名目，骗取各种补偿款；④官商勾结，进行钱权交易，在农村基础设施建设等项目中，利用职务之便窃取好处；⑤基层干部和基层财务人员串通勾结，侵吞村集体公款。

与农村基层干部违法犯罪主要集中在直补资金腐败问题不同，高层涉农干部违法犯罪主要集中在建设及生产项目补贴资金。如 2013 年宁夏通报的 8 起涉农专项资金违纪违法案件中，有 2 起涉及高层干部。宁夏固原市政协原副主席、移民办原常务副主任海成瀛收受生态移民工程承包人贿赂款 41.8 万元；原区移民办原副主任杨志文私分贪污生态移民工程款 9.7 万元，收受贿赂 19.5 万元；宁夏中卫市农牧局财务科原科长汪俊清挪用农业项目工程款 30.9 万元。[③] 2012 年，河南省检察机关共立案查处涉农惠民领域贪污贿赂犯罪案件 849 件 1343 人，其中县处级以上人员 18 人，主要涉嫌受贿、贪污案、巨额财产来源不明等。同年，新疆立案查处涉农惠民领域贪污贿赂等职务犯罪案件 284 件 316 人，其中县处级以上职务人员达到 29 人。

（3）农村基层干部涉农案件分析。

近年来农村基层干部违法案件频发也出现一些新规律。一方面，国家在加强

① 资料来源：《中国法律年鉴》2009，pp. 191－192。

② 资料来源：2012 年浙江省检察院通告关于“检察机关查办和预防涉农惠民领域职务犯罪专项工作情况”。

③ 资料来源：宁夏回族自治区纪律检查委员会网站。

资金监管力度的同时，农村基层干部的反侦查意识也在逐渐加强，通过合谋作案、责任转移、销毁物证等方式规避监察；另一方面，从案件报道情况看，农村基层干部利用职权进行违法案件开始增多，即职务犯罪比例增多。

农村基层干部涉农违法案件居高不下原因很多，比如监管缺失或者无效，财务管理混乱，许多基层干部存在侥幸心理等，还存在另一个重要原因——基层干部文化素质普遍较低。2011 年安徽阜阳颍州区纪委和监察局公布资料看，五年期间查处的案件中，具有大专以上学历的仅 13 人，高中及中专学历 106 人，初中及初中以下文化 173 人①。再如河南省济源市检察院曾统计，2003～2008 年，在涉农职务犯罪案件的农村基层干部中，高中以下文化程度比例高达 83.8%②。从全国范围看，我国基层干部受教育程度和综合素质偏低，相当一部分基层干部仅有小学、初中文化程度，而且我国目前的基层干部培训也不够普及，很多都是走形式，这都是基层干部法治观念的淡薄和权力观、价值观扭曲的重要原因。而在西部地区这一特点尤为突出。

（4）涉农案件纪检监察机制。

近年来，关于涉农案件信访和上访数不断增多，甚至出现集体上访和越级上访现象，表明涉农案件的危害性不断加大，也说明广大农户的维权意识不断提升。目前，对于涉农案件的查处主要有两种方式：一种是群众通过上访、信访、监督举报等途径向信访局等部门提供案件线索，再由纪检委通过案件筛选立案调查，但这种“自下而上”的方式是存在弊端的，首先只是一种事后预防方式，难以根除贪腐问题根源。虽然信访案件很多，但是真正进入立案的较少。与此同时，我国信访处理机制不健全，部分信访部门工作重心并非在处理上，而是如何减少信访数，如何防止越级上访的发生。另一种是由纪委对案件进行立案审查，并对涉案干部进行处分后移交司法机关。这种“自上而下”方式目前比较有效，但也存在取证困难，查处不全面等问题。总的来说，纪委在案件查处中扮演了重要角色。监察部门则不突出，很多地方纪检监察是“同一班人马两块牌子”，政府官员出了问题只要涉及党纪问题一般是以纪检出面，这样的方式处理问题比较快捷有效，但是对于依法治国的长期效果有待观察。

总的说来，村支书和村委会主任对村集体的各种涉农补贴资金等情况比较了解，且承担着村集体财物管理和公共事务管理职责，有管理权支配权，为其实施涉农职务犯罪创造了便利条件。农村基层干部涉农职务犯罪案件犯罪主体中，约 60% 以上是村党支部书记或村委会主任，其中 14% 的案件是由“两委”“一把

① 中共颍州区纪委、颍州区监察局．关于当前基层、农村干部违纪违法案件的调研报告，2011.

② 秦枫．涉农职务犯罪十大新动向［J］．农村观察．2008（11）．

手”和村财务工作人员共同实施的涉农职务犯罪案件①。其要原因可从主观和客观两个方面讲起。从主观上讲，农村基层干部基本来自当地村民，文化水平和政治素养偏低，其行为具有短期性和获利性；另外，基层干部缺乏法律知识和法制观念，将权力作为谋取私利工具，经济发展对农村传统思想观念带来了冲击，拜金、享乐、权力主义等消极思想扭曲了部分农村基层干部的价值观。从客观上讲，我国支农专项资金监管机制不够完善，缺乏透明度，民主监督制意识淡薄，法制建设和涉农事业发展不同步，存在“立法不全、执法不严、普法不及”等问题。

（三）西部地区支农专项资金投入及监管现状的特殊性

西部地区支农专项资金投入与监管除了面临“财政主导型监管模式”及造成的全国性问题外，还面临有别于东部和中部地区特征。

（1）西部地区支农专项资金投入不足。虽然我国国民经济发展水平不断提高，全国财政支农专项资金总体呈现较快增长态势，但是我国财政支农欠账很多。与此同时，我国财政支农在中部、东部、西部三个区域投入力度存在差异，资金投资规模缺乏区域平衡机制，西部地区农业基础比较薄弱。

（2）“以财政为主导”的监管模式运行特征在西部地区更加明显。政府支农专项资金的分配和管理主要由财政部门负责，同时涉及发改委、财政、科技、农业、教育、国土等二十多个部门。由于补贴资金种类繁多，管理和使用由各部门自行制定，缺乏协调机制和规范统一的管理办法，降低了工作效率。在西部地区许多财政部门为了提高工作效率，“一竿子”插到乡，其他主管部门主要配合财政部门工作，主管部门之间缺乏制约，在西部地区尤其明显。

（3）西部地区政府支农专项资金后续管理弱。财政支农专项资金使用缺乏评估和监管机制，财政支农专项资金绩效评估和监督管理体系缺位，各级政府部门往往重视对资金的规划分配，而忽视对资金使用的监督管理；财政支农专项资金使用过程和投入效果很少有人问津，西部地区支农专项资金后续管理弱化甚至缺失。

（4）西部地区农村基层涉农资金犯罪率较高。全国涉农职务犯罪案件占全部职务犯罪30%以上，个别地区甚至达到50%。尤其是基层职务犯罪占惠农职务犯罪案件绝大部分。西部地区农村基层干部文化素质与东部地区有比较明显差距，监管手段相对落后，监管费用缺乏；加之西部地区广大农户文化素养偏低，法律意识淡薄，农户维权手段缺乏，涉案人员更加肆无忌惮。

① 李冬明．如何预防村干部职务犯罪［J］．农村农业农民．2006（4）：36.

第五章　西部地区支农专项资金投入方式及监管实证分析

本研究涉及西部地区，研究内容又面向农村基层，给课题组调研带来很大的挑战。政府支农专项资金调研涉及农户、村及乡镇区县政府、农业基地、涉农企业，调查对象复杂且涉及面广。为了保证研究质量，按照对政府支农专项资金研究的区域及分类研究的思路，课题组确定首先对西部地区政府支农专项资金投入方式及监管问题进行广度问卷调研，其次按照直补与非直补（项目补贴）分类，结合支农专项资金接受主体分为三类调研：一是对选择重点研究区域的直补资金进行深度调查研究；二是选择农业基地项目补贴进行案例调查研究；三是对我国农业上市公司获得的项目补贴进行调查研究。课题组数十次深入农村基层获取第一手资料。2012 年 7 月至 9 月，课题组组织人员在云南、贵州、四川、重庆、陕西、甘肃等地对农户进行问卷调查，2013 年 7 月至 9 月课题组在重庆市 8 个区县进行重点深度调研，2014 年 5 月至 6 月课题组调查重庆市两个蔬菜基地项目补贴情况，另外还收集我国农业上市公司中获取政府支农专项资金的全部样本数据。在此基础上，课题组对大量数据进行整理分析，并采取不同实证研究方法进行研究，并取得丰富研究成果。

一、西部 6 省市问卷调查分析

西部地区包括内蒙古、广西、四川、重庆、贵州、云南、西藏、陕西、甘肃、青海、宁夏和新疆共 12 个省、市、自治区，其中内蒙古、新疆、西藏、广西、宁夏、青海 6 个为少数民族为主的自治区（省）。这些地区路途遥远，考虑经费、语言等多方面问题，调研在云南、贵州、四川、重庆、陕西、甘肃 6 省市开展。

（一）问卷调查基本情况

2012年7月至9月课题组组织人员在云南、贵州、四川、重庆、陕西、甘肃6省市对农户进行了一次问卷调查。课题组在设计问卷过程中，到黔江、开县等区县进行前期调研，了解主要调研问题，并通过多次研讨设计了问卷调研表（见附录1），选择了重庆市九龙坡区巴福镇钟鹤村16个社和重庆市巴南区鱼洞街道办事处大中村1组两个点进行预调研，课题组对问卷进行调整和修改，并着手开始正式进行调研。课题组选拔培训了27名调查员，并按每个省份分为6个组，每个组由1名组长负责，问卷按每个省份发放500份，共计发放3000份，实际回收2891份，有效回收率为96.3%，具体情况如表5-1-1所示。

表5-1-1　问卷调查基本情况统计

调研时间	调研地点		发放问卷数	有效问卷数	有效回收率（%）
2012.7~8	重庆	黔江区、璧山区、大足县、合川区、南川区、綦江县	500	489	97.8
2012.7~8	贵州	道真县	500	480	96.0
2012.7~8	云南	陆良县	500	483	96.6
2012.7~8	甘肃	永昌县	500	477	95.4
2012.7~8	四川	武胜县、蓬溪县、米易县、会理县、理县	500	491	98.2
2012.7~8	陕西	高陵县	500	471	94.2
合计	—		3000	2891	96.3

（二）调查问卷统计分析

对重庆、云南、贵州、四川、甘肃、陕西等西部6省市的问卷设计是针对农户的问题调研，调研目的是了解西部地区农户收支基本情况、政府支农专项资金政策实施基本情况、政府支农专项资金投入和监管存在的主要问题。

1. 农户基本情况和补贴用途调查分析

（1）农户基本情况调查分析。

1）农户家庭收入主要来源。

从图5-1-1中可以看出，农户家庭收入来源以农产品种植和外出务工为主，其中，陕西农户农产品种植和外出务工占家庭主要收入来源的80.68%，云南最低占63.15%，以农副产品和其他收入为主要来源的农户样本各省比例都在37%

以下，说明在西部地区，农民收入来源有限，除种粮和打工之外，致富门路比较少。从政府投入补贴种类分析，政府对种植业补贴的投入有利于农户收入的提高。

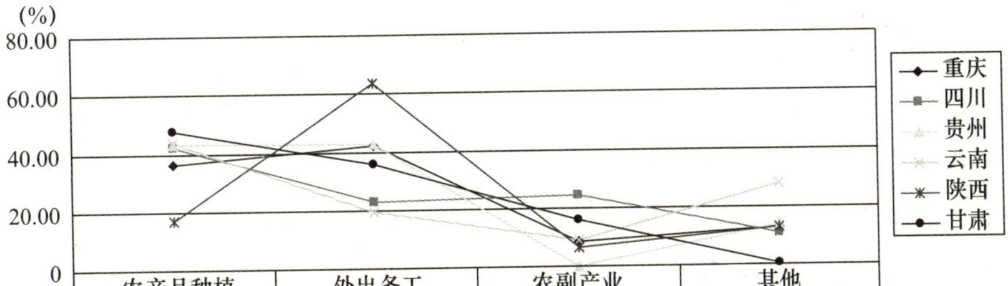

	农产品种植	外出务工	农副产业	其他
重庆	36.40	42.13	8.59	12.88
四川	42.16	22.61	24.44	10.79
贵州	43.33	42.92	0.00	13.75
云南	43.69	19.46	8.90	27.95
陕西	16.99	63.69	6.37	12.95
甘肃	47.80	35.64	15.93	0.63

图5-1-1 农户家庭收入来源占比统计

2）农户家庭的年收入。

从图5-1-2中可以看出，农户家庭收入主要集中在1万~2万元和2万~5万元，家庭收入1万元以下占比最高的地区是重庆，为19.84%，收入5万元且占比在20%以上的有2个地区：一是云南，为24.22%；二是四川，为20.57%。6省市家庭农户收入虽然存在一定差距，但整体看西部地区收入在5万元以上的农户所占比例较少，农户收入水平总体偏低。

	1万元以下	1万~2万元	2万~5万元	5万元以上
重庆	19.84	39.47	33.33	7.36
四川	9.98	34.62	34.83	20.57
贵州	13.33	33.96	34.58	18.13
云南	10.14	10.97	54.66	24.22
陕西	5.31	53.08	34.39	7.22
甘肃	10.06	50.94	34.80	4.19

图5-1-2 农户家庭年收入占比统计

3）农户家庭收支平衡状况。

从图 5－1－3 中可以看出，农户家庭收入低于支出和基本平衡比例较高，贵州最高达到 70.83%，说明农户家庭贫困现象比较普遍，收入有待于进一步提高。

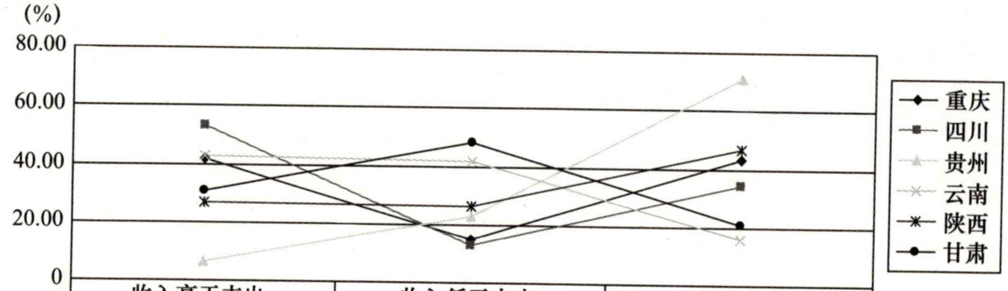

	收入高于支出	收入低于支出	基本平衡
重庆	41.92	14.72	43.35
四川	52.95	12.83	34.22
贵州	6.25	22.92	70.83
云南	42.65	41.61	15.73
陕西	26.96	26.11	46.92
甘肃	31.03	48.01	20.96

图 5－1－3　农户家庭收支状况统计

（2）支农专项补贴项目及用途情况调查分析。

1）农户享受的支农补贴项目。

从图 5－1－4 中可以看出，支农专项资金补贴项目涉及面较广，但是以农产品直接补贴、良种补贴和医疗补贴为主。

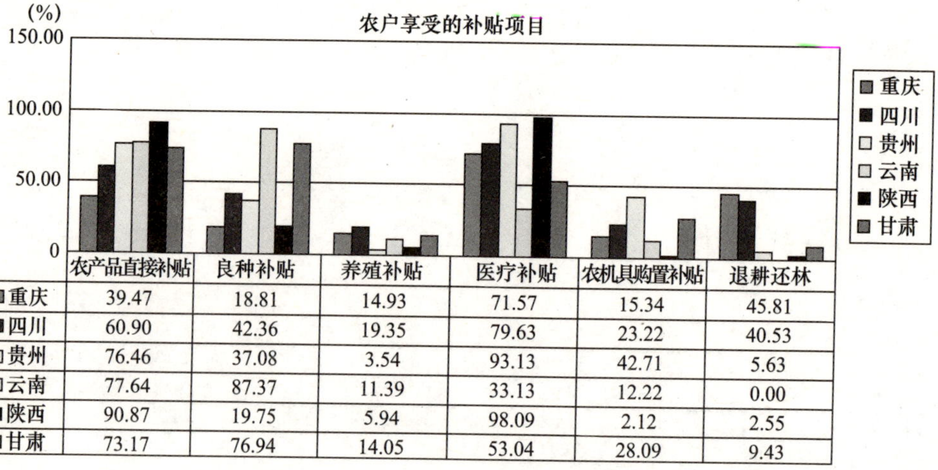

	农产品直接补贴	良种补贴	养殖补贴	医疗补贴	农机具购置补贴	退耕还林
重庆	39.47	18.81	14.93	71.57	15.34	45.81
四川	60.90	42.36	19.35	79.63	23.22	40.53
贵州	76.46	37.08	3.54	93.13	42.71	5.63
云南	77.64	87.37	11.39	33.13	12.22	0.00
陕西	90.87	19.75	5.94	98.09	2.12	2.55
甘肃	73.17	76.94	14.05	53.04	28.09	9.43

图 5－1－4　各支农补贴项目占比统计

2）支农专项资金使用项目。

从图5－1－5中可以看出，各地农户主要对与生活有关的补贴了解较多，对农业生产有关补贴了解较少，可能与农村外出打工人数比较多、家里留守主要是老人妇女的原因。在重庆的调查中，80.16%的农户认为支农资金使用在家电下乡，57.46%的农户认为支农资金使用在农村道路建设，37.83%的农户认为支农资金使用在农村扶贫；云南的数据显示，95.45%的农户认为支农资金用于农村扶贫，82.61%的农户认为支农资金用于养殖业，说明许多农民对于政府补贴项目用途的感受程度不同。

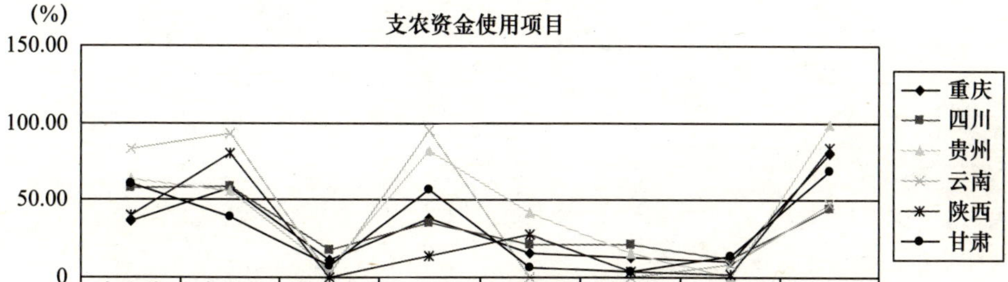

	农业种养殖业	农村道路建设	教育及农民	农村扶贫	村现代化建设	村环境治理	农田整治	家电下乡
重庆	35.99	57.46	11.04	37.83	16.16	13.29	10.02	80.16
四川	57.84	58.86	17.72	35.23	21.79	21.18	12.42	44.40
贵州	63.13	55.83	6.04	81.88	41.88	15.42	0.00	99.17
云南	82.61	92.75	2.28	95.45	0.00	0.00	8.28	47.83
陕西	39.70	80.47	0.00	14.01	28.24	4.03	2.12	83.44
甘肃	61.01	38.99	7.13	56.60	6.92	4.19	13.84	69.18

图5－1－5　支农专项资金使用项目统计

2. 西部六省市支农专项资金使用的经济效益调查分析

（1）支农政策实施对收入的影响。

从图5－1－6可以看出，认为支农政策的实施对收入有少量增加或无明显变化的比例占最大，云南最高达到96.48%，甘肃最低也达到71.49%，从以上调查结果可以看出，支农政策的实施对农户收入无明显变化和有少量增加为主，支农政策的实施对农户收入影响不大，说明支农资金投入数量太少，需要继续增加。

（2）农产品直接补贴、良种补贴、农机具购置补贴对农业生产的帮助。

从图5－1－7可以看出，农产品直补等财政资金对农户开展农业生产帮助不大，仅有甘肃24.11%的农户认为对农业生产有很大帮助，其余比例都在13%以下，部分农户甚至对此毫无了解，其中重庆有11.45%的农户没听说过或没获得过；从以上调查结果可以看出，虽然农产品直接补贴、良种补贴、农机具购置补贴等对农业生产有些帮助，但是由于政策宣传推广力度不够，导致部分农户对此不够了解，部分农户甚至不知道有这项补贴，更谈不上农户参与对直补资金的监督。

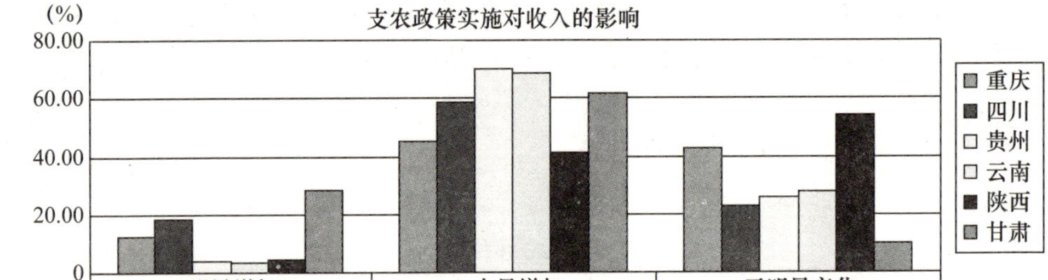

	明显增加	少量增加	无明显变化
重庆	12.27	45.19	42.54
四川	18.33	58.86	22.81
贵州	3.75	70.21	26.04
云南	3.52	68.74	27.74
陕西	4.46	41.19	54.35
甘肃	28.51	61.64	9.85

图5-1-6 支农政策对收入影响统计

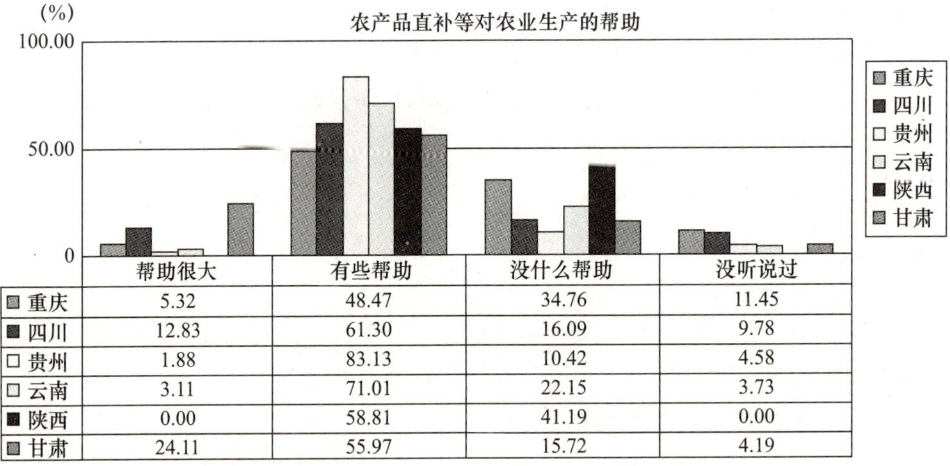

	帮助很大	有些帮助	没什么帮助	没听说过
重庆	5.32	48.47	34.76	11.45
四川	12.83	61.30	16.09	9.78
贵州	1.88	83.13	10.42	4.58
云南	3.11	71.01	22.15	3.73
陕西	0.00	58.81	41.19	0.00
甘肃	24.11	55.97	15.72	4.19

图5-1-7 农产品直补等对农业生产帮助的统计

3. 对支农资金使用监管情况调查分析

（1）所在村是否对补贴政策张榜公告。

从补贴政策是否张榜公告的调查中，知道有张榜公布的农户比例不高，云南农户有 47%，而其他地方只有不到 40% 农户知道补贴要张榜公布。另外，31% ~49.69% 的农户对于是否张榜表示不知道，这也说明部分农户对于是否张榜不重视。张榜公示是政府支农专项资金监管的基本环节，如果张榜公示走过场，监管就无从谈起。

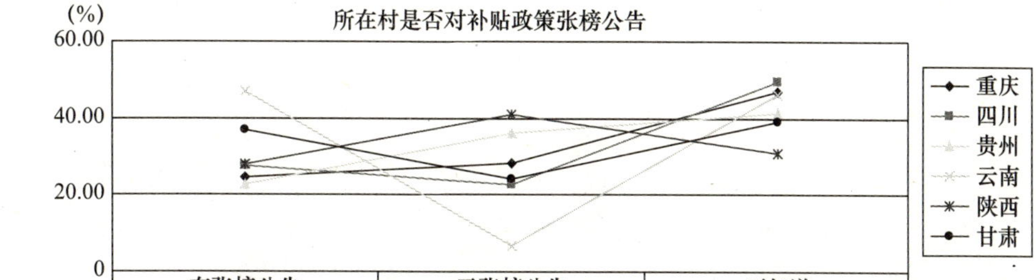

	有张榜公告	无张榜公告	不知道
重庆	24.74	28.22	47.03
四川	27.49	22.81	49.69
贵州	22.71	36.04	41.25
云南	47.00	6.63	46.38
陕西	28.03	40.98	31.00
甘肃	36.90	24.11	38.99

图 5-1-8　对实施的补贴政策进行张榜公告统计

（2）农户是否知道政府支农专项资金怎样的使用。

从图 5-1-9 中可见，农户对财政支农资金监管问题不了解或不关心的占很大比重，在多数省份问卷回答中二者相加占 80% 以上。我们也可以看到，四川、甘肃农户超过 9% 的知道可以通过电话或网络监督。

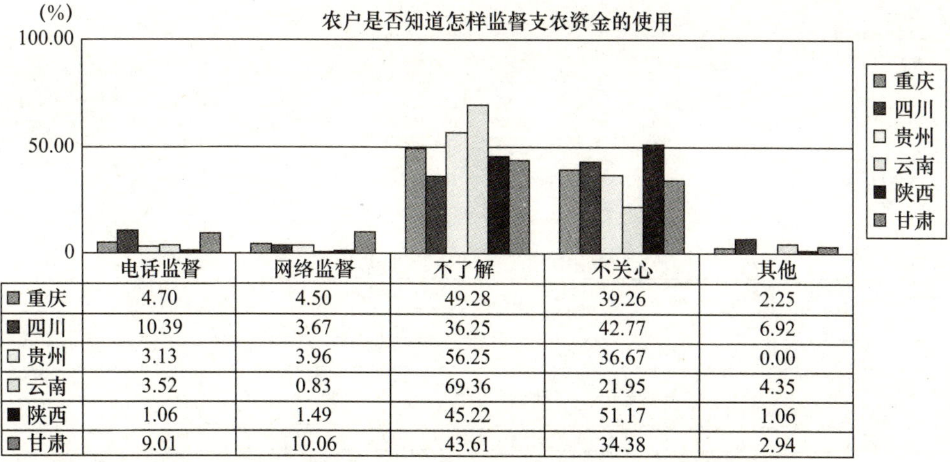

	电话监督	网络监督	不了解	不关心	其他
重庆	4.70	4.50	49.28	39.26	2.25
四川	10.39	3.67	36.25	42.77	6.92
贵州	3.13	3.96	56.25	36.67	0.00
云南	3.52	0.83	69.36	21.95	4.35
陕西	1.06	1.49	45.22	51.17	1.06
甘肃	9.01	10.06	43.61	34.38	2.94

图 5-1-9　农户是否知道怎样监督政府专项支农资金使用统计

(3) 政府支农专项资金项目管理方面是否存在漏洞。

从图 5－1－10 中可以看出，重庆、四川、贵州、陕西、甘肃超过 50% 的农户都希望了解支农资金管理中的漏洞存在腐败问题，而云南农户不知道的占多数。50% 的农户怀疑支农专项资金存在腐败问题，说明支农专项资金在使用过程中监管体系不完善，存在腐败风险。

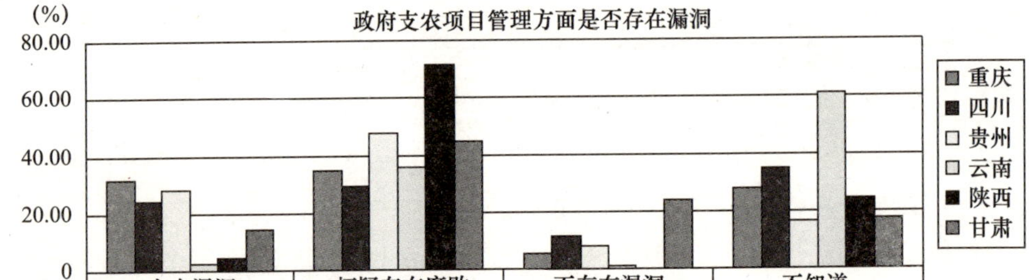

	存在漏洞	怀疑存在腐败	不存在漏洞	不知道
重庆	31.90	34.97	5.32	27.81
四川	24.44	29.33	11.41	34.83
贵州	28.13	47.92	7.71	16.25
云南	2.28	35.82	1.04	60.87
陕西	4.25	71.55	0.00	24.20
甘肃	14.26	44.65	23.90	17.19

图 5－1－10　政府支农专项资金项目管理方面是否存在漏洞统计

(4) 当知道某项补贴存在不公平问题时，是否知道怎样向上级反映。

从图 5－1－11 可见，各地农户知道向上级反映支农补贴存在不公平问题最

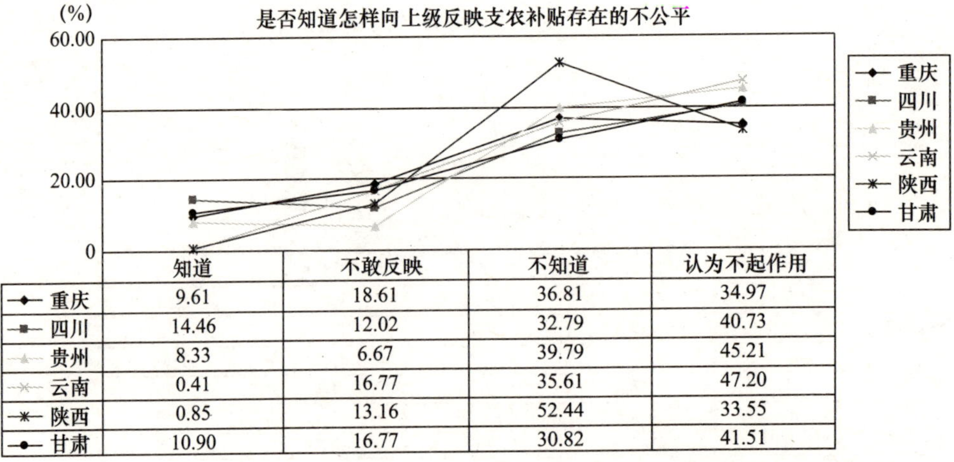

	知道	不敢反映	不知道	认为不起作用
重庆	9.61	18.61	36.81	34.97
四川	14.46	12.02	32.79	40.73
贵州	8.33	6.67	39.79	45.21
云南	0.41	16.77	35.61	47.20
陕西	0.85	13.16	52.44	33.55
甘肃	10.90	16.77	30.82	41.51

图 5－1－11　农户是否知道怎样向上级反映政府支农专项补贴存在的不公平统计

高的是四川，也仅有14.46%，不敢反映或者不知道怎样反映的均超过40%，超过50%的有陕西、重庆、云南，甚至有很大比例的农户认为反映了也不起作用，说明农户没有维护自己权益的环境，政府针对存在腐败和不公平现象的纠正体系不够完善。

（三）调研结论及启示

1. 西部六省问卷分析结论

（1）农户收入来源主要是农产品种植，但总体收入偏低。

从西部六省市调查结果可以看出，农户收入来源主要是农产品种植和外出务工，以农副产业和其他为辅，大部分农户家庭年收入集中在1万~2万元和2万~5万元之间，大部分农户收支平衡状况为收支平衡或收入低于支出，说明农户家庭收入很低，有部分农户入不敷出。

（2）农户对政府支农专项资金投入效果感受不深。

从西部六省市调查结果可以看出，政府支农资金基本发放到农户手里，农户得到一定实惠，但由于政府支农专项资金涉及面广、过于分散，导致大部分农户感受各种补贴对农业生产帮助不够大，大部分农户表示，支农政策对农业收入的增加帮助不够大。

（3）支农专项资金监管漏洞比较明显，存在风险较大。

从西部六省市调查结果可以看出：一方面，大部分农户所在村没有对实施的补贴政策进行张榜公告或者农户不知道是否有张榜公告；另一方面，大部分农户对怎样监督政府支农专项资金使用也表示不关心或者不了解，说明政府支农专项资金投入政策实施透明度不高，大部分农户都怀疑支农专项资金存在腐败问题，却又不知道如何反映或者认为即使反映也不起作用，说明农户没有维护自身权益的环境，政府监管体系存在问题，有待进一步完善。

2. 对课题进一步研究的启示

通过西部地区六省市的调查，课题组对农户关于政府专项支农资金投入及监管有了一定的感受，特别是对涉及面广的直补资金监管方式存在问题严重性有比较深刻的认识。

（1）需要结合不同投入方式对监管问题进行分类深入研究。

政府支农专项资金，主要为了帮助农户发展农业生产，达到提高农户收入的目的。多年来，政府对于农民和农村进行了大量财政转移支付，对于改善农民的经济状况，促进农业生产起到一定作用。但由于投入种类繁多、政出多门，造成资金过于分散，结构不尽合理，因此，农户感受政府支农专项资金对农业生产和家庭生活虽然有帮助，但是作用很小，且直补方式的监管环节有明显漏洞，进一步调研还需要结合不同投入方式对监管问题进行深度研究。

（2）政府支农专项资金政策实施的透明度不高，监管问题是后续的研究重点。

调研过程中发现，大部分农户不知道或不关心政府支农专项资金使用是否公平、有效，说明支农专项资金执行过程透明度较差，加大了支农资金使用过程监管风险，因此，应该结合不同投入方式将监管问题作为进一步深度研究的重点，提出改进监管体系的建议。

二、对重庆市8区县“四项直补”调研的实证分析

通过对西部六省市农户补贴资金进行大样本问卷调查，获得西部支农资金调研数据，掌握支农资金投入与监管基本现状；通过对调研现状的分析发现，农户行为和基层干部管理是主要影响因素。针对西部调研中发现的监管难点和重点，课题组决定对直补资金监管问题进行深度调研，考虑《民主与法制》披露的“重庆市云阳县部分农村干部以种种借口将农民手中的惠农直补资金放入自己或亲友口袋”的典型案例，最终选择在重庆市对“四项直补”进行深度调研，并且采用有创新性的方法，引入扎根理论，在调查手段上除了问卷，还增加了座谈会和深度访谈、案例调查等，对于调研数据除了描述性统计分析外，还进行了结构方程分析，获得了比六省市调研更加丰富的研究成果，深化了对政府支农专项资金投入和监管的认识。

（一）“四项直补”的基本概念

惠农直补资金属于政府支农专项资金组成部分，其初衷是通过政府直接向农民转移支付，减少资金划拨的中间环节，让农民直接得到实惠。惠农直补资金由国库通过商业银行向农民个人账户直接拨付，包括的种类很多，如中央农村经济工作会议文件称为“四项补贴”的粮食种植补助、农资综合补助、和良种补助、机购置补助四项针对农民的直接补贴；还有针对农民个人的一些其他直接补贴，如退耕还林补助、三峡水库移民补助、低保补助、家电下乡补助、养老补助、计划生育补助等，这些补助项目种类繁多，发放标准不一，内涵不一致，调查难度很大，因此决定以提法比较统一、普及面最广的纳入《中国农村统计年鉴》统计数据的“四项补贴”作为调研范围。

“四项直补”中农资综合补贴（以下简称农资直补）是最大宗的，粮食种植

直补（以下简称粮食直补）次之，良种补贴数量较少，还要按照品种划分；农机购置补贴需要农民在购置农业机械后单独申领，因此不算是一项固定性的补贴。在调查中发现，“四项直补”体现在农户“存折”上面的具体支出项目，不一定与“四项直补”一一对应，例如，其中有“种粮综合”“种粮直补”“水稻良种”“玉米补贴”“再生稻”“油菜补贴”“小麦补贴”“退耕粮食”“母猪补贴”等，前面7项属于“四项直补”，后2项则不属于“四项直补”。总之“四项补贴”都是和农业生产或粮食生产有关，是政府为鼓励农民生产粮食而发放的补助资金，基本可以归为WTO鼓励的绿箱政策的范畴。

（二）调查基本情况

2013年8~9月，课题组在重庆市选取了8个区县进行问卷调查①，8个区县包括A区、B县、C区、D县、E县、F县、G区、H县，这些区县都是重庆市粮食蔬菜主产区，分布在重庆东部和西部（库区），经济水平大体相当，具有一定代表性。

课题组在重庆市财政局大力支持下，多次深入重庆市8个区县，分别对受益农户、乡（镇）村干部及其他相关主体进行问卷调查（见表5-2-1）和深度访谈。共计发放问卷641份，回收有效问卷630份，有效问卷率98.28%；其中对农户发放问卷515份，回收有效问卷507份，有效问卷率98.45%；对乡镇村干部发放问卷126份，回收有效问卷123份，有效问卷率97.62%。

表5-2-1 重庆市8区县“四项直补”调研问卷统计

地区	调查对象						合计		
	农户			乡镇村干部			发放	有效	有效率%
	发放	有效	有效率%	发放	有效	有效率%			
A区	63	63	100	19	19	100	82	82	100
B县	65	65	100	11	11	100	76	76	100
C区	65	65	100	19	19	100	84	84	100
D县	73	65	89.04	21	18	85.71	94	83	88.30
E县	62	62	100	14	14	100	76	76	100
F县	60	60	100	13	13	100	73	73	100
G区	61	61	100	8	8	100	69	69	100
H县	66	66	100	21	21	100	87	87	100
合计	515	*507	98.45	126	123	97.62	641	630	98.28

注：*农户有效问卷中散户461人，大户46人。

① 本调查是课题组与重庆市财政局共同开展的，由于事先签署了保密协议，不能将具体调查数据直接公开，所以我们在此用A、B、C、D、E、F、G、H分别代表开展调查的8个区县。

课题组将深度访谈录音整理成访谈记录，作为重要原始资料。由于篇幅限制，各区县分别挑选一名作为受访者代表，将其基本资料以表格展示（见表5-2-2）。

表5-2-2 重庆市8区县“四项直补”受访者基本资料一览

区县	受访者	性别	年龄	文化程度	受访者	性别	年龄	文化程度
A区	散户	男	51	初中	种子站站长	女	43	专科
B县	大户	男	42	小学	直补工作人员	女	37	本科
C区	散户	女	31	小学	直补工作人员	男	40	本科
D县	散户	女	41	小学	直补工作人员	男	50	中专
E县	散户	男	29	高中	直补工作人员	男	46	本科
F县	散户	女	63	小学	人大主席	男	49	本科
G区	散户	男	70	小学	直补工作人员	男	60	高中
H县	散户	男	55	初中	人大主席	男	47	研究生

（三）基于扎根理论的监管模型构建

20世纪60年代，格拉斯和斯特劳斯（Glazer & Strauss）在 *The Discovery of Grounded Theory* 一书中提出了“扎根理论”（Grounded Theory）。这一理论一举突破学术研究中存在的难题：如何将实证研究与理论研究紧密结合起来。扎根理论是一种质的研究方式，它是在研究之前不作理论假设，在系统化收集、整理、分析经验材料基础上，从原始材料中归纳出经验概括，然后上升到理论，从而发展出新的理论成果，是一种自下而上的研究方法。扎根理论是本部分最科学、最适用的研究方法。

应用扎根理论的基本思路主要包括确定研究的主轴、收集资料、对收集资料进行分析、发展理论性概念、建立起概念之间的关系、理论抽样、建构理论等方面。对收集资料进行分析是其中重要一环，它包括三个主要的步骤：开放式编码、主轴式编码和选择性编码。

1. 以农户为访谈对象的质性研究

（1）开放式编码。

开放式编码是对原始资料逐词逐句进行分析、标签和编码，从原始资料中产生大量初始概念（初始编码），并进一步从初始概念中发掘提炼出若干范畴（聚焦编码）。为尽量避免受主观定见、专业背景和个体偏好的影响，本部分采用对农民的深度访谈作为原始资料，从中发掘初始概念。根据 NVivo 8 软件统计，一共参考了 560 个原始语句，从中提取 68 个初始概念，由于初始概念数量多且存在一些交叉重复，进一步对初始概念进行分类组合，按其实质归纳为 15 个范畴，表 5 –2 –3 仅列示出现频次较高的前 3 个初始概念和 15 个范畴。

表 5 –2 –3　开放式编码产生的初始概念与范畴

范畴	初始概念（出现频次）
资金发放	农民自己去取直拨款（20）、补贴到账快（7）、得到粮食直补（4）
标准认知	农机直补要求（8）、大户补贴标准（4）、了解补贴标准（3）
政策参与	补贴多少干部说了算（15）、不主动了解政策（6）、只管去取（4）
公平机制	补贴政策基本公平（13）、纠纷（11）、村里公示（6）
补贴公开	政策公开程度（12）、补贴情况公示（4）、别人家领多少（4）、
补贴申报	申报手续（8）、土地上报面积（6）、种粮大户申报（3）
政策宣传	政府派人宣传（11）、村干部宣传（7）、宣传次数（4）
政策建议	基础设施修缮（4）、施行大户优惠政策（3）、修改补贴发放时间（3）
补贴用途	买种子（11）、化肥（10）、日常支出（4）
职能部门	农民不清楚分管部门（10）、乡镇部门（6）、邮政银行（5）
干部机制	有问题向村干部反映（11）、干部落实（5）、不清楚政策去政府咨询（3）
政策效应	补贴对生产有帮助（18）、补贴对收入影响不大（8）、农资价格高（3）
政策评价	国家补贴政策满意（13）、补贴政策实施过程满意（11）、对干部执行力满意（9）
执行情况	无错发漏发（14）、直补钱每年都到位（11）、村干部不代领（4）
政策监管	政府派人监管惠农资金（8）、检查次数（4）、签字确认（3）

注：括号中的数字为出现频次；初始概念出现频次相同时随机取舍。

（2）主轴编码。

主轴编码是由 Strauss 和 Corbin（1990）在早期扎根理论基础上创设的一种编码类型，通过探寻范畴间内在联系，发展出作为“范畴之轴”的主范畴，形成更大类属的维度。根据表 5 –2 –3 中的 15 个范畴在性质、内容、结构、条件、行动、结果等方面的逻辑联系进行比较与归类提取，确定为 4 个主范畴，13 个副范畴。各主范畴和对应副范畴及其内在联系如表 5 –2 –4 所示。

表5-2-4 主轴编码产生的主范畴及副范畴与内在联系

主范畴	副范畴	主副范畴之间的内在联系
政策落实	资金发放	资金发放的及时性、方式和到位程度是政策落实的重要表现，目前在领取方式采用亲自领取、保证金融到账方面表现良好，但对及时性方面体现不足，可能需要从技术上改革新的结算方式，并且应有金额进行必要的审计和披露，例如： A：C区农户：（直补到账）快，只要有了就发下来了 B：D县农户：（直补钱）是自己去取 C：H县农户：土地补贴拿了的 D：E县农户：（直补钱）有了就打下来了
	执行情况	惠农政策在实施过程中的执行情况是政策落实的主要体现，在资金发放中有无错发漏发、直补钱是否具体落实到农户手中、是否存在村干部代领情况，都是政策落实中要重点关注的地方。例如： A：E县农户：每年都发的农业直补钱嘛，总共四百多块钱 B：E县农户：不存在，一般都没得（错发漏发） C：G区用户：还没遇到过（错发漏发） D：D县农户：没得（村干部代领的）
	干部机制	政策落实过程中干部机制是十分重要的一环，干部机制的好坏直接影响政策落实的程度。政策落实中出现的各种情况，农户能否良好地和干部沟通，干部能否有效解决问题，以及村干部对村内直补到位情况的落实，都会对政策效果产生直接影响。例如： A：D县农户：找过村干部，最后还是没有解决 B：C区农户：向村里面的专门管的人反映啊 C：A区农户：申报时政策搞不清楚的，到村公社咨询 D：E县农户：（村干部）从来没有检查落实情况
	政策监管	政策监管力度决定政策的落实，目前相关部门成立了专门督查、监管小组，但是农户对监管情况不了解，每年到基层检查政策落实情况的次数也较少，需要加强监管，以保证政策的落实。例如： A：D县农户：不晓得政府、县有没有检查落实过 B：H县农户：经常检查 C：H县农户：每年至少一次（检查直补款落实情况） D：C区农户：今年检查了两次（直补款落实情况）
	政策宣传	政策宣传是政策落实的基础。相关政策的信息准确及时传达给农民，是保证农民对政策认知的前提。目前，乡镇干部对政策宣传工作落实比较到位，对后续工作的开展提供了保障。例如： A：G区农户：村干部在这一两年宣传过政策两、三次 B：C区农户：宣传过的，没宣传的话我们哪个晓得啦 C：D县农户：村干部有宣传直补相关政策的 D：B县农户：上面来宣传

续表

<table>
<tr><th>主范畴</th><th>副范畴</th><th>主副范畴之间的内在联系</th></tr>
<tr><td rowspan="3">政策了解</td><td>标准认知</td><td>标准认知是对政策了解的一项重要衡量。在访谈中了解到，目前大部分农户对于惠农资金标准有所了解，但仍然有部分群众对标准不清楚。例如：
A：D 县农户：不晓得补贴标准，只是给多少就多少
B：B 县农户：对大户的标准不是很了解
C：E 县农户：还是不晓得具体有多少
D：B 县农户：农机（补贴）当然要买了才有</td></tr>
<tr><td>职能部门</td><td>在惠农资金发放的过程中，清楚了解具体分管的职能部门是政策了解的一部分，目前大部分农民对惠农资金的分管部门不清楚，只知道在邮政银行去取钱，可能在这方面还需要加强宣传。例如：
A：E 县农户：（分管部门）那我就不晓得了，我只晓得是邮局发的
B：C 区农户：通过哪些部门不清楚
C：E 县农户：那我就不晓得了，应该还是有几个部门在管
D：H 县农户：（补贴经过部门）财政到村，村到县</td></tr>
<tr><td>补贴公开</td><td>在政策了解这个层面上，补贴公开是一个基本的组成部分。农户通过和其他家的补贴金额比较，对补贴政策的了解也会加深。例如：
A：E 县农户：公开了百分之四五十
B：G 区农户：村上有公告（补贴金额）
C：B 县农户：通过和其他农户比较就知道大概数目了
D：E 县农户：有时候会问一下别人家多少钱</td></tr>
<tr><td rowspan="2">政策满意度</td><td>公平机制</td><td>觉得一项政策是否公平也就是公平机制，是政策满意度的首要衡量标准。目前农户对惠农政策基本觉得公平，没有多发少发，都是按照标准执行，不存在因为补贴不公平而产生纠纷的现象，对公平度基本满意。例如：
A：D 县农户：没有（因为补贴发生纠纷）
B：C 区农户：没得（因为补贴发生纠纷）
C：G 区农户：补贴政策较公平
D：E 县农户：应该没得（给某些人多发），都是按照标准来的</td></tr>
<tr><td>政策评价</td><td>对一项政策的评价是对政策满意度最直观的体现。在访谈中，农户对国家施行惠农政策本身基本满意，对实施过程中干部的执行力也是满意的。例如：
A：B 县农户：政策还是好的
B：C 区农户：这个政策好、可以
C：D 县农户：村干部落实满意
D：H 县农户：满意</td></tr>
</table>

续表

主范畴	副范畴	主副范畴之间的内在联系
政策满意度	政策建议	政策建议可以从侧面反映农户对政策的满意度。通过农户建议可以看到目前还存在的不足。目前的建议基本集中在修缮基础配套设施、施行大户优惠政策以及政策发放时间节点这三个方面。例如： A：G 区农户：希望基础设施政策应向大户倾斜 B：G 区农户：加强种粮大户基础设施建设 C：B 县农户：每年的种粮直补是不是可以在年底发 D：B 县农户：直补资金年底到位，减少单位成本
政策效果	政策参与	群众对政策的参与程度一方面可以说明政策实施的效果；另一方面也会对政策效果产生影响。目前群众对政策的参与度不高，主要表现在不主动了解政策、补贴到了只管去取，所以应思考如何提高群众参与度。例如： A：C 区农户：村里面说多少就是多少 B：E 县农户：（直补钱）到了去取就是了 C：D 县农户：只晓得取钱 D：B 县农户：没去问过，不关注这些
	补贴用途	补贴用途可以反映惠农补贴政策能否帮助生产，也就是政策是否有成效。农民主要将补贴用于日常开支、购买种子化肥等。例如： A：B 县农户：肯定是用来农业，买点种子 B：H 县农户：买种子肥料，农药 C：C 区农户：用于家庭日常开支 D：D 县农户：补贴钱用于肥料
	政策效应	政策效应是衡量政策效果的主要标准，主要考察惠农政策对农民收入的影响、对农业生产有无帮助这几个方面。例如： A：E 县农户：这个（对收入）影响不大 B：G 区农户：对家庭收入没什么影响 C：B 县农户：（对生产）有帮助，帮助还是比较大 D：H 县农户：（对生产）帮助还是比较大

（3）理论编码和模型发展。

理论编码是从主范畴中提炼、归纳出核心范畴，并探寻核心范畴与主范畴及相关副范畴间的内在联系，再以“故事”形式呈现研究对象的整体连贯图景及其背后的因果脉络，最终发展出新的理论模型。经过理论编码，得出“惠农资金政策满意度影响因素”的核心范畴，围绕该核心范畴的“故事”概要为：政策落实、政策了解、政策效果三个主范畴对政策满意度主范畴存在显著影响，由此构筑扎根理论——“3P”理论，即“政策了解（The understanding of the policy）”“政策落实（The implementation of the policy）”和“政策效果（The effects of the policy）”对政策满意度影响理论。如图 5－2－1 所示：

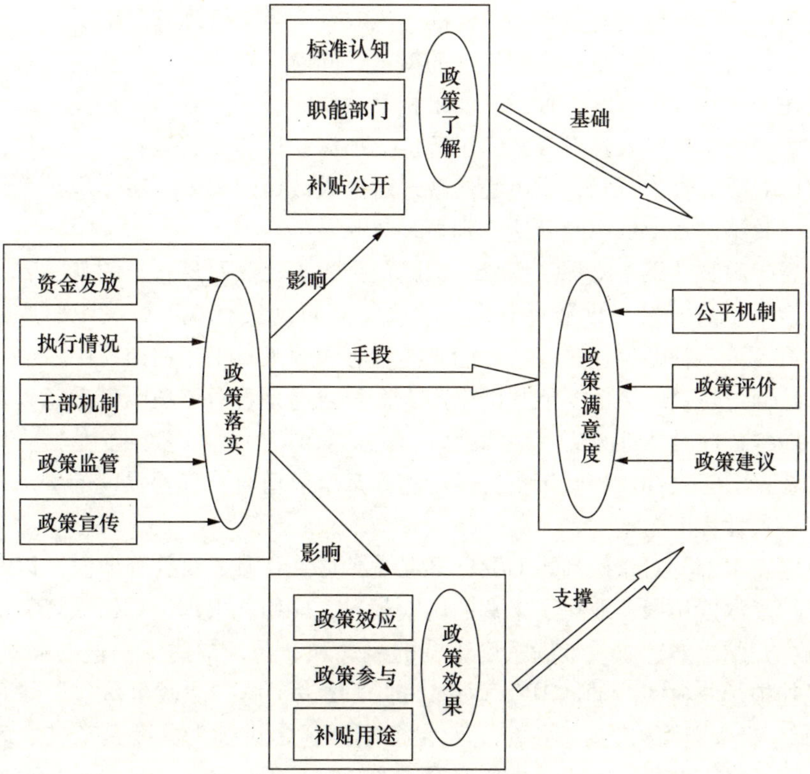

图 5－2－1　直补资金影响因素及其作用机制模型（“3P”模型）

（4）模型阐释。

政策落实是政策满意度手段，政策了解是政策满意度基础，政策效果是政策满意度支撑，三个子系统共同对政策满意度产生影响。另外，三个子系统之间也会相互影响、相互作用，政策落实是政策了解、政策效果的前提。

首先，政策落实是手段。政策落实包括资金发放、政策宣传、干部机制等因素，是政策满意度的决定因素，通过深度访谈和实证研究，在不同农村地区，当地政府领导者特质、所处地理环境、经济发展状况等存在差异，惠农资金政策的落实的程度也有一定区别，进而对政策满意度的驱动也产生了不同影响。当政策落实强度高，其对政策满意度的驱动也较为显著；反之，可能达不到显著效果。当政策落实度比较低时，比如直补到位慢或者农户没能领到直补款，对惠农政策必然会产生不满。

其次，政策了解是基础。对某项政策的满意度必然要在对政策达到一定了解程度上形成。政策了解包含标准认知、职能部门、补贴公开等范畴，农户对惠农政策达到一定认知，在对惠农补贴标准、惠农资金各级管理部门都有比较清楚了解基础上，对惠农政策自然会产生度的衡量。同时，政策落实对政策了解具有一定影响作用。在政策落实过程中，如果相关政策宣传工作到位，相关干部和农户之间进行有效沟通，农户对政策的了解也会加深。反之，若是宣传不到位，而未促成农民对政策真正认知，农民必然缺乏对惠农政策的理解，每年也只管领取直补款，对政策满意度的驱动就达不到显著效果。

最后，政策效果是支撑。衡量一项政策是否惠民利民最直观的就是看一项政策实施后产生的效果。政策效果是影响政策满意度最直观因素。我们从公平机制、政策评价、补贴用途这三个方面来衡量惠农政策效果，在访谈中了解到许多农户都是通过惠农政策能不能帮助生产来衡量自己是否对该项政策满意以及满意程度。同样，政策落实对政策效果也具有影响作用。政策落实强度驱动政策效果，二者具有一致性。当政策落实强度达到某个阈值时，随着强度的增加，它们之间的一致性程度会增大。

总之，本部分对重庆周边 G 区、B 县、A 区、D 县、E 县等地农户以及乡镇干部进行了深度访谈，取得了丰富的访谈资料，应用扎根理论对访谈资料进行逐级编码，归纳出对惠农政策满意度影响的概念和命题，构建了完整的解释框架，形成了扎根于农村实践的“3P”理论，即“政策了解”“政策落实”“政策效果”对政策满意度的影响理论。正如在模型阐释中讲述的，政策落实、政策了解、政策效果三者共同对政策满意度形成影响，其中政策落实是最具可控性的因素。政府部门可以通过完善干部机制、加强政策来完成政策预定目标，提高群众对惠农政策满意度。同时，加强对政策落实的控制，也可以提升政策了解、政策效果，从而对政策满意度形成影响。

2. 以乡镇村干部为访谈对象的质性研究

（1）开放式编码。

比较而言，乡镇村干部对于“四项直补”资金的来龙去脉更加熟悉，对于政策宣传、申报、公示、资金发放等环节都能说出具体操作过程和自己的看法。

表 5-2-5　开放式编码产生的初始概念与范畴

范畴	初始概念
宣传时效	第二天宣传（8）当天宣传（2）
宣传方式	开会宣传（13）公示宣传（5）媒体宣传（6）
信息公示	公示内容全面（9）绝大部分农民关注公示信息（5）少部分农民关注公示信息（3）干部流程熟知程度（6）
资金申报	申报依据不统一（6）农民申报（5）按照土地面积申报（4）
资金分配	每年都审核（10）把面积作为考虑因素（6）以面积为资金分配依据（4）
资金发放	资金发放率 100%（11）用直补存折发放（6）没有代领资金（7）
宣传效果	农民都了解流程（5）农民大部分了解（6）部分农民了解（3）
资金查询	了解查询方式（3）到邮政银行等机构查询（3）
农民满意度	满意资金发放（6）非常满意（4）补贴效益（4）
群众监督	三个及以上群众代表监督（5）一个群众代表监督（3）监督不到位（4）
反馈途径	向政府反映（5）电话投诉（5）向干部反映（2）
资金监察	不定期监督检查（19）定期监督检查（12）有监督组织（5）
监督组织	纪检部门（9）财政部门（9）审计部门（8）

（2）主轴式编码。

表 5-2-6　主轴编码产生的主范畴及其副范畴与内在联系

主范畴	副范畴	主副范畴间内在联系
政策宣传	宣传时效	直补资金宣传的及时与时效性是政策信息宣传的重要方面，信息宣传越及时，信息传播速度越快，其对信息的公示也越及时。目前乡镇村大多在资金下达后第二天进行宣传。例如： A：B 县乡村干部：一般都是第二天开始宣传 B：D 县惠农资金工作人员：一般是第二天进行宣传 C：F 县人大主席：及时，最多第二天 D：H 县人大主席：马上开会，然后第二天就宣传
	宣传方式	信息的宣传方式是信息宣传的手段，不同的宣传方式对于信息的传播起不同作用。采用哪种方式宣传才能使农民及时正确了解国家关于直补方面的信息，哪种方式能准确传达政策信息，都是十分重要的。例如： A：B 县乡镇村干部：一般下达之后都会进行公示和开会进行宣传 B：C 区乡干部：广播、开会，镇里面开村干部会嘛，村里面就开院坝会 C：D 县惠农直补工作人员：大部分是下村、开会（宣传） D：F 县人大主席：开会，政府先开，村社干部再开，村上广播宣传

续表

主范畴	副范畴	主副范畴间内在联系
政策宣传	信息公示	信息公示是政策宣传主要内容。信息公示内容的完整程度决定政策宣传的成败，而农民对信息的关注程度则是政策宣传试金石。例如： A：B县乡镇村干部：（公示内容）全面，土地面积和标准都有 B：C区乡干部：（公示内容）全面，公示那天好多人啊，好多钱啊 C：D县农直补工作人员：公示内容全面，比较清楚 D：F县人大主席：（公示内容）比较全面的
资金申报发放	资金申报	资金申报是整个资金发放起点，起着基础性作用。申报方式怎样、依照何种依据申报、申报标准统一与否至关重要。如果不同申报方式，不同申报标准可能造成后边直补资金发放的不统一。例如： A：D县惠农直补工作人员①：一般是农户申报，村上直接上报 B：D县工作人员③：统计直补资金数目，农民申报后，再考察核实 C：F县人大主席：按承包地的面积，数据是农民自己报，根据原申报二轮土地承包面积
	资金分配	在直补资金下发过程中，分配依据在其中占据很重要位置。分配依据与申报依据统一与否，会对资金发放产生影响。例如： A：B县乡镇村干部：都是按照土地面积来分配（资金）的 B：D县惠农直补工作人员：分配直补资金考虑的因素是面积 C：H县人大主席：（资金的分配是根据）土地面积
	资金发放	资金发放率，资金发放形式，资金代领情况是资金发放效果的指标，反映资金发放过程中的违规情况的可能性，是资金顺利到达农户手中的代表指标。例如： A：B县乡镇村干部：这个（惠农资金）是100%发放的 B：C区乡干部：（惠农直补资金的发放率）应该都是100% C：D县惠农资金工作人员：（惠农资金）发放率100% D：F县人大主席：（惠农资金）100%发放
农民参与度	农民满意度	农民满意度是农民对国家惠农资金满意程度的指标，是农民参与惠农资金发放的主观指标。例如： A：B县乡镇村干部：（农户对惠农资金）非常满意啊，还没听说有人不满意的 B：C区乡干部：国家拿钱给农民当然满意哦 C：D县惠农直补工作人员：农户对直补情况满意 D：H县人大主席：（农户对资金发放）非常满意

续表

主范畴	副范畴	主副范畴间内在联系
农民参与度	宣传效果	乡镇村干部对惠农信息宣传力度决定了宣传效果，即农民对惠农资金发放流程的熟知程度，反映了农民在发放过程中的参与度，了解流程的农民越多，说明农民参与了解直补资金程度越高。例如： A：B 县乡镇村干部：（农户）肯定要去了解啊，当然有些不愿意去看的也没去 B：C 区乡干部：农户基本上都晓得（直补流程） C：D 县惠农直补工作人员：农户了解直补发放流程 D：F 县人大主席：应该是所有人（农户）都了解
	群众监督	群众监督是群众参与直补流程最重要方式，是减少干部违规的重要途径，是保障自身利益的方式。例如： A：C 区乡干部：那个多哦，一个村上有几十个（群众代表） B：D 县惠农直补工作人员①：乡镇有三个以上群众代表等义务监督 C：D 县惠农直补工作人员②：都成立群众代表和义务监督小组 D：F 县人大主席：每个社都有社员代表，一般是三、四人
	反馈途径	遇到问题，怎样才能解决问题？反馈途径是农民在参与惠农直补中发现问题后将其反馈的方式。反馈途径越多，越能将其中存在的问题及时解决。例如： A：C 区乡干部：如果有（违规），直接来找政府 B：D 县惠农直补工作人员：有投诉电话 C：H 县乡镇干部：（举报途径）政府，打电话，找村里面复查
监督检查	监督组织	监督组织是监督检查的实施结构，其监督检查机构的多少，级别对于监督检查效果具有决定性影响。参与监督机构越多，监督检查效果越好。例如： A：B 县乡镇村干部：全过程监督，纪检部门随时都会进行检查的 B：C 区乡干部：（纪检部门）都检查 C：C 区乡干部：（纪检部门）一年来检查两回嘛 D：F 县人大主席：由纪检部门不定期抽查
	资金监查	资金检查定期与否是监督检查的方式。定期检查能够很好对资金发放工作进行检查，而不定期检查能够以突击检查查出可能被掩盖的问题。例如： A：B 县乡镇村干部：（财政部门）都是的，都不定期，随时进行 B：C 区乡干部：财政部门直接参与的，不定期检查 C：D 县惠农直补工作人员：（财政部门）有不定期跟踪调查 D：F 县人大主席：（财政部门）一般都是不定期的（跟踪调查）

（3）理论编码与模型发展。

经过理论编码，得出“直补资金政策申请发放的影响因素”这一核心范畴，其“故事”概要为：政策宣传（Policy Advocacy）、农民参与度（Farmers' Participation）、监督检查（Supervision and Inspection）三个主范畴对补贴申报发放（Subsidies to Declare to Issue）主范畴具有显著影响，形成从最基层的乡镇村干部监管主体层面反映当前重庆市四项直补资金申报与发放影响因素及其作用机理监管模型，简称为“APSS”模型，这是影响直补资金监管的第二个子模型。如图5－2－2所示。

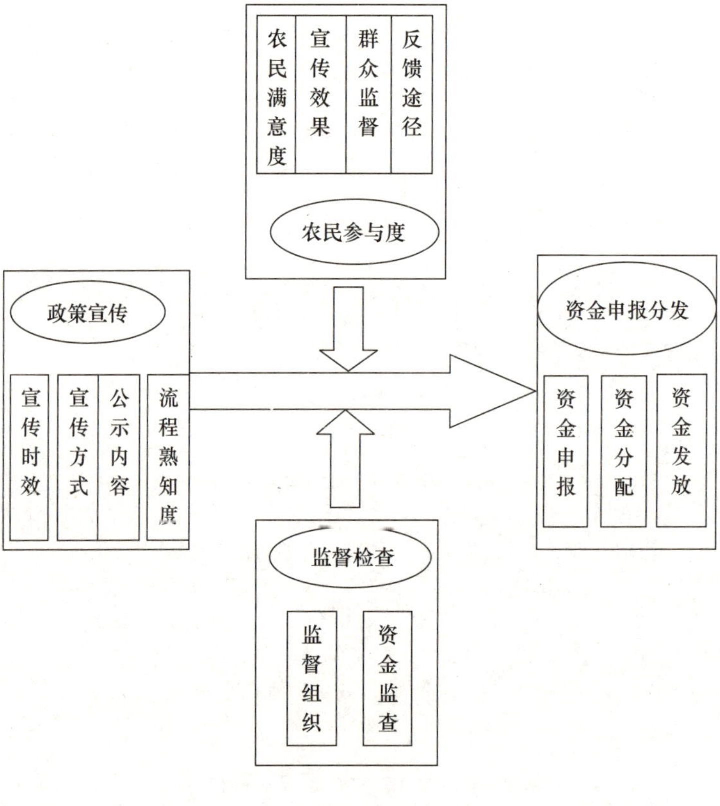

图5－2－2　直补资金影响因素及其作用机制模型（“APSS”模型）

（4）模型阐释。

政策宣传是惠农资金发放的起点。政策宣传在整个惠农资金发放过程中起着基础性作用。“宣传时效”“宣传方式”和“信息公示”分别从时间、方式以及内容三大方面对惠农直补资金进行分析。宣传的及时，宣传方式的多样与公示内容的全面决定着宣传的成功与失败。其对于后面资金申报，申报数目起着指导性作用。

农民参与程度是惠农资金准确发放的影响因素。群众参与惠农直补资金监督程度越高，其中存在的徇私舞弊情况可能越少，越有利于资金的申报发放；对于惠农直补资金发放流程存在的问题，农民有多少途径可以反映及这些途径是否有效决定惠农直补资金发放流程中存在问题极为重要。农民参与程度越高，越能使得惠农直补资金顺利申报与分发。

政府机构的监督检查是惠农直补资金准确发放的重要影响因素。监督检查机构越多，越不容易形成利益同盟，从而起着相互牵制的作用，这样监督的成效就越好；监督检查方式单一可能无法有效发现问题，需要采取多种方式，有效发现问题。

3. “3P”模型与“APSS”模型的整合启示：从农户到农户的双向风险追溯与监管体系构建

如“3P”模型所示，其中：“政策落实—政策了解—政策满意”和“政策落实—政策效果感知—政策满意”这两条“自上而下”的单向监管实施链条反映了重庆市农户对直补政策满意度产生情况，也是重庆市发生负面事件的重要前因，即单向的“自上而下”，甚至实施行动中时有发生的“财政包揽”现象，使农户对政策不解或误解，从而引发事端。另外，“APSS”模型在“政策宣传—补贴申报和发放”机制中，“农民参与度”和“监督检查”是影响这一机制发挥作用的核心变量，从发生的负面事件看，也主要是由于农户监管地位被基层干部取代造成的。目前，重庆市农户参与直补资金监管的程度有限，可供发挥作用的监管机会和手段不多，需要大力探索农户参与直补资金监管的途径与方式，确立农户“既是受益者，又是监管者”的双重身份地位，发挥其参与监管的积极作用，构建实施“从农户到农户的双向风险追溯与监管体系”，对监管全过程主要风险进行识别并探索防范对策。

（四）数据分析

课题组多次深入8个区县农村进行调研，在农户中间开展有关“四项补贴”的问卷调查。问卷分别按照“农户和乡镇村干部”设计，其中“农户”问卷共计24个问题；“农户和乡镇村干部”问卷共计22个问题。调查对象包括515名农户和126名乡镇村干部，农户包含种粮大户（以下简称“大户”）和普通农户（以下简称“散户”），乡镇村干部未加区别。问卷调查采取不记名方式，所有问题均由调查员在调查中逐一询问并加以记录，问卷回收有效率98.28%。

本部分是课题组问卷调研结果汇总，也是对“四项补贴”政策在这些区县实施情况所作的定量分析，与之前的定性分析互为补充，为其提供经验数据的支撑。

1.8区县“四项补贴”资金发放情况

从图5－2－3可见，2008～2012年5年观察期间，A区、B县和C区“四项补贴”资金的发放金额除2010年有小幅回落外，整体处于上升状态，2012年同比增长幅度最高；D县、G区“四项补贴”资金的发放金额是逐年上升的，也以2012年同比增长幅度最高；E县、F县“四项补贴”资金发放金额前4年逐年增加，而2012年则出现下降；H县“四项补贴”资金发放金额除2009年有少量减少外，整体呈现上升趋势。

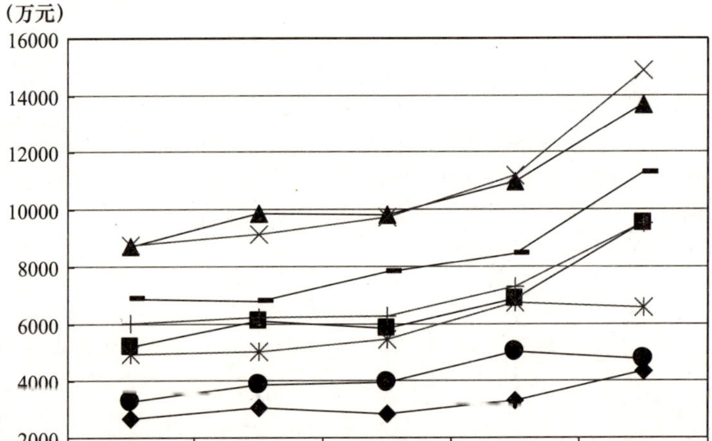

	2008年	2009年	2010年	2011年	2012年
—◆— A区	2673.12	3076.04	2841.51	3344.80	4347.30
—■— B县	5212.70	6094.77	5870.69	6899.80	9528.84
—▲— C区	8719.92	9863.60	9813.59	10979.83	13706.35
—×— D县	8769.91	9165.78	9761.70	11208.67	14886.23
—✳— E县	4939.84	5042.32	5472.38	6749.37	6564.41
—●— F县	3303.00	3863.00	3969.00	5055.86	4791.18
—+— G区	6021.82	6259.37	6263.35	7293.77	9552.69
—–— H县	6866.45	6809.61	7820.81	8474.03	11298.50

图5－2－3　8区县“四项补贴”资金发放情况

2. 农户调查问卷

（1）政策落实情况。

1）总体情况。

农户调查问卷“政策落实”板块，设计了“农户获得补贴的种类数”“农户‘直补存折’中补贴的管理”“农户反映补贴错发或漏发的次数”“农户应对补贴错发或漏发的方式”“补贴错发或漏发的解决结果”“村干部收走农户‘直补存折’，代领补贴的次数”“乡镇政府及县上级部门对补贴落实情况的检查次数”共7个题项。根据各题项不同答案所对应的分值，计算出该板块各区县平均得分。

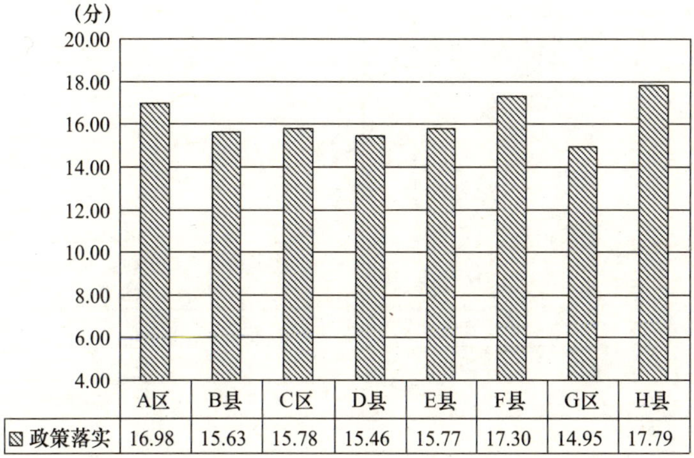

图5-2-4　各区县“政策落实”平均得分

注：该项得分的最高分为20，最低分为4，优差划界分为12。

从图5-2-4中可以看出，“政策落实”平均得分当中，H县和F县的平均得分位列第一、第二位，分别为17.79和17.30，高出优差划界5分多，说明这两个区县中政策落实情况良好。A区得分为16.98，排名第三。8个区县中，G区得分最低为14.95，但也超过优差划界分近3分。余下的区县政策落实得分大致相当，均高于优差划界分，说明政策落实情况较好。

2）突出问题。

在“政策落实”板块中对突出问题进行了专项分析：

a. 农户“直补存折”中补贴的领取。

图5-2-5显示，多数区县农户由自己或通过子女领取补贴，但F县和G区还存在其他人代领补贴现象，需引起重视。

从乡镇村干部回答问卷中看到，承认存在代领现象的比率比农户自己回答比率更高，也从另一个侧面反映代领现象更普遍，农户私下也反映存在村干部收走“直补存折”现象。

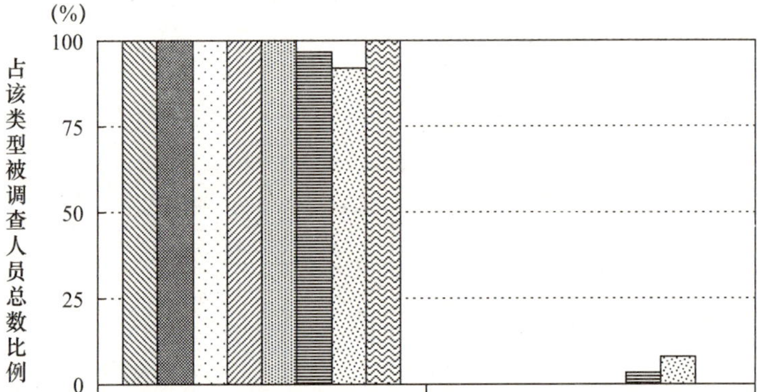

	亲自或通过子女取钱	由其他人（村干部、亲戚、朋友）代取
A区	100	0.00
B县	100	0.00
C区	100	0.00
D县	100	0.00
E县	100	0.00
F县	96.67	3.33
G区	91.80	8.20
H县	100	0.00

图5-2-5　农户“直补存折”中补贴的领取

b. 农户反映补贴错发或漏发次数。

从图5-2-6中可以发现，在所有被调研的区县中无一例外都出现了补贴错发或漏发现象，以D县情况较突出。据重庆市财政局官员介绍，代发直补资金的邮政储蓄每年都有一两百万元资金因为证件号码和人名不符而发放不出去。如何从源头上减少甚至杜绝错发或漏发，及时纠正资料错误导致的错发漏发，要求监管和反馈体系做出适当改进。

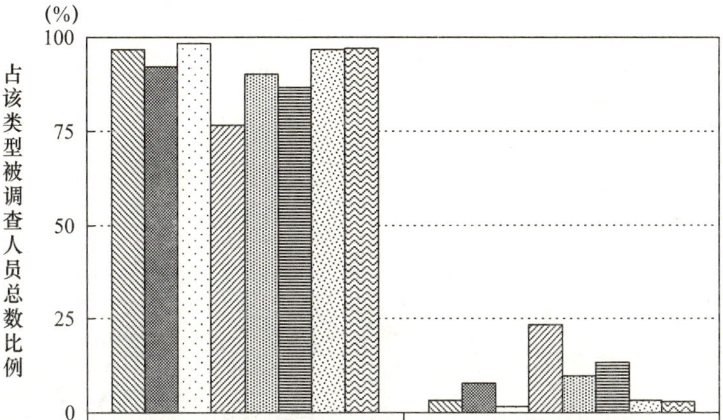

	没有出现错发或漏发	存在错发或漏发
A区	96.83	3.17
B县	92.31	7.69
C区	98.46	1.54
D县	76.71	23.29
E县	90.32	9.68
F县	86.67	13.33
G区	96.72	3.28
H县	96.97	3.03

图 5－2－6　不同区县各类型占比统计

c. 农户应对补贴错发或漏发的方式。

从图 5－2－7 中可以看到，在被调研的区县中，当农户碰到错发或者漏发补贴时，很少会直接向相关职能部门反映。尽管通过向村干部、向乡镇政府反映或向其他农户核对也有助于问题的解决，但容易导致信息传递缓慢或失真，需要采用切实措施解决补贴监管中的信息沟通障碍。

d. 补贴错发或漏发的解决情况。

从图 5－2－8 中可以看到，所有被调研的区县有一半在解决补贴错发或漏发问题时不尽人意，其中 B 县超过 50% 的农户遭遇补贴错发或漏发后，没能及时或足额拿到款项。

e. 乡镇政府及县级部门对补贴落实情况检查次数。

从图 5－2－9 中可以看到，在大部分被调研区县中，都有超过半数的农户反映乡镇政府及县上级部门对补贴落实情况检查次数很少，其中 E 县和 G 区有超过 90% 的受访者反映检查次数不超过 1 次，说明基层补贴监管工作没有做到位，对补贴错发、漏发的事前控制和事后处理缺乏效率。

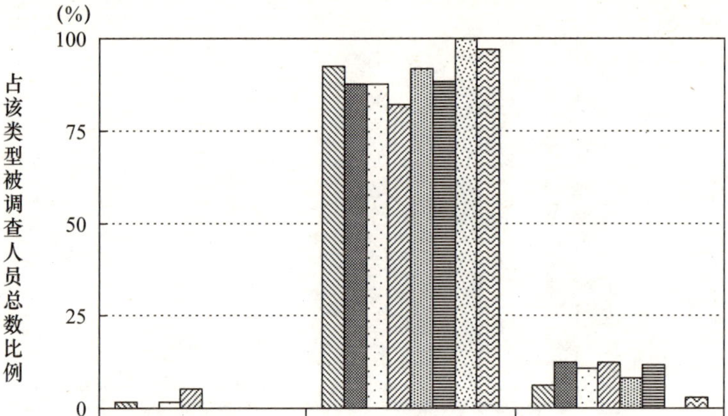

	直接反映	委托反映	不反映
A区	1.55	92.40	6.05
B县	0.00	87.69	12.31
C区	1.54	87.71	10.75
D县	5.37	82.13	12.50
E县	0.00	91.94	8.06
F县	0.00	88.33	11.67
G区	0.00	100.00	0.00
H县	0.00	96.97	3.03

图5－2－7　不同区县各类型占比统计

注：所谓“直接反映”是指直接打电话向职能部门举报，所谓“委托反映”是指向村干部反映、向乡镇政府反映或向其他农户核对。

（2）政策了解情况。

1）总体情况。

农户调查问卷“政策落实”板块设计了“农户获得补贴的种类数”“农户‘直补存折’中补贴的管理”“农户反映补贴错发或漏发的次数”“农户应对补贴错发或漏发的方式”“补贴错发或漏发的解决结果”“村干部收走农户‘直补存折’、代领补贴的次数”“乡镇政府及县上级部门对补贴落实情况的检查次数”共7个题项。根据各题项不同答案所对应的分值，计算出该板块各区县平均得分。

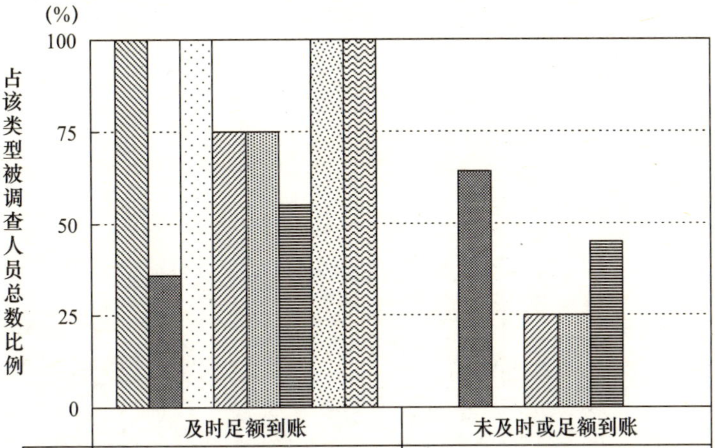

	及时足额到账	未及时或足额到账
A区	100.00	0.00
B县	35.71	64.29
C区	100.00	0.00
D县	75.00	25.00
E县	75.00	25.00
F县	55.00	45.00
G区	100.00	0.00
H县	100.00	0.00

图 5-2-8　不同区县各类型占比统计

由图 5-2-10 可见，“政策了解”平均得分当中，H 县和 A 区平均得分列第一位和第二位，得分分别为 22.70 分和 20.73 分，分别高出优差划界分 4.70 分和 2.73 分，可见 H 县和 A 区农户对政策了解情况较好。得分最低是 G 区，得分为 12.21，离优差划界分有 5.79 的分差，说明该区农户对政策了解情况不太理想。其余 5 个区县平均得分类似，平均得分分布在 12～16 分，其中较高是 D 县，其得分为 14.79，但是离优差划界分仍有 3.21 分差距，较低的是 B 县，得分为 12.72，离优差划界分 5.28 的分差，可以看出这 5 个区县农户对政策了解情况也不理想。

2）突出问题。

“政策了解”板块对调研发现的突出问题进行了专项分析。

a. 农户对“四项补贴”政策的了解程度。

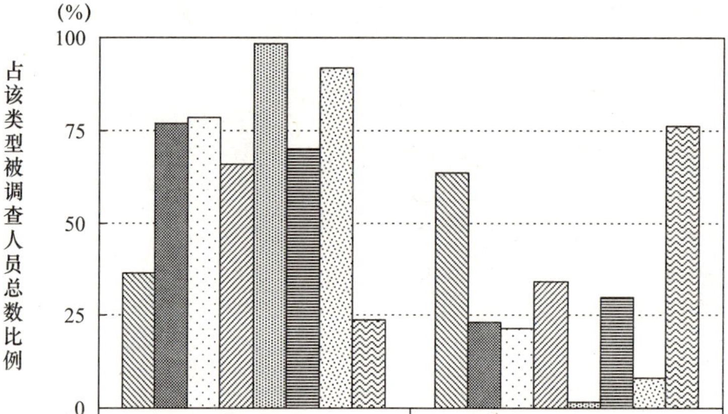

	检查次数不超过1次	检查次数在1次以上
A区	36.50	63.50
B县	76.92	23.08
C区	78.45	21.55
D县	65.65	34.35
E县	98.39	1.61
F县	70.01	29.99
G区	91.80	8.20
H县	23.88	76.12

图5-2-9　不同区县各类型占比统计

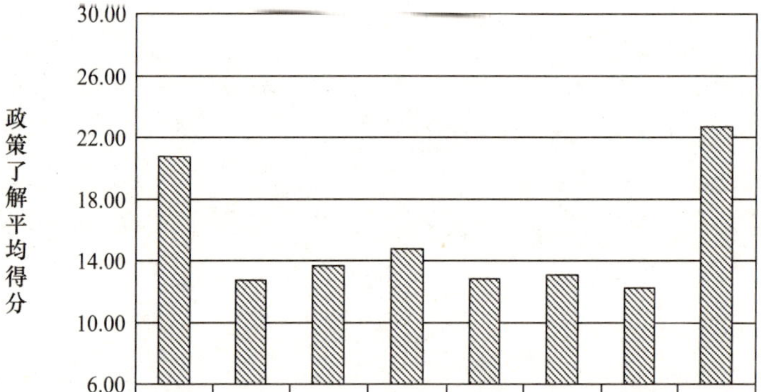

	A区	B县	C区	D县	E县	F县	G区	H县
政策了解	20.73	12.72	13.65	14.79	12.81	13.08	12.21	22.70

图5-2-10　各区县“政策了解”的平均得分

注：该最高分为30，最低分为6，优差划界分为18。

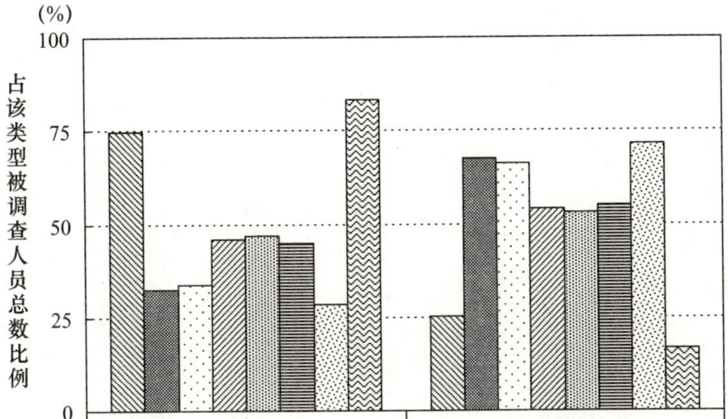

	了解	不了解
A区	74.60	25.40
B县	32.31	67.69
C区	33.85	66.15
D县	45.82	54.16
E县	46.77	53.23
F县	45.00	55.00
G区	28.63	71.37
H县	83.34	16.66

图 5－2－11　不同区县各类型占比统计

从图 5－2－11 中可以看到，除 H 县和 A 区，其他区县对“四项补贴”政策不了解的农户超过该区县被访农户总数一半以上，即使回答情况最好的 H 县，也有 16.66% 的被访农户不了解“四项补贴”政策。这说明“四项补贴”政策在基层的宣传仍需改善，宣传手段亟待创新。

b. 农户对“四项补贴”公示关注程度。

从图 5－2－12 中可以看到，农户对“四项补贴”公示关注度普遍较低，多数区县超过 50% 的被访农户不关注公示，F 县这一比例更是高达 88.34%。这种情况的出现可能与宣传工作不到位有关。

c. 村干部向农户宣传“四项补贴”政策次数。

从图 5－2－13 中可以看到，村干部向农户宣传“四项补贴”政策次数各区县差异比较大，其中在 H 县、A 区、C 区和 D 县，有超过 50% 的被访农户反映

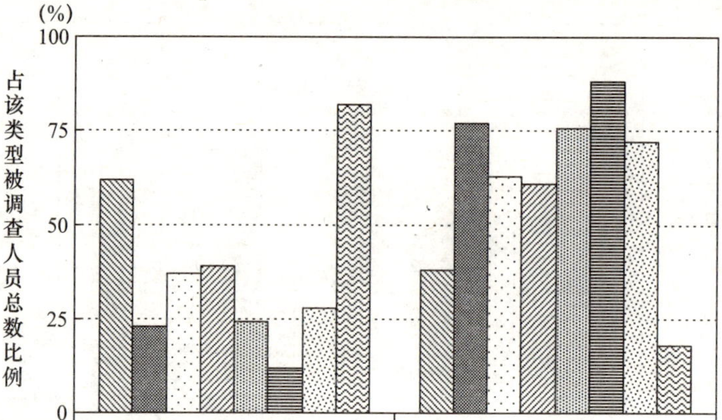

	关注	不关注
A区	61.90	38.10
B县	23.08	76.92
C区	36.92	63.08
D县	39.13	60.87
E县	24.20	75.80
F县	11.66	88.34
G区	27.87	72.13
H县	81.82	18.18

图 5－2－12　不同区县各类型占比统计

宣传次数在 1 次以上，说明在这些区县宣传工作有所保证。而其余区县情况恰好相反，更多地被访农户反映宣传次数不超过 1 次，暴露出这些区县基层宣传工作不足。

（3）农户对政策满意度情况。

1）总体情况。

农户调查问卷“政策满意度”板块设计了“农户对‘四项补贴’的满意度”“农户对村干部落实‘四项补贴’的满意度”“农户‘四项补贴’公开情况的满意度”“农户对‘四项补贴’申报程序的满意度”“农户对补贴从申报到到账所需时间的满意度”“农户对‘四项补贴’公平与否的看法”“农户所在村因‘四项补贴’发放所起的争执或冲突次数”共 7 个题项。根据各个题项不同答案所对应的分值，计算出该板块各区县平均得分。

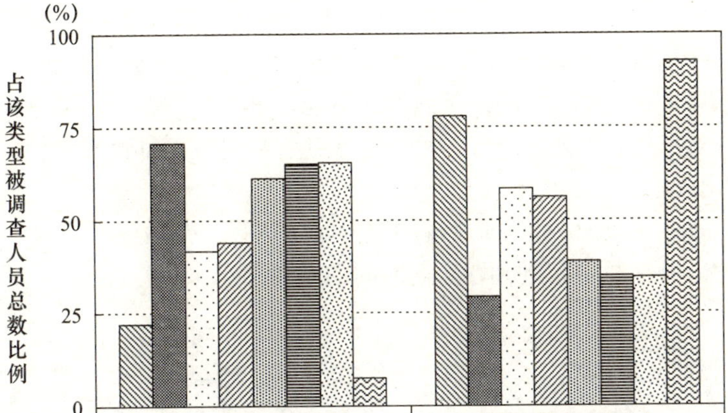

	宣传次数不超过1次	宣传次数在1次以上
A区	22.22	77.78
B县	70.77	29.23
C区	41.54	58.46
D县	43.84	56.16
E县	61.29	38.71
F县	65.00	35.00
G区	65.57	34.43
H县	7.58	92.42

图5-2-13 不同区县各类型占比统计

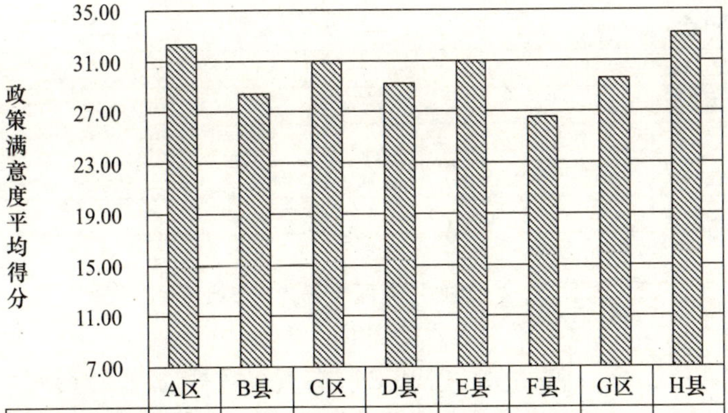

	A区	B县	C区	D县	E县	F县	G区	H县
政策满意度	32.32	28.37	30.97	29.20	30.94	26.53	29.64	33.12

图5-2-14 各区县“政策满意度”平均得分

注：该项得分的最高分为35，最低分为7，优差划界分为21。

图 5－2－14 显示，"政策满意度"平均得分当中，H 县和 A 区平均得分较高，分别为 33. 12 和 32. 32（分别高出优差划界分 12. 12 分和 11. 32 分）。最低的是 F 县，其平均得分为 26. 53，但仍高出优差划界分 5. 53 分。其余 5 个区县中，最高的是 C 区，得分为 30. 97；最低的是 B 县，得分为 28. 37。从整体看，所有区县平均得分都高于优差划界分，可见各区县农户对政策都比较满意。

2）突出问题。

"政策满意度"板块对调研发现的突出问题进行了专项分析。

a. 农户对补贴从申报到到账所需时间的满意度。

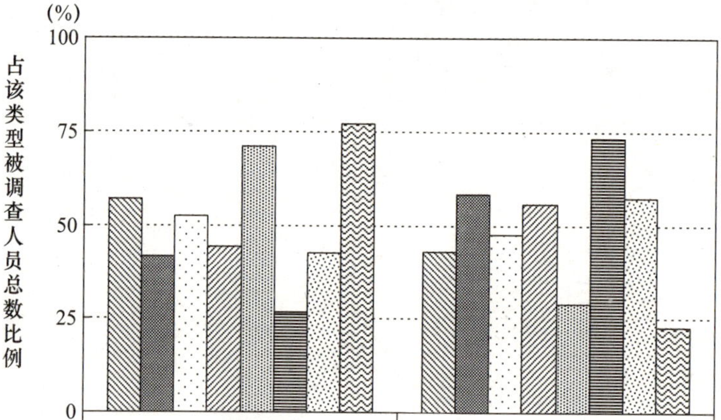

	非常满意	不尽满意
A区	57.14	42.86
B县	41.54	58.46
C区	52.31	47.69
D县	44.44	55.56
E县	70.97	29.03
F县	26.67	73.33
G区	42.62	57.38
H县	77.27	22.73

图 5－2－15　不同区县各类型占比统计

图 5－2－15 表明，除了在 H 县和 E 县有大多数被访农户对补贴从申报到到账所需时间感到非常满意外，其余区县情况都不理想。尽管在 A 区和 C 区，也有超过 50% 的被访农户对该时间感到非常满意，但不尽满意的被访农户达到 40% 以上。而在剩余区县，持不尽满意态度的农户更超过半数。特别是在 F 县，对时间不尽满意的农户占 70% 以上。

b. 农户所在村因“四项补贴”发放所起的争执或冲突次数。

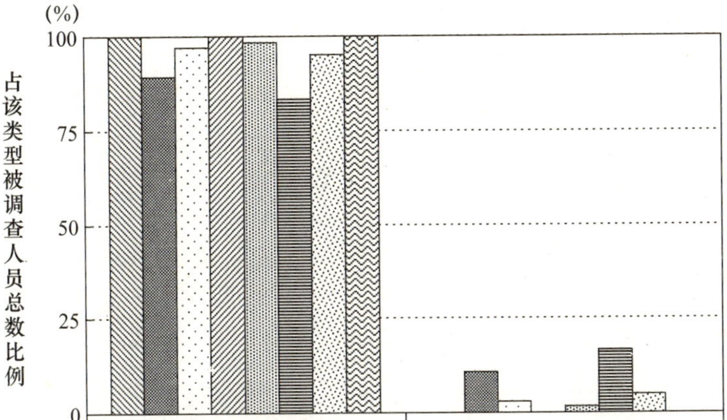

	没有争执或冲突	至少有1次争执或冲突
A区	100.00	0.00
B县	89.23	10.77
C区	96.92	3.08
D县	100.00	0.00
E县	98.39	1.61
F县	83.33	16.67
G区	95.08	4.92
H县	100.00	0.00

图 5－2－16　不同区县各类型占比统计

从图 5－2－16 可以看到，不少区县存在因“四项补贴”发放而引起的争执或冲突，尽管这些争执或冲突在绝对数量上很少，但会严重损害干群关系，引发社会不稳定，需要采取切实方法予以杜绝。

（4）惠农效果情况。

1）总体情况。

农户调查问卷“惠农效果”板块设计了“农户对‘四项补贴’的满意度”“农户对村干部落实‘四项补贴’的满意度”“农户‘四项补贴’公开情况的满意度”“农户对‘四项补贴’申报程序的满意度”“农户对补贴从申报到到账所需时间的满意度”“农户对‘四项补贴’公平与否的看法”“农户所在村因‘四项补贴’发放所起的争执或冲突次数”共 7 个题项。根据各个题项不同答案对应的分值，计算出该板块各区县平均得分。

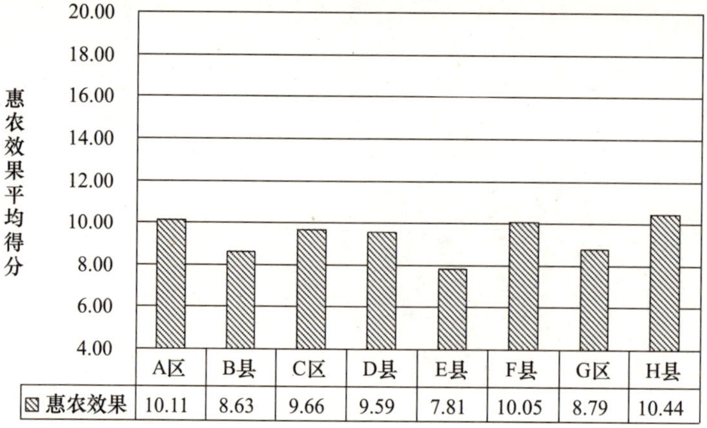

图5－2－17　各区县“惠农效果”平均得分

注：该项得分的最高分为20分，最低分为4分，优差划界分为12分。

图5－2－17反映了在“惠农效果”平均得分中H县平均得分最高，为10.44分，但是低于优差划界分1.56分。最低的是E县，其得分为7.81分，和优差划界分有4.19分的分差，可见不管是得分最高的H县还是得分最低的E县，政策惠农效果都不太理想。其余6个区县得分也都在优差划界分之下，总的看来，各区县的惠农效果不甚理想。

2）突出问题。

“惠农效果”板块对调研发现的突出问题进行了专项分析。

a. “四项补贴”对农业生产的影响。

由图5－2－18可见，除H县外，其余所有区县都有超过半数的被访农户认为“四项补贴”对自身农业生产影响不大。这很可能与补贴资金占农业生产总投入比例较小有关。

b. 农户对“四项补贴”的利用。

从图5－2－19可以看到，除H县和A区以外，其余区县多数农户并未将取得的“四项补贴”用于农业生产。相对于扩大粮食产量，“四项补贴”作为国民收入再分配的一种形式，在直接提高农民收入、改善农民生活方面的贡献更大。

3. 乡、镇、村干部调查问卷

课题组还对8个区县乡镇、村干部开展了类似访谈，其目的是通过将农户与干部所提供的有关信息进行相互对照，更加全面和客观地分析“四项补贴”政策实施的具体情况，据此发现在补贴资金监管过程中可能存在的被忽视问题。课题组将干部调查问卷划分为“信息公开”“资金发放规范性”“群众参与”和“监

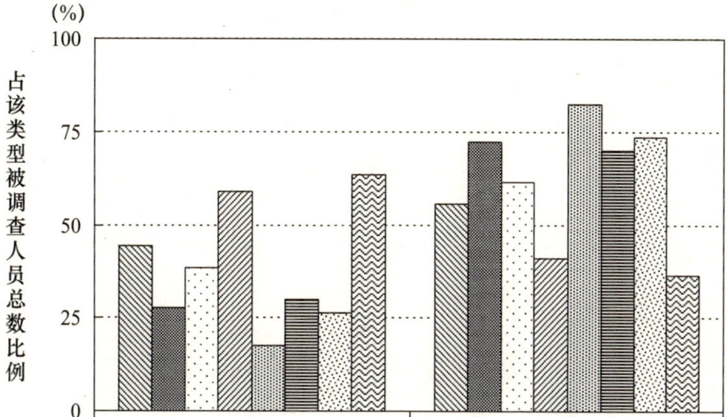

	影响大	影响不大
A区	44.44	55.56
B县	27.69	72.31
C区	38.47	61.53
D县	58.90	41.10
E县	17.74	82.26
F县	30.00	70.00
G区	26.23	73.77
H县	63.64	36.36

图 5－2－18　不同区县各类型占比统计

督检查”四大板块，并采用与农户调查问卷类似的方式，在各个板块中设计若干题项，以便站在干部角度对“四项补贴”政策实施情况作出另一个方位的解读。

（1）信息公开情况。

1）总体情况。

“信息公开”板块设计了“乡镇（村）在上级惠农资金下达后进行宣传的时间安排”“乡镇（村）对国家惠农资金进行宣传的形式种类”“乡镇（村）对审核后的惠农资金分户清单的公示情况”“乡镇（村）对审核后的惠农资金分户清单公示内容有无遗漏”“村干部和农户了解公示内容的意愿”5 个题项。根据各个题项对应的分值计算出该板块各区县平均得分。

从图 5－2－20 可见，在“信息公开”平均得分中，E 县和 F 县平均得分居第一位和第二位，平均得分分别为 22.21 分和 22.15 分，远高于优差划界分的 15 分，说明这两个地区的信息公开情况较好；得分最低的是 B 县，其得分为 17.55 分，稍高于优差划界分；其余 5 个区县得分类似，都在 21～23 分，且都高于优差划界分。可见 8 个区县的信息公开情况都比较好。

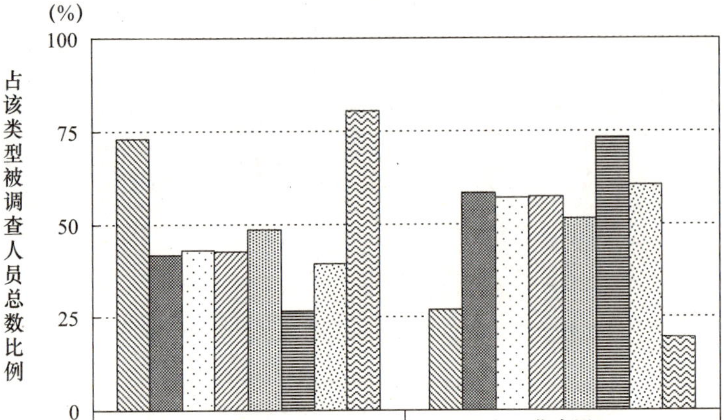

	农用	非农用
A区	73.02	26.98
B县	41.54	58.46
C区	43.08	56.92
D县	42.67	57.33
E县	48.39	51.61
F县	26.67	73.33
G区	39.34	60.66
H县	80.30	19.70

图 5-2-19　不同区县各类型占比统计

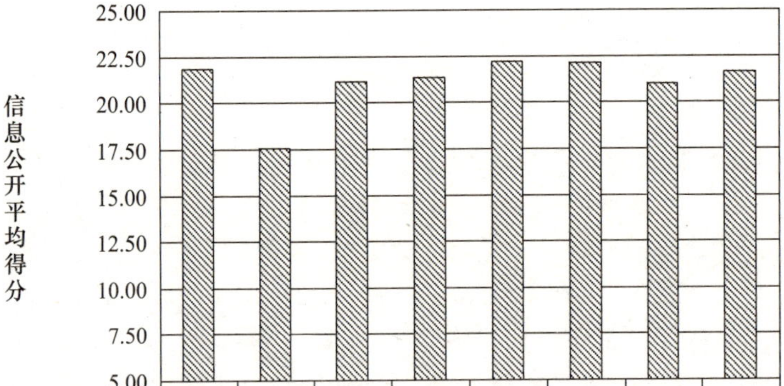

	A区	B县	C区	D县	E县	F县	G区	H县
信息公开	21.84	17.55	21.11	21.33	22.21	22.15	21.00	21.62

图 5-2-20　各区县“信息公开”平均得分

注：该项得分的最高分为 25 分，最低分为 5 分，优差划界分为 15 分。

2）突出问题。

“信息公开”的突出问题表现在乡镇（村）对审核后的惠农资金分户清单公示内容有无遗漏方面。

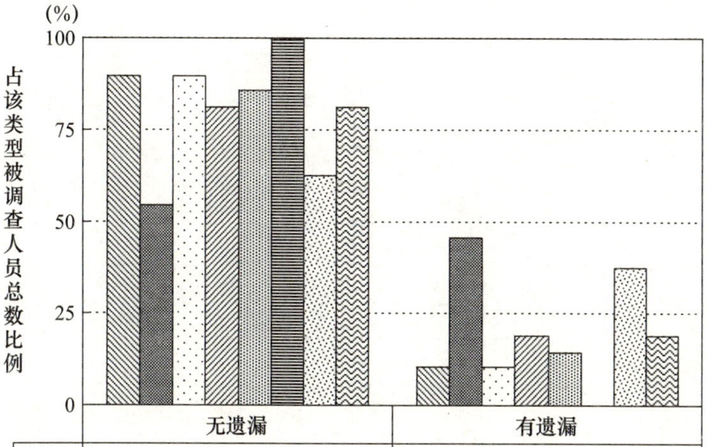

	无遗漏	有遗漏
A区	89.48	10.52
B县	54.55	45.45
C区	89.48	10.52
D县	80.95	19.05
E县	85.71	14.29
F县	100.00	0.00
G区	62.50	37.50
H县	80.95	19.05

图5－2－21　不同区县各类型占比统计

图5－2－21显示，除F县外，其余所有区县对审核后的惠农资金分户清单进行公示时都或多或少都存在一些遗漏，这不利于农户充分了解补贴资金发放情况，容易引起一些不必要纠纷。

（2）资金发放规范性情况。

1）总体情况。

“资金发放规范性”板块设计了“乡镇（村）干部对惠农资金发放流程的了解情况”“乡镇（村）统计惠农直补资金数目的途径”“乡镇（村）分配惠农直补资金考虑因素”“乡镇（村）惠农直补资金数目核实频率”“乡镇（村）惠农资金数目的发放率”“乡镇（村）惠农资金发放形式”“乡镇（村）对到账后的惠农资金发放时间安排”“惠农资金统发工作中有无代领情况”8个题项。根据各个题项不同答案所对应的分值计算出该板块各区县平均得分。

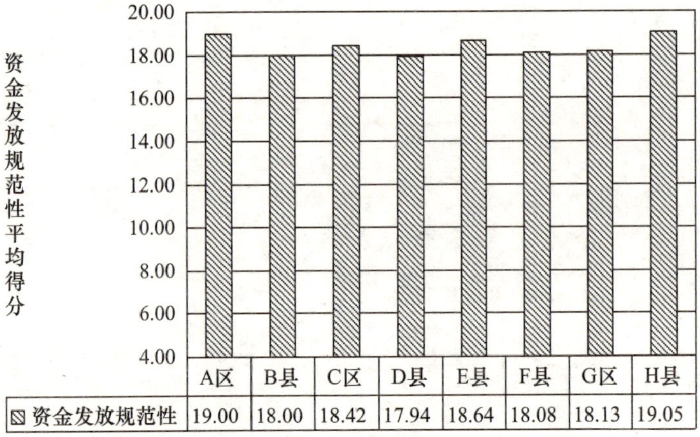

图 5-2-22　各区县“资金发放规范性”平均得分

注：该项得分的最高分为 20 分，最低分为 4 分，优差划界分为 12 分。

从图 5-2-22 可以看到，在“资金发放规范性”平均得分中，各个区县平均得分相差无几，排在第一的是 H 县，其得分为 19.05 分，高出优差划界分 7.05 分之多。最低的为 D 县的 17.94 分，也高出优差划界分。其他 6 个区县的平均得分在 18~20 分，较高的是 A 区，得分为 19.00 分，高出优差划界分 7 分；较低的是 B 县，得分是 18.00 分，高出优差划界分 6 分。不难发现，在资金发放规范性上，各区县情况都比较理想。

2）突出问题。

a. 乡镇（村）惠农资金数目发放率。

图 5-2-23 表明，除 A 区和 G 区外，其余各区县都出现了“四项补贴”未完全发放的现象，不仅印证了农户反映的补贴资金错发、漏发情况，还表明目前的资金发放效率存在很大提升空间。

b. 惠农资金统发工作中有无代领情况。

据图 5-2-24 可以看到，在所有区县中都存在农户补贴由他人代领情况，与在农户中间进行调查所得到的结果如出一辙。由他人代领补贴的行为无所谓对错，关键在于如何有效减少因代领而引发的资金侵占风险，维护农户个人利益。

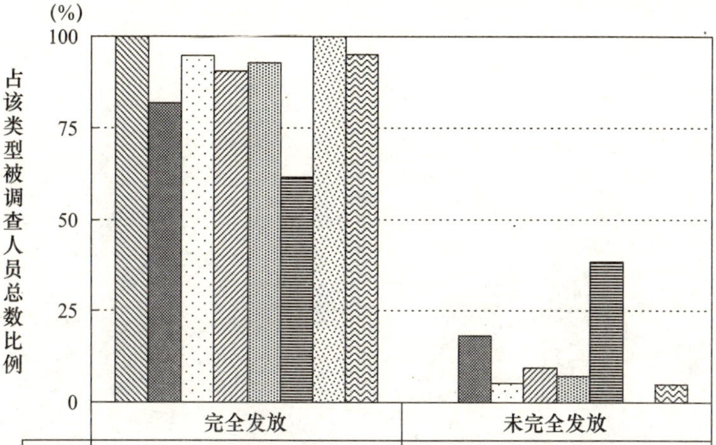

	完全发放	未完全发放
A区	100.00	0.00
B县	81.82	18.18
C区	94.74	5.26
D县	90.48	9.52
E县	92.86	7.14
F县	61.54	38.46
G区	100.00	0.00
H县	95.24	4.76

图 5－2－23 不同区县各类型占比统计

（3）群众参与情况。

1）总体情况。

干部调查问卷“群众参与”板块设计了“农户对惠农资金发放流程的了解情况”“农户对惠农资金查询方式的了解情况”“对惠农资金发放工作监督的群众代表数量”“农户对惠农资金发放的满意度”“群众对惠农违规资金发放的举报渠道”共 5 个题项。根据各个题项不同答案对应分值，计算出该板块各区县平均得分。

从图 5－2－25 可以看出，在“群众参与”平均得分当中，E 县排在第一位，其得分为 22.36 分，高出优差划界分 7.36 分，说明该县群众参与情况较好。排在最后的是 B 县，其平均得分为 17.91 分，稍高于优差划界分。其他区县平均得分相差不大，而且都高于优差划界分，可见 8 个区县群众参与情况都比较理想。

2）突出问题。

农户对惠农资金发放的满意度不高。

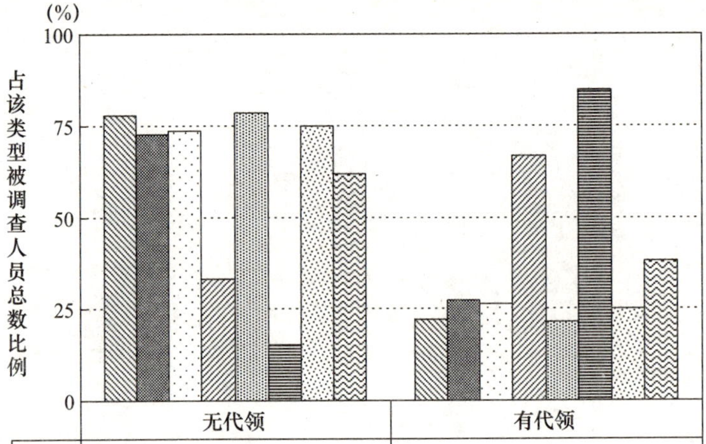

	无代领	有代领
A区	77.78	22.22
B县	72.73	27.27
C区	73.68	26.32
D县	33.33	66.67
E县	78.57	21.43
F县	15.38	84.62
G区	75.00	25.00
H县	61.90	38.10

图 5－2－24　不同区县各类型占比统计

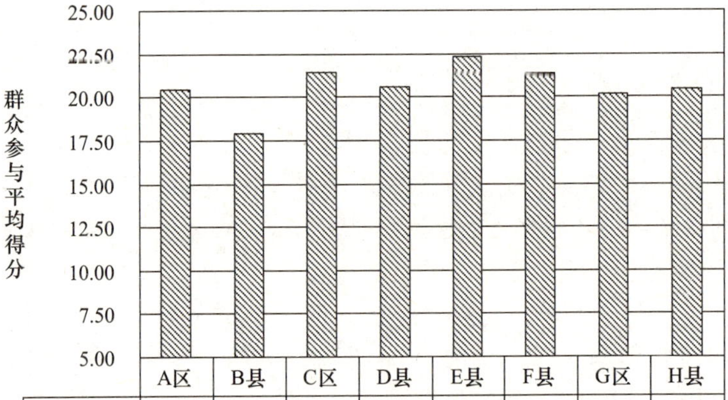

	A区	B县	C区	D县	E县	F县	G区	H县
群众参与	20.42	17.91	21.42	20.61	22.36	21.39	20.13	20.43

图 5－2－25　各区县“群众参与”平均得分

注：该项得分的最高分为 25 分，最低分为 5 分，优差划界分为 15 分。

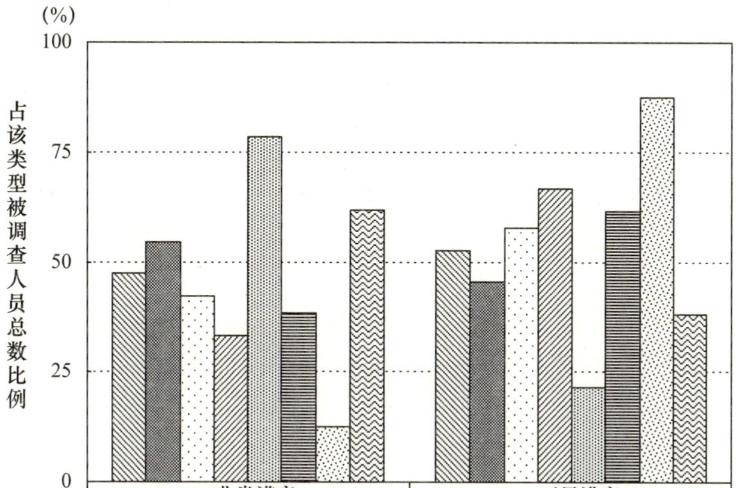

	非常满意	不尽满意
A区	47.37	52.63
B县	54.55	45.45
C区	42.11	57.89
D县	33.33	66.67
E县	78.57	21.43
F县	38.46	61.54
G区	12.50	87.50
H县	61.90	38.10

图5－2－26　不同区县各类型占比统计

图5－2－26表明，即使站在乡镇、村干部角度，对“四项补贴”发放工作不尽满意的农户也大有人在。这不得不让我们联想到调查中暴露出来的公示内容存在遗漏、补贴资金发放不完全、资金发放时间滞后等问题。

（4）监督检查情况。

1）总体情况。

干部调查问卷“监督检查”板块设计了“乡镇（村）惠农资金监督机构的数量”“乡镇（村）惠农资金定期审计情况”“乡镇（村）惠农资金定期监督检查情况”“乡镇（村）惠农资金定期跟踪调查情况”共4个题项。根据各个题项不同答案对应的分值，计算出该板块各区县平均得分。

从图5－2－27可以看出，在“监督检查”平均得分中，E县得分排在第一，平均分为17.86分，高出优差划界分5.86分，可见E县的监督检查情况较理想。在所有的8个区县中，得分最低的是B县，略高出优差划界分0.64分，监督检查情况较为一般。其他6个区县得分情况差不多，都在16分上下，均高于优差划界分。

2）突出问题。

乡镇（村）惠农资金监督机构数量问题突出。

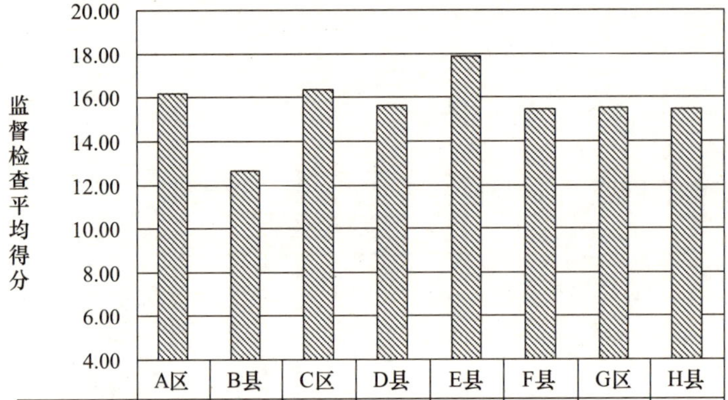

	A区	B县	C区	D县	E县	F县	G区	H县
监督检查	16.16	12.64	16.37	15.61	17.86	15.46	15.50	15.48

图 5-2-27　各区县“监督检查”平均得分

注：该项得分的最高分为 20 分，最低分为 4 分，优差划界分为 12 分。

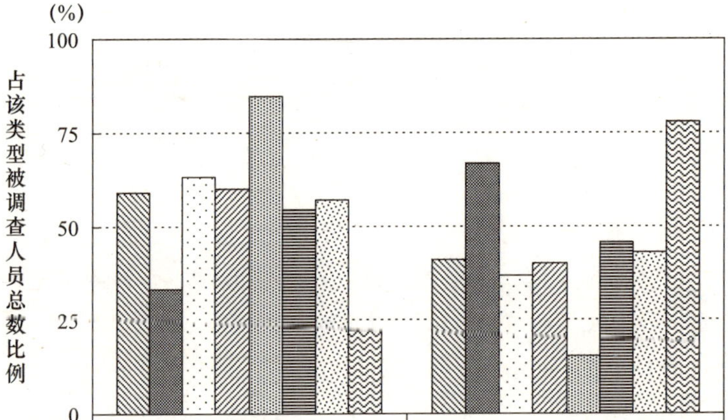

	超过1个	1个
A区	58.82	41.18
B县	33.33	66.67
C区	63.16	36.84
D县	60.00	40.00
E县	84.61	15.39
F县	54.54	45.46
G区	57.14	42.86
H县	22.21	77.79

图 5-2-28　不同区县各类型占比统计

图5－2－28显示，所有区县乡镇、村干部对于补贴资金监督机构数量都持有不尽相同的看法。出现如此结果，可能是现有的补贴资金监管体系臃肿所致。由于多个机构参与监督，职能交叉重复，从而产生了责任分散效应。最后没有看到具体的监督效果，监督机构数量多反而没有发挥出积极的监督作用。

4. 主要问题

尽管“四项补贴”发放在一定程度上扩大了粮食产量，促进了农民增收，为农村经济社会可持续发展起到了推动作用。但是，在政策实施过程中也暴露出一些不容忽视的问题。

（1）补贴存在错发、漏发，问题解决有些滞后。

从8个区县的调研结果可以看出，错发或漏发补贴的现象客观存在（见表5－2－7），并且问题出现后，并不是所有错发或漏发款项最终都能够及时足额打入农户的“直补存折”账户当中（见表5－2－8）。据分析，问题未能及时解决是有客观原因的，即农户面对错发或漏发时，很少采用直接反映的方式（见表5－2－9），而是倾向于委托反映，甚至不反映。鉴于事后补救成效不佳，只有从源头上减少错发、漏发的发生，才能真正起到釜底抽薪的效果。

表5－2－7 农户反映补贴错发或漏发情况

	没有出现错发或漏发	存在错发或漏发
各种情况在被调查人中所占比例	92.32%	7.68%

表5－2－8 补贴错发或漏发解决情况

	及时足额到账	未及时或足额到账
各种情况在被调查人中所占比例	77.57%	22.43%

表5－2－9 农户应对补贴错发或漏发方式

	直接反映	委托反映	不反映
各种情况在被调查人中所占比例	0.60%	90.83%	8.57%

注：所谓“直接反映”是指直接打电话向职能部门举报，“委托反映”是指向村干部反映、向乡镇政府反映或向其他农户核对。

（2）存在代领补贴现象，资金被侵占风险较大。

尽管农户一般亲自或通过子女取补贴款，但依然存在将“直补存折”交由他人代取补贴情况（见表5－2－10），这一情况也得到基层干部的证实（见表5－2－11）。补贴由他人代领为侵占资金的不法活动提供了机会，也对补贴资金的监管提出了考验。

表 5－2－10　农户管理“直补存折”中补贴情况

	亲自或通过子女取钱	由其他人（村干部、亲戚、朋友）代取
各种情况在被调查人中所占比例	99.22%	0.78%

表 5－2－11　基层干部陈述补贴有无代领现象情况

	没有代领	存在代领
各种情况在被调查人中所占比例	60.98%	39.02%

（3）基层对补贴落实检查工作有待加强。

调研发现，在补贴发放工作中，一些区县地方政府及职能部门对补贴落实缺乏足够检查（见表 5－2－12），难以保证补贴不会出现错发、漏发，也无法杜绝侵占补贴资金的不法行为。总结近年来基层地方政府反映的补贴工作意见，“人手经费紧张”是被提及得最多的意见之一，这或许可以对上述现象做出部分解释。

表 5－2－12　基层地方政府及职能部门对补贴的落实进行检查的情况

	检查次数不超过 1 次	检查次数在 1 次以上
各种情况在被调查人中所占比例	64.88%	35.12%

（4）农户对补贴政策了解程度不足，外部监督难以发挥作用。

尽管“四项补贴”政策已实施多年，但农户对政策了解程度远远不够。调研了解，对补贴政策不尽了解的农户占被调查农户总数的比例达到 70.06%（见表 5－2－13），这是引起农户对“四项补贴”公示关注程度不高（见表 5－2－14）的因素之一。

表 5－2－13　农户对“四项补贴”政策了解程度

	了解	不尽了解
各种情况在被调查人中所占比例	29.94%	70.06%

表 5－2－14　农户对“四项补贴”公示关注程度

	关注	不尽关注
各种情况在被调查人中所占比例	30.52%	69.48%

上述问题总结起来就是在“四项补贴”发放工作中存在基层地方政府及职能部门监管不力，而监管不力背后所隐含的深层次原因是目前监管体系已经不适应现实状况，存在信息沟通不畅、运作成本高昂、群众力量缺失等弊病。新形势下迫切需要改革现有监管体系，发展新的监管手段。

（五）实证检验

在农户和干部中间开展问卷调查的目的是了解惠农直补政策实施情况，通过将双方提供的有关信息进行对照，据以发现在惠农直补资金监管过程中可能存在的被问题。

政策实施得好不好，监管是否真正到位，作为直补对象的农户最有发言权。但是，仅仅单方面获取并分析农户对惠农政策实施的看法，由于缺乏一个评价基准，难以准确判断政策实施情况。也就是说，政策实施好或坏是一个相对的概念，需要通过比较，才能有所鉴别。于是，我们将农户对政策实施的感受与干部对政策实施的感受进行对比，通过分析在政策实施过程中农户的亲身体会与干部的自我感觉是否一致，发掘双方向我们传递的信息是否相互背离，进而把握政策实施情况的本质。为此，本书以农户和干部调查问卷为基础，采用结构方程模型构建“农户对政策实施的感受”和“干部对政策实施的感受”的潜变量，并计算它们的值。

结构方程模型（Structure Equation Modeling，SEM）对参数的估计方法很多种，使用最广泛的估计方法为极大似然法（Maximum Likelihood，ML）和一般化最小平方法（Generalized Least Squares，GLS）（Kelloway，1998）。如果是大样本且观察数据符合多变量正态性，使用 ML 法最合适；但是，如果仅仅是大样本，但观察数据不符合多变量正态性假定，则最好采用 GLS 法（周子敬，2006）。相比之下，GLS 法的适用性更强。因此，本书也采用这一方法。由于随后的研究会涉及假设检验的内容，为此，特指定显著性水平为 0.05。

1. 农户 CFA 分析

首先，对农户调查问卷进行系统整理，剔除数据缺失问卷，共取得农户样本 507 个；将农户调查问卷中的不同问题整合成四个观察变量，包括“政策落实”“政策了解”“政策满意度”和“惠农效果”。根据农户答题的实际情况，计算农户样本中上述四个观察变量的值；使用 AMOS 软件建立图 5－2－29 的测量模型（其中的 e1、e2、e3 和 e4 是误差变量），使用 GLS 法进行验证性因素分析（Confirmatory Factor Analysis，CFA），以检验四个观察变量与“农户对政策实施的感受”，估计潜在变量值。

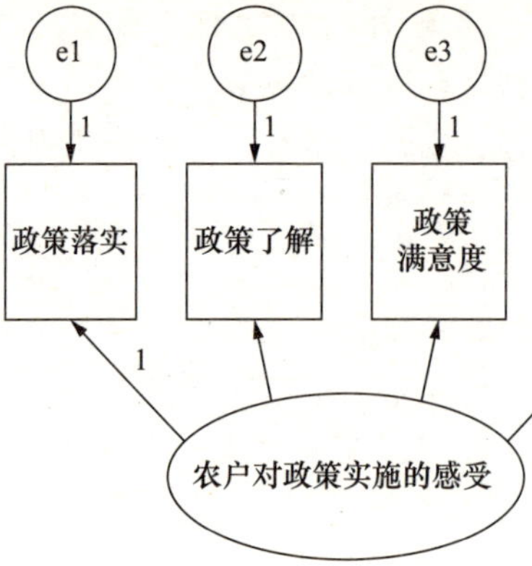

图 5－2－29　农户 CFA 分析测量模型

（1）适配度检验。

农户 CFA 分析结果如下：

表 5－2－15　回归系数

回归关系	估计值	标准误	t 检验值	相伴概率 p
政策落实←农户对政策实施的感受	1.000	—	—	—
政策了解←农户对政策实施的感受	3.311	0.371	8.913	<0.001
政策满意度←农户对政策实施的感受	1.473	0.144	10.244	<0.001
惠农效果←农户对政策实施的感受	0.893	0.116	7.705	<0.001

回归系数也叫因素负荷量，从表 5－2－15 中可以看出，除固定回归系数外（估计值设定为 1，否则测量模型无法估计，由 AMOS 软件自动设置），其余三个回归系数估计值都达到 0.05 的显著性水平，且系数标准误都很小。

表 5－2－16　标准化回归系数

回归关系	估计值
政策落实←农户对政策实施的感受	0.525
政策了解←农户对政策实施的感受	0.866
政策满意度←农户对政策实施的感受	0.608
惠农效果←农户对政策实施的感受	0.502

表 5－2－16 中的标准化回归系数是对变量进行标准化处理后取得的回归系

数，代表的是潜在变量对观察变量的影响。标准化回归系数（也称标准化因素负荷量）值越大，表示观察变量能被潜在变量解释的变异越大，该观察变量能够更有效反映其要测得的潜在变量。可以看出，各个标准化回归系数值都介于0.50～0.95。

表5-2-17 方差

变量	估计值	标准误	t检验值	相伴概率p
农户对政策实施的感受	3.326	0.624	5.328	<0.001
e1	8.734	0.621	14.055	<0.001
e2	12.119	2.887	4.197	<0.001
e3	12.272	0.971	12.634	<0.001
e4	7.862	0.563	13.975	<0.001

表5-2-17中潜在变量和误差变量的方差估计值均为正数且都达到0.05显著性水平，而且方差的标准误也不大。

表5-2-18 信度系数

指标	个别项目信度	组合信度
政策落实	0.276	—
政策了解	0.751	—
政策满意度	0.370	—
惠农效果	0.252	—
p_c	—	0.727

个别项目信度是观察变量的信度系数，表示观察变量被潜在变量解释的变异量大小。在表5-2-18中，“政策了解”观察变量信度系数较大，表示其能够被潜在变量解释的变异量较高。

组合信度是潜在变量的信度系数，表示所有观察变量分享该潜在变量的程度。组合信度值越大，观察变量间的内部一致性程度越高。在表5-2-18中，潜在变量信度系数比较大，因此四个观察变量间的内部一致性较佳。

表 5－2－19 标准化残差协方差

	政策落实	政策了解	政策满意度	惠农效果
政策落实	0.229	—	—	—
政策了解	－0.271	0.021	—	—
政策满意度	1.305	－0.152	0.240	—
惠农效果	－0.758	0.379	－1.030	0.182

在表 5－2－19 中，标准化残差协方差矩阵各个元素绝对值都小于 2，说明残差之间不存在序列相关性。

通过表 5－2－15～表 5－2－19 的分析，可以评价农户 CFA 分析的基本适配度和内在结构适配度（模型内在质量），其中的评价项目列示了常用判断标准：

表 5－2－20 农户 CFA 分析的基本适配度检验结果

适配标准	检验结果数据	信息来源	模型适配判断
是否没有负的误差方差	均为正数	表 5－2－16	是
标准化回归系数是否介于 0.50～0.95	0.502～0.866	表 5－2－15	是
所估计的参数是否没有很大的标准误	0.116～2.887	表 5－2－14、表 5－2－16	是

从表 5－2－20 可以看到，农户 CFA 分析的基本适配度良好。

表 5－2－21 农户 CFA 分析的内在结构适配度检验结果

适配标准	检验结果数据	信息来源	模型适配判断
所估计的参数均达到显著水平	t 检验值介于 4.197～14.055	表 5－2－14 表 5－2－16	是
个别项目信度＞0.50	一个＞0.50，三个＜0.50	表 5－2－17	否
组合信度＞0.60	0.727	表 5－2－17	是
标准化残差协方差绝对值小于 2	最大绝对值为 1.305	表 5－2－18	是

综合考虑表 5－2－21 检验结果，我们认为，农户 CFA 分析的内在结构适配度较好，模型内在质量较理想。

接着对农户 CFA 分析的整体模型适配度（模型外在质量）进行评价，其中的统计检验量和适配标准依据一些学者研究成果。

表 5 - 2 - 22　农户 CFA 分析的整体模型适配度检验结果

统计检验量	适配标准	检验结果数据	模型适配判断
RMSEA 值	<0.10	0.075	是
GFI 值	>0.90	0.992	是
AGFI 值	>0.90	0.962	是
IFI 值	>0.90	0.963	是
CFI 值	>0.90	0.963	是
χ^2 自由度比值	不要 >5	3.864	是

在表 5 - 2 - 22 中，RMSEA（Root Mean Square Error of Approximation，渐进残差均方和平方根）、GFI（Goodness - of - fit Index，适配度指数）、AGFI（Adjusted Goodness - of - fit Index，调整后适配度指数）属于绝对适配度指数；IFI（Incremental Fit Index，增值适配指数）和 CFI（Comparative Fit Index，比较适配指数）属于增值适配度指数；χ^2 自由度比属于简约适配指数。从表 5 - 2 - 22 可以看出，农户 CFA 分析的整体模型适配度良好，模型外在质量较佳。

经过对农户 CFA 分析的基本适配度、内在结构适配度和整体模型适配度进行检验可以发现，农户 CFA 分析的测量模型与搜集数据之间是相互适配的，理论模型与实际数据具有一致性，为下一步分析工作奠定了基础。

（2）潜在变量的取值和数据预处理。

通过农户 CFA 分析得到下表：

表 5 - 2 - 23　因素得分权重

	政策落实	政策了解	政策满意度	惠农效果
农户对政策实施的感受	0.072	0.171	0.075	0.071

因素得分权重表示观察变量预测潜在变量的回归系数，以此计算潜在变量的取值。

在得到“农户对政策实施的感受”这一潜在变量的取值（以下简称农户感受得分）以后，对农户感受得分数据中的异常值进行检查，如下图 5 - 2 - 30 所示。

通过箱图可以看到，农户感受得分数据中没有发现异常值，故无须任何处理。

为了便于不同总体得分数据间比较，对农户感受得分数据进行标准差标准化处理，以消除由量纲差异、变量自身变异程度以及数值大小所带来的不利影响。以下是标准化后的农户感受得分的描述性统计。

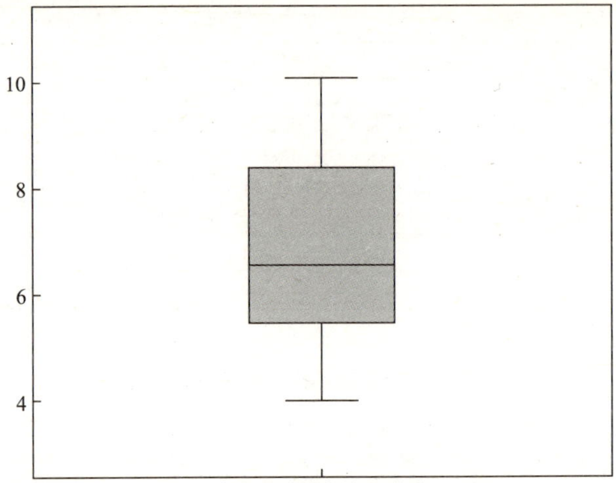

图 5－2－30　农户感受得分

表 5－2－24　农户感受得分的描述性统计

	“农户对政策实施的感受”变量
样本量	507
均值	0
中值	－0.192
众数	2.106
标准差	1
均值标准误	0.044
最小值	－1.748
最大值	2.277
全距	4.025
总和	0.002

2. 干部的 CFA 分析

首先对干部调查问卷进行系统整理，剔除数据缺失的问卷，共取得干部样本 123 个；将干部调查问卷中的不同问题整合成四个观察变量，包括：“信息公开”“资金发放规范性”“群众参与”和“监督检查”；根据干部答题实际情况，计算干部样本中上述四个观察变量的值；使用 AMOS 软件建立图 5－2－31 的测量模型（其中的 err1、err2、err3 和 err4 是误差变量），使用 GLS 法进行 CFA 分析，以检验四个观察变量与“干部对政策实施的感受”这一潜在变量的关系，进而估计潜在变量值。

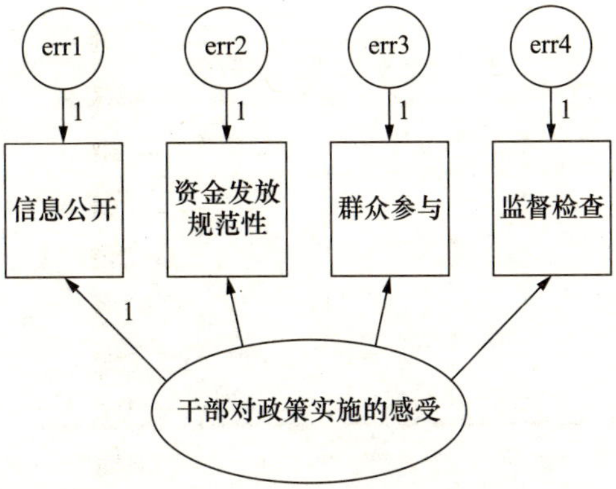

图5－2－31　干部CFA分析的测量模型

（1）适配度检验。

干部CFA分析结果如下：

表5－2－25　回归系数

回归关系	估计值	标准误	t检验值	相伴概率p
信息公开←干部对政策实施的感受	1.000	—	—	—
资金发放规范性←干部对政策实施的感受	0.465	0.091	5.131	<0.001
群众参与←干部对政策实施的感受	1.177	0.188	6.260	<0.001
监督检查←干部对政策实施的感受	1.284	0.211	6.099	<0.001

从表5－2－25中可以看出，除固定回归系数外，其余三个回归系数估计值都达到0.05的显著性水平，且系数标准误都很小。

表5－2－26　标准化回归系数

回归关系	估计值
信息公开←干部对政策实施的感受	0.733
资金发放规范性←干部对政策实施的感受	0.487
群众参与←干部对政策实施的感受	0.809
监督检查←干部对政策实施的感受	0.756

从表5-2-26中可以看出，潜在变量对“资金发放规范性”观察变量的标准化回归系数值小于0.50。尽管如此，这一系数值与0.50也十分接近。而其余的标准化回归系数值都介于0.50~0.95。

表5-2-27　方差

变量	估计值	标准误	t检验值	相伴概率p
干部对政策实施的感受	3.370	0.865	3.896	<0.001
err1	2.902	0.533	5.448	<0.001
err2	2.350	0.339	6.930	<0.001
err3	2.467	0.599	4.118	<0.001
err4	4.171	0.816	5.114	<0.001

表5-2-27中，潜在变量和误差变量的方差估计值均为正数且都达到0.05显著性水平，而且方差标准误也很小。

表5-2-28　信度系数

指标	个别项目信度	组合信度
信息公开	0.537	—
资金发放规范性	0.237	—
群众参与	0.654	—
监督检查	0.571	—
p_c	—	0.795

通过表5-2-28可以看到，对于个别项目信度，除“资金发放规范性”观察变量的信度系数较小外，其余观察变量的信度系数都较高。同时，潜在变量信度系数（组合信度）值也较大，说明四个观察变量间的内部一致性较佳。

表5-2-29　标准化残差协方差

	信息公开	资金发放规范性	群众参与	监督检查
信息公开	0.260	—	—	—
资金发放规范性	1.161	0.535	—	—
群众参与	-0.230	-0.680	0.101	—
监督检查	-0.370	-0.388	0.269	0.079

在表5－2－29中，标准化残差协方差矩阵各个元素的绝对值都小于2，说明残差之间不存在序列相关性。

通过表5－2－25～表5－2－29分析，可以评价干部CFA分析的基本适配度和内在结构适配度（模型内在质量），其中的评价项目列示了常用的判断标准：

表5－2－30 干部CFA分析的基本适配度检验结果

适配标准	检验结果数据	信息来源	模型适配判断
是否没有负的误差方差	均为正数	表5－2－26	是
标准化回归系数是否介于0.50至0.95	一个<0.50，值为0.487	表5－2－25	否（但非常接近适配标准）
所估计的参数是否没有很大的标准误	0.091～0.865	表5－2－24 表5－2－26	是

综合考虑表5－2－30检验结果，我们认为，干部CFA分析的基本适配度较好。

表5－2－31 干部CFA分析的内在结构适配度检验结果

适配标准	检验结果数据	信息来源	模型适配判断
所估计的参数均达到显著水平	t检验值介于3.896～6.930	表5－2－24 表5－2－26	是
个别项目信度>0.50	三个>0.50，一个<0.50	表5－2－27	否
组合信度>0.60	0.795	表5－2－27	是
标准化残差协方差的绝对值小于2	最大绝对值为1.161	表5－2－28	是

综合考虑表5－2－31检验结果认为，干部CFA分析的内在结构适配度较好，模型内在质量还算理想。

接着对干部CFA分析的整体模型适配度（模型外在质量）进行评价：

表5－2－32 干部CFA分析的整体模型适配度检验结果

统计检验量	适配标准	检验结果数据	模型适配判断
RMSEA值	<0.10	0.128	否（但非常接近适配标准）
GFI值	>0.90	0.975	是
AGFI值	>0.90	0.877	否（但非常接近适配标准）
IFI值	>0.90	0.910	是
CFI值	>0.90	0.901	是
自由度比值	不要>5	3.011	是

综合考虑表 5 - 2 - 32 检验结果，我们认为，干部 CFA 分析的整体模型适配度较好，模型外在质量还算理想。

经过对干部 CFA 分析的基本适配度、内在结构适配度和整体模型适配度进行检验可以发现，干部 CFA 分析的测量模型与搜集数据之间相互适配，理论模型与实际数据具有一致性，为下一步的分析工作奠定基础。

（2）潜在变量取值和数据预处理。

通过干部 CFA 分析得到表 5 - 2 - 33：

表 5 - 2 - 33　因素得分权重

	信息公开	资金发放规范性	群众参与	监督检查
干部对政策实施的感受	0.204	0.117	0.282	0.182

根据各个观察变量因素得分权重计算潜在变量取值。

在得到“干部对政策实施的感受”取值（以下简称干部感受得分）后，对干部感受得分数据中的异常值进行检查，如图 5 - 2 - 32 所示：

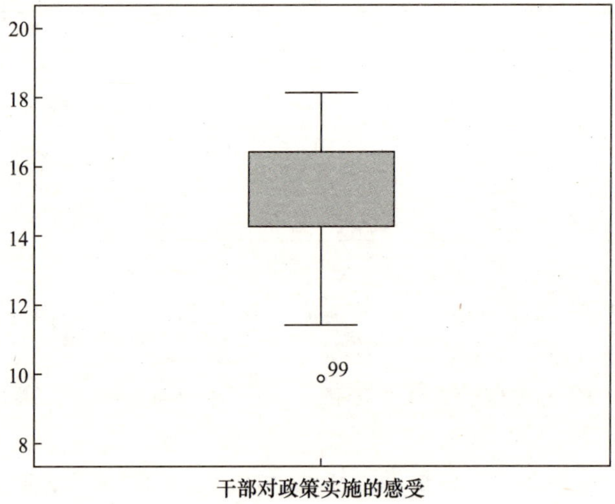

图 5 - 2 - 32　干部感受得分

通过上图可以看到，干部感受得分数据中第 99 个数据存在异常，在分析时予以剔除。

为了便于不同总体得分数据间进行比较，对干部感受得分数据进行标准差标准化处理，以消除由量纲差异、变量自身变异程度以及数值大小带来的不利影响。以下是标准化后干部感受得分的描述性统计：

表 5-2-34 干部感受得分的描述性统计

	"干部对政策实施的感受"变量
样本量	122
均值	0
中值	0.120
众数	0.766
标准差	1
均值标准误	0.091
最小值	-2.381
最大值	1.797
全距	4.178
总和	-0.001

3. 对比分析

（1）整体对比。

将所有区县看作一个整体，比较该整体中农户感受得分是否区别于干部感受得分。其中，农户被划分为散户和大户。采用的比较方法是独立样本 t 检验。独立样本 t 检验在对两独立总体均值是否有显著差异进行推断之前，先要确定两独立总体方差是否相等，再据此计算对应的 t 检验量。因此，以下列示的独立样本 t 检验结果是经过方差相等判断后的结果。

散户和干部的比较：

表 5-2-35 独立样本 t 检验结果——散户和干部

	散户	干部
样本量	461	122
均值	-0.078	0
标准差	0.991	1
t 检验值	-0.769	
相伴概率 p（双尾）	0.442	
均值差	-0.078	
差值标准误	0.101	

从表5－2－35可以看到，尽管散户感受的平均得分约低于干部感受的平均得分，但是由于相伴概率 $p>0.05$，检验结果支持原假设，即两者感受的平均得分没有显著差异。可以认为，就整体而言，散户对惠农政策实施情况的感受和干部是一致的。

大户和干部的比较：

表5－2－36　独立样本t检验结果——大户和干部

	大户	干部
样本量	46	122
均值	0.779	0
标准差	0.726	1
t检验值	5.553	
相伴概率p（双尾）	0	
均值差	0.779	
差值标准误	0.140	

从表5－2－36可以看到，大户感受的平均得分高于干部感受的平均得分，t检验的相伴概率 $p<0.05$，检验结果否定了原假设，认为两者感受的平均得分存在显著差异。这说明，惠农政策实施过程中，由于政策对大户的偏向性，以及补贴金额绝对数量较大等原因，使得大户能非常明显感受到惠农政策给自己带来的实实在在、看得见摸得着的实惠。而干部对政策实施情况的感受大部分来源于自身的所见所闻，由于干部面对的不仅是大户，还有散户，所以他们的感受是对来自大户和散户信息进行综合处理的结果，这可能造成干部的感受在程度上不会过于“激烈”，相反甚至会有点“温和”。于是就看到大户感受的平均得分显著高于干部。

由之前的分析已经指明，散户和干部对政策实施的感受基本一致。所以还可以取得一个结论，就是大户较之散户在惠农政策实施方面有更加乐观的态度。

（2）分区县对比。

整体对比的结果提供的是相对宏观的信息，如果具体到各个区县，两相对比所得到的结论是否与整体情况一致则还有待考察，我们分别对8个区县的农户感受得分和干部感受得分进行比较。在进行分区县对比时对农户不再划分为散户和大户。

表 5－2－37　各区县农户感受与干部感受平均得分差额

	A区	B县	C区	D县	E县	F县	G区	H县
农户—干部	0.624	0.953	－0.332	－0.090	－0.984	－0.321	－0.742	1.054

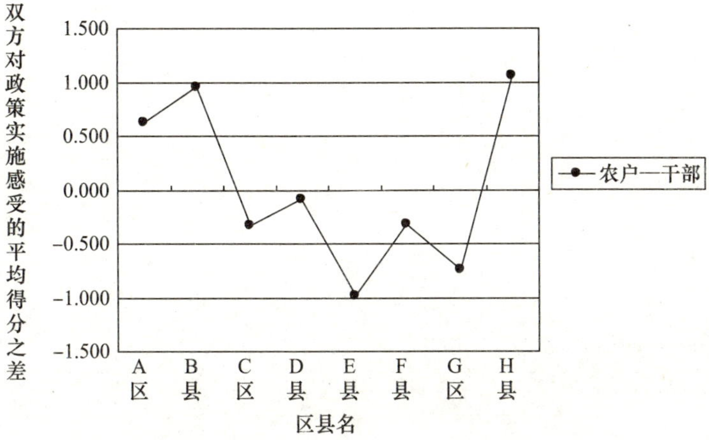

图 5－2－33　各区县农户感受与干部感受平均得分差额

从表 5－2－37 和图 5－2－33 中可以看出，对于农户感受和干部感受平均得分之差，A 区、B 县和 H 县平均分差较高，其中 H 县最高，为 1.054 分；B 县和 A 区次之，分别为 0.953 分和 0.624 分。相比前面 3 个区县，其余 5 个区县的平均分差都小于 0，其中最低的是 E 县，其平均分差为－0.984 分，平均分差按 G 区、F 县、C 区、D 县顺序逐渐升高。尽管如此，两者是否存在统计上的显著差异还需要通过相应检验才能了解。

A 区：

表 5－2－38　独立样本 t 检验结果——A 区

	农户	干部
样本量	63	19
均值	0.807	0.085
标准差	0.897	1.261
t 检验值	2.325	
相伴概率 p（双尾）	0.029	
均值差	0.722	
差值标准误	0.310	

从表 5－2－38 可以看出，t 检验的相伴概率 $p<0.05$，说明在 A 区，农户感受的平均得分与干部感受的平均得分存在显著差异。由于农户感受的平均得分为 0.807 分，大于干部感受平均得分 0.085 分，所以 A 区当地农户对惠农政策实施情况感受明显好于当地干部。

B 县：

表 5－2－39　独立样本 t 检验结果——B 县

	农户	干部
样本量	65	11
均值	－0.328	－1.373
标准差	0.787	0.753
t 检验值	4.093	
相伴概率 p（双尾）	0	
均值差	1.044	
差值标准误	0.255	

从表 5－2－39 可以看出，t 检验的相伴概率 $p<0.05$，说明在 B 县，农户感受的平均得分与干部感受的平均得分存在显著差异。由于农户感受平均得分为 －0.328，大于干部感受平均得分为 －1.373 分，所以 B 县当地农户对惠农政策实施情况的感受明显好于当地干部。

C 区：

表 5－2－40　独立样本 t 检验结果——C 区

	农户	干部
样本量	65	19
均值	－0.585	0.149
标准差	0.714	0.742
t 检验值	－3.908	
相伴概率 p（双尾）	0	
均值差	－0.734	
差值标准误	0.188	

从表 5－2－40 可以看出，t 检验的相伴概率 $p<0.05$，说明在 C 区，农户感受的平均得分与干部感受的平均得分存在显著差异。由于农户感受的平均得分为

-0.585 分，小于干部感受平均得分 0.149 分，所以 C 区当地农户对惠农政策实施情况的感受明显差于当地干部。

D 县：

表 5-2-41　独立样本 t 检验结果——D 县

	农户	干部
样本量	65	18
均值	-0.042	-0.085
标准差	0.941	0.869
t 检验值	0.172	
相伴概率 p（双尾）	0.863	
均值差	0.043	
差值标准误	0.247	

从表 5-2-41 可以看出，t 检验的相伴概率 $p>0.05$，说明在 D 县，农户感受的平均得分与干部感受的平均得分不存在显著差异，两者对惠农政策实施情况的感受是一致的。

E 县：

表 5-2-42　独立样本 t 检验结果——E 县

	农户	干部
样本量	62	14
均值	-0.413	0.638
标准差	0.852	0.925
t 检验值	-4.107	
相伴概率 p（双尾）	0	
均值差	-1.051	
差值标准误	0.256	

从表 5-2-42 可以看出，t 检验的相伴概率 $p<0.05$，说明在 E 县，农户感受的平均得分与干部感受的平均得分存在显著差异。由于农户感受的平均得分为 -0.413，小于干部感受的平均得分为 0.638，所以 E 县当地农户对惠农政策实施情况感受明显差于当地干部。

F县：

表5-2-43 独立样本t检验结果——F县

	农户	干部
样本量	60	13
均值	-0.240	0.148
标准差	0.788	0.715
t检验值	-1.633	
相伴概率p（双尾）	0.107	
均值差	-0.388	
差值标准误	0.237	

从表5-2-43可以看出，t检验的相伴概率 $p>0.05$，说明在F县，农户感受的平均得分与干部感受的平均得分不存在显著差异，两者对惠农政策实施情况感受是一致的。

G区：

表5-2-44 独立样本t检验结果——G区

	农户	干部
样本量	61	7
均值	-0.346	0.236
标准差	0.783	0.693
t检验值	-1.884	
相伴概率p（双尾）	0.064	
均值差	-0.583	
差值标准误	0.309	

从表5-2-44可以看出，t检验的相伴概率 $p>0.05$，说明在G区，农户感受的平均得分与干部感受的平均得分不存在显著差异，两者对惠农政策实施情况感受是一致的。

H 县：

表 5-2-45　独立样本 t 检验结果——H 县

	农户	干部
样本量	66	21
均值	1.098	-0.016
标准差	0.767	0.895
t 检验值	5.560	
相伴概率 p（双尾）	0	
均值差	1.113	
差值标准误	0.200	

从表 5-2-45 可以看出，t 检验的相伴概率 $p<0.05$，说明在 H 县，农户感受的平均得分与干部感受的平均得分存在显著差异。由于农户感受的平均得分为 1.098 分，大于干部感受的平均得分 -0.016 分，所以 H 县当地农户对惠农政策实施情况的感受明显好于当地干部。

H 县发生过《民主与法治》记者报道的侵害农户惠农直补资金的情况，产生这样的问题有体制上的原因，不会是个别现象。但是在调查中却得到农户对于惠农资金政策实施感受很好的结果，这让我们不禁怀疑，前来参与调查的农户可能事先经过挑选并且不允许反映真实情况。调查中农户比较注意干部在场时少说话，回答问题和填写问卷挑选好的说。在这种情况下我们对于 H 县的问卷结果存疑。

表 5-2-46　各区县检验结果

	平均得分差额	差异是否显著	结论
A 区	0.624	是	农户好于干部
B 县	0.953	是	农户好于干部
C 区	-0.332	否	感受一致
D 县	-0.090	否	感受一致
E 县	-0.984	是	农户差于干部
F 县	-0.321	否	感受一致
G 区	-0.742	是	农户差于干部
H 县	1.054	是	农户好于干部

从表 5－2－46 可以看出，在 8 个区县中，农户对惠农直补政策实施情况的感受明显好于干部的有：A 区、B 县、H 县；农户对惠农直补政策实施情况的感受与当地干部一致的有：C 区、D 县、F 县；农户对惠农直补政策实施情况感受明显差于当地干部的有：E 县、G 区。对于 H 县的情况，我们存疑。

（六）直补资金申报和发放风险点梳理

通过分析惠农直补资金从申报到资金划拨全过程环节很多，链条很长，在多个节点都存在风险。现将这些风险点一一列出，寻找风险点和控制措施。

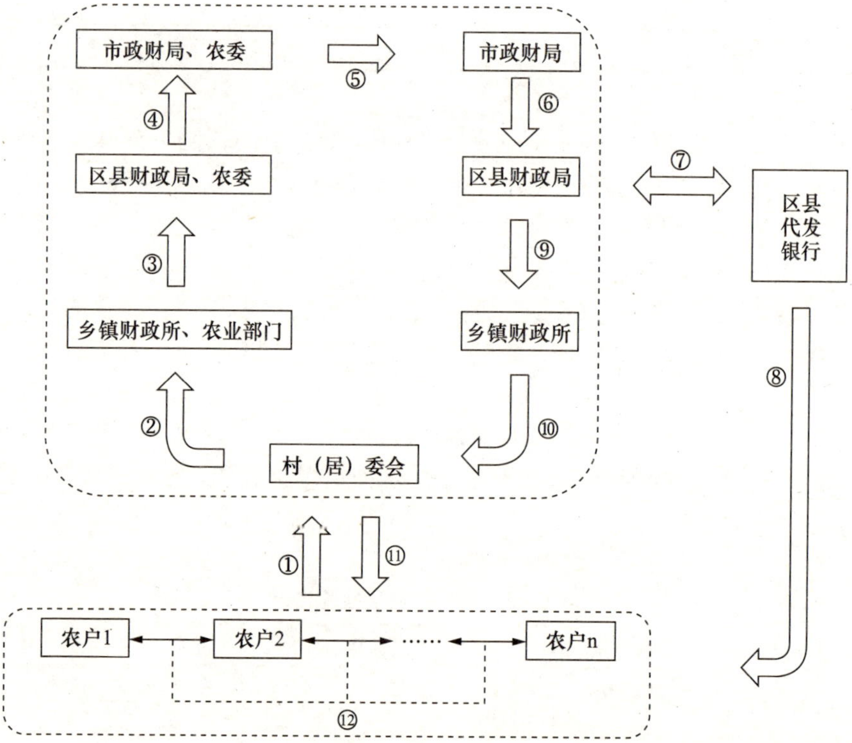

图 5－2－34　直补资金从申报到发放各个环节

由图 5－2－14 可见，支农直补资金从申报到发放要经过大约 12 个环节，每一个环节都对资金监控有一定影响。表 5－2－47 梳理了这些环节，找出了可能影响资金安全的风险点。

表 5-2-47 直补资金各个操作环节中的风险点

流程	风险点内容
①由村（居）委会按补贴对象逐户登记《分户申报表》，登记内容包括：补贴对象姓名、家庭人数、通讯地址、电话号码、储蓄存折（卡）开户机构名称和账号、申报批次、补贴面积、补贴金额等，申报表交补贴对象签字认可	R1a：对补贴对象的漏登和对补贴面积或金额计算错误，产生“漏登错登风险”；R1b：实践中大多根据“上一年的补贴面积”直接转抄当年的普遍做法可能存在“错误延续风险”；R1c：由于村一级干部人手不够或者干部工作懈怠、不尽职导致的“操作风险”；R1d：可能存在村干部将小户申报成大户、村干部或其亲友多报等“村干部舞弊风险”；R1e：按土地证上的面积还是按上交农业税的面积计算补贴金额，统计口径有争议的“口径争议风险”
②村（居）委会按财政资金直补办法进行公示（公示内容为补贴项目和每一个补贴对象的姓名、补贴面积和补贴金额，公示时间不得少于7天），公示无异议后报乡镇农业部门	R2a：一是村（居）委会未执行公开公示，通知群众了解补贴相关信息，公布举报电话并接受群众监督；二是村（居）委会并未公示满7天就上报审核；三是公示后有异议的，未认真调查核实种粮农户补贴面积、补贴标准、补贴金额等情况就上报审核。将这三种风险统称为“公示失效风险”。R2b：由于乡镇一级干部人手不够或者干部工作懈怠、不尽职导致的“操作风险”
③乡镇农业部门将村（居）委会公示无异议后的《分户申报表》进行审核，审核通过后送乡镇财政所。乡镇财政所核实后，按财政资金直补办法进行公示（公示内容和时间要求同上）无异议后录入计算机，生成《申报汇总表》。乡镇财政所负责将《分户申报表》数据库和《申报汇总表》（纸质）上报区县财政局	R3a：乡镇农业部门与乡镇财政所属于同级政府部门，在数据配合核实过程中可能出现部门间监督失效的“部门监督风险”；R3b：未严格按照规定进行公开公示并接受群众监督的“公示失效风险”；R3c：计算机录入汇总信息时的主观和非主观原因产生的“错录风险”；R3d：由于区县一级干部人手不够或者干部工作懈怠、不尽职导致的“操作风险”
④区县财政局在区县农委配合下，对上述《分户申报表》数据库和《申报汇总表》（纸质）进行审核，审核通过后，按财政资金直补办法进行公示（公示内容和时间要求同上）。公示无异议后，将《分户申报表》数据库和《申报汇总表》（纸质）上报市财政局①	R4a：区县农委与区县财政局属于同级政府部门，在数据配合核失的过程中可能出现部门间监督失效的“部门监督风险”；R4b：未严格按照规定进行公开公示并接受群众监督的“公示失效风险”；R4c：由于市一级干部人手不够或者干部工作懈怠、不尽职导致的“操作风险”

① 参见重庆市财政局．重庆市财政局关于种粮综合直补工作程序的通知．2006年6月．

续表

流程	风险点内容
⑤市财政局在市农委配合下，对上述《分户申报表》数据库和《申报汇总表》（纸质）进行审核，审核通过后，按财政资金直补办法进行公示（公示内容和时间要求同上）	R5a：市农委与市财政局属于同级政府部门，在数据配合核失的过程中可能出现部门间监督失效的“部门监督风险”；R5b：未严格按照规定进行公开公示并接受群众监督的“公示失效风险”
⑥待公示期满且无异议后，市财政局将资金拨入区县财政局	R6：市财政局由于各种原因导致资金拨付不及时，出现“拨款滞后风险”
⑦区县财政局将《分户申报表》数据库转换成《直补资金兑付清单》光盘（Excel 电子表格）送区县代发银行，并将兑付资金转到代发银行。区县代发银行逐一审核《直补资金兑付清单》光盘（Excel 电子表格）中的补贴对象姓名、存折（卡）开户机构名称和账号，确保每一补贴对象的姓名、存折（卡）开户机构名称和账号与代理兑付银行储户档案记录相一致，然后将审核结果反馈区县财政局	R7：因银行索要业务费或者银行人力有限等原因导致核对和反馈信息工作不及时的“银行反馈不及时风险”
⑧区县代发银行将区县财政局拨付资金及时存入能够兑付的补贴对象存折（卡）账户，并在两个工作日内通知区县财政局	R8a：一是资金发放过程中发生基层干部手中把卡违法冒领，或者他人冒领的“冒领风险”；R8b：资金发放后，基层干部有截留、挪用、扣款违法行为，称为“干部截留、挪用、扣款风险”；R8c：因银行索要业务费或者银行人力有限等原因导致核对和反馈信息工作不及时“兑付不及时风险”
⑨区县财政局对符合兑付要求部分批复乡镇财政所，而对不能够兑付部分，要求乡镇财政所及时处理并上报	R9：对于农户信息核对不一致，乡镇相关部门未尽职调查原因并反馈，导致未兑付资金处理不及时的“未兑付资金处理风险”
⑩乡镇财政所负责告知村（居）委会到账信息	R10：村（居）委会不能及时知晓补贴款到账信息的“信息滞后风险”
⑪村（居）委会负责告知补贴对象到账信息	R11a：农户不能及时知晓补贴款到账信息的“信息滞后风险”；R11b：农户到指定兑付银行取现不方便“取款难风险”
⑫农户间相互监督	R12：农户间由于补贴信息未公开透明化，出现“信息不透明风险”

从以上分析可见，直补资金申报到领取过程中，共有 12 个环节 26 处潜在风险点。设计对策时，需要结合这些风险点有针对性地采取措施，覆盖可能发生的所有风险点。事实上，以上风险点多数都与信息不透明或信息沟通不畅有关，在对策中需要更加注意信息的公开透明，利用网络和现代信息技术手段，让各个方面都能获得充分信息，回避可能的风险。

三、西部地区农业上市公司政府支农投入综合绩效的实证分析

政府支农专项资金受益对象除农户之外，涉农企业也是一个重要方面。涉农企业包括生产经营农、林、牧、副、渔产品企业，也包括为农业生产服务的育种、农资、饲料、仓储、农产品加工等企业。国家给涉农企业多少财政补贴，很难统计，但是农业上市公司信息是公开的，通过收集农业上市公司公开数据可以了解和分析政府支农资金补贴投入绩效。

农业上市公司是农业产业化规模化经营龙头，对于农户增收和农业结构调整都有重大作用。国家对于农业上市公司的财政支持与财政支农目标是一致的。国家对于农业上市公司在税收、直补、信贷及用地等方面给予巨大支持，其中财政项目补贴力度最大。农业龙头企业受到国家的各种补贴扶持，其投入与产出的效果怎样？是否真正发挥了龙头企业的效果？关于这个问题，国内有一些学者做过实证分析，如林万龙、张莉琴（2004），邹彩芬、许家林、王雅鹏（2006），冷建飞、王凯（2007），彭熠、胡剑锋（2009）等，他们分析的结果基本都是否定的，认为国家财政补贴和税收优惠等政策对于农业上市公司绩效增长没有长期作用或者是负效应。我们认为，他们分析的对象主要集中于农业上市公司财务指标，很少有学者从综合绩效角度对农业上市公司评价。农业上市公司不单追求利润最大化，还要在环境保护、社会责任等方面都有良好表现。考察农业上市公司绩效，应该是经济绩效、环境绩效、综合绩效三个方面都有良好表现的三重盈余绩效（温素彬和薛恒新，2005）。其中综合绩效是从企业承担的对社会不同利益相关者责任出发，用企业承担的社会责任量化企业的综合绩效，其中包括承担对股东责任的绩效，承担对员工责任绩效，承担对债权人责任的绩效，承担对政府责任的绩效，承担对供应商责任的绩效，承担对消费者责任的绩效，承担社会公众责任的绩效以及承担对环境责任的绩效。本部分着重分析政府支农专项资金对西部农业上市公司综合绩效的影响。为了便于比较，也收集了东、中部农业上市

公司数据。

（一）样本概况

表 5-3-1　农业上市公司区域分布

区域	样本数	区域国土面积占比
东部	31	13.5%
中部	16	29.6%
西部	13	56.9%
合计	60	100%

根据证监会对于上市公司行业分类，我们共收集60家农业上市公司数据，其中东部31家，中部16家，西部13家。我国西部在国土面积上最为辽阔，超过中、东部之和，但农业上市公司数量却排最后一位，说明西部地区农业还处于落后局面。根据数据的连续性和可获得性，最后选定53家上市公司2010~2013年的数据（包括212个观测值）进行实证分析，数据来自国泰安CSMAR数据库。

表 5-3-2　财政补贴总额及不同财政投入方式补贴额描述性统计

投入方式	年份	指标	东部（N28）	中部（N14）	西部（N11）
补贴总额 BTZE	2010	均值（元）	15450129	22343963	13018395
		标准偏差率	1.5542	1.1237	0.7755
	2011	均值（元）	23571159	20457012	20010618
		标准偏差率	1.8182	0.9633	1.0759
	2012	均值（元）	31395392	21884410	18630649
		标准偏差率	1.6287	1.0175	0.9771
	2013	均值（元）	30713875	23997046	23848548
		标准偏差率	1.3694	0.7450	1.0397
财政贴息 CZTX	2010	均值（元）	621509	1545899	1991296
		标准偏差率	2.5163	2.1796	1.3045
	2011	均值（元）	496197	408571	3627061
		标准偏差率	2.9928	1.7016	1.5692
	2012	均值（元）	695933	809877	4500575
		标准偏差率	2.4129	1.6377	1.6486
	2013	均值（元）	850557	2717670	1946995
		标准偏差率	1.5261	2.5394	1.7610

续表

投入方式	年份	指标	东部（N28）	中部（N14）	西部（N11）
税收返还 SSFH	2010	均值（元）	1084609	4728871	1385843
		标准偏差率	3.4869	3.5587	2.0257
	2011	均值（元）	421757	4374158	734541
		标准偏差率	2.7532	2.9832	2.9429
	2012	均值（元）	4360503	2745069	602458
		标准偏差率	4.0525	3.4194	1.7291
	2013	均值（元）	4800490	2863724	349698
		标准偏差率	3.1483	3.6460	1.8940
项目补贴 XMBT	2010	均值（元）	13744011	16069193	9641256
		标准偏差率	1.7483	1.3405	0.8717
	2011	均值（元）	22653205	15674282	15649016
		标准偏差率	1.8611	0.9465	1.0202
	2012	均值（元）	26338956	18329463	13527616
		标准偏差率	1.8814	1.1324	1.0175
	2013	均值（元）	25062828	18415651	21551855
		标准偏差率	1.6385	0.7601	1.0396

政府对于农业上市公司的财政补贴主要有三种形式：财政贴息、税收返还和项目补贴。农业上市公司接受政府支农资金的数额按三种投入方式分别进行统计。政府对农业上市公司的最大投入是项目补贴，财政贴息和税收返还次之。财政补贴数额基本是逐年增加，而财政贴息投入金额起伏不定，税收返还则呈下降趋势。

（二）综合绩效评价模型的构建

综合绩效评价是对企业履行社会责任能力和效果的分析评价。将反映企业社会责任的评价指标包括股东、员工、债权人、政府、消费者、供应商、社会大众和环境8个维度，如表5－3－3所示。

（1）与股东相关指标。我们筛选每股收益及净资产收益率，这两个指标都是正向指标，指标数越大表示与该指标相关的利益相关者利益越有保障。

（2）与员工相关的指标。筛选人均工资，人均工资反映了员工获得收入的水平，指标越大说明员工的利益越有保障。

表5-3-3 综合绩效评价的维度及指标说明

利益相关者	衡量指标	指标类型	指标性质
股东	每股收益	财务指标	正向指标
	净资产收益率	财务指标	正向指标
员工	人均工资	非财务指标	正向指标
债权人	流动比率	财务指标	适度指标
	速动比率	财务指标	适度指标
	资产负债率	财务指标	适度指标
	利息保障倍数	财务指标	正向指标
政府	税收贡献	财务指标	正向指标
供应商	应付账款周转率	财务指标	正向指标
消费者	销售增长率	财务指标	正向指标
	ISO9000	非财务指标	定性指标
社会大众	职工人数	非财务指标	正向指标
	社会捐赠	财务指标	正向指标
	研发费用	财务指标	正向指标
	“三农”带动	非财务指标	定性指标
环境	ISO14000	非财务指标	定性指标

（3）与债权人相关的指标。筛选流动比率、速动比率、资产负债率及利息保障倍数作为衡量指标，这几个指标都反映企业的偿债能力。从债权人角度而言，这几个指标越大债权人利益就越有保障，但是如果这几个指标过高会造成企业的财务结构不合理，因此流动比率、速动比率及资产负债率属于适度指标，利息保障倍数属于正向指标。

（4）与供应商相关的指标。筛选应付账款周转率，该指标反映对供应商付款速度，该指标越高供应商利益就越有保障，属于正向指标。

（5）与政府相关的指标。筛选的是税收贡献，税收是政府财政收入的主要来源，是地区公共性事业的重要资助，企业向政府交纳的利税率，可以用来衡量企业对当地社会发展贡献，属于正向指标。

（6）与消费者相关的指标。筛选营业收入增长率和是否通过ISO9000质量认证体系，营业收入增长率可以反映消费者对企业产品认可度，属于正向指标。ISO900质量认证体系，为了避免因产品质量问题而巨额赔款，公司需要建立质量保证体系提高信誉和市场竞争力，而ISO9000系列认证是国际认证，代表企业产品质量优良，属于定性指标。

（7）与社会大众相关的指标。该指标包括：①职工人数。主要衡量农业上市公司对社会就业的贡献，农业上市公司应该根据生产经营和发展需要，尽可能为社会提供就业岗位，使自身发展壮大与社会稳定进步结合起来，为构建和谐社会力尽所能，属于正向指标。②社会捐赠。企业通过对外捐赠回报社会，对塑造友善的社会风尚，培育良好的社会道德，推动社会主义精神文明建设具有积极意义。社会捐赠率即企业捐赠占净利润的比重，该指标越大，说明企业社会责任履行情况越好，属于正向指标。③研发费用，主要用于专利、新产品和新技术研发。主要衡量农业上市公司开发新产品，应用新技术和申请专利的能力。农业上司公司创新能力的推升，不仅能增强其核心竞争力，而且通过对农产品升级，推动农业科技进步，促进农业又好又快发展，属于正向指标。④农业上市公司的“三农”带动指标，这一项是考察农业上市公司的特有指标，集中反映农业上市公司支农、哺农及带农的义务和贡献。选定农户带动指标标示农户带动数，政府重点扶持农业上市公司出发点和落脚点是通过建立可靠、稳定的利益联结机制带动农户和促进农民增收，建立可靠、稳定的利益联结机制，带动农户和促进农民增收也是农业上市公司的一个特性。由于农户具体带动数量无法确定，因此该指标定义为定性指标。

（8）与环境相关指标。与环境相关的指标用是否通过 ISO14000 系列认证。ISO14000 系列融合了世界许多发达国家环境管理方面的经验，是一种完整的、操作性很强的体系标准，包括为制定、实施、实现、评审和保持环境方针所需的组织结构、策划活动、职责、惯例、程序和资源。目的是规范企业和社会团体等所有组织的环境行为，以达到节省资源、减少环境污染、改善环境质量、促进经济持续、健康发展，属于定性指标。

大多数情况下，评价体系中各指标构成一个复杂的评价系统，每个指标反映了企业某一方面的能力。使用多个指标在一定程度上克服单项指标的局限性，提高评价的全面性和科学性。但是指标之间往往存在一定的相关性，有些指标评价结果有时甚至是矛盾的，对各企业的比较应从企业整体分析，这就需要用一种方法，综合企业各个指标的信息，得出综合评价的排序，这种方法称为综合评价方法。综合指标评价方法主要有以下几种：主成分分析法、因子分析法、模糊综合评价方法、层次分析法、数据包络分析 DEA 法、神经网络法、功效系数法、灰色系统理论、综合指数法。本项研究采用因子分析法进行分析。采用不依赖于专家判断，客观性较强，还可以从根本上去除指标间相关关系的影响。

本研究选取数据是样本公司 2010 ~ 2013 年四年的数据，选取综合绩效评价指标体系时包括股东、员工、债权人、消费者、政府、供应商、社会大众及环境 8 个维度的指标，并且在各维度下又包括 16 项明细指标。明细指标中包括定量指标和定性指标两类，定量指标中又包括绝对指标和相对指标，定量指标还可以分为正向指标，逆向指标及适度指标。为了防止不同类型指标分析时的差异，有必要对各项指标进行数据预处理。其中定性指标可以保持原始数据的模式，定量指标涉及的只有正向指标和适度指标，因此对于定量指标需要进行预处理后方可使用。

对定性指标采用赋值法，先将定性指标分成2档次，依次记为0和1，在评价指标体系中有3个定性指标，分别包括："三农"带动，ISO9000质量认证，ISO14000环境认证。关于"三农"带动，《农业产业化国家重点龙头企业认定和运行监测管理暂行办法》（农经发〔2010〕11号）明确规定龙头企业农户带动水平要达到：东部地区4000户以上，中部地区3500户以上，西部地区1500户以上，达到该水平的农业上市公司三农带动指标则记为1，否则记为0；关于ISO9000质量认证，通过ISO9000质量认证体系的农业上市公司该指标记为1，否则记为0。

由于定量指标有的是绝对值指标和相对值指标，各指标对于评价体系的作用都不一样，而且各指标之间没有可比性。因此，要对这些指标进行无量纲化处理。并且不同指标无量纲化处理也不同，所涉及的数据需要无量纲化处理的只有正向指标及适度指标。我们使用SPSS统计软件对样本数据进行因子分析，而SPSS在因子分析过程中会自动对样本数据进行标准化处理。通过无量纲化处理后所有指标的取值就转化成正指标，并且落在［0，1］。

（三）因子分析法运用

对原始数据预处理后进行因子分析，因子分析的具体结果如表5－3－4所示：

表5－3－4　KMO和Bartlett的球度检验

取样足够度的 Kaiser－Meyer－Olkin 度量		0.591
Bartlett 的球度检验	近似卡方	1023.837
	Df	120
	Sig.	0.000

表5－3－4的检验结果显示KMO值为0.591，当KMO取值小于0.5时，不适合因子分析。Bartlett球度检验给出的相伴概率为0，小于显著性水平0.05，因此样本数据适合于因子分析。

表 5-3-5 公因子方差

	初始	提取
每股收益	1.000	0.7924
净资产收益率	1.000	0.8132
应付账款周转率	1.000	0.7518
营业收入增长率	1.000	0.7441
流动比率	1.000	0.9221
速动比率	1.000	0.9199
资产负债率	1.000	0.6825
人均工资	1.000	0.6281
职工人数	1.000	0.6945
"三农"带动	1.000	0.6062
ISO9000	1.000	0.7159
ISO14000	1.000	0.6502
利息保障倍数	1.000	0.5186
税收贡献	1.000	0.6789
社会捐赠	1.000	0.6435
研发支出	1.000	0.7924

表 5-3-5 给出了 16 个原始变量的变量共同度。从运算结果来看大部分变量共同度都在 60% 以上，说明提取的因子已经包含了原始变量的大部分信息，运用因子分析法提取的效果比较理想。

表 5-3-6 解释的总方差

成分	初始特征值			提取平方和载入			旋转平方和载入		
	合计	方差的%	累积%	合计	方差的%	累积%	合计	方差的%	累积%
1	2.99	18.70	18.70	2.99	18.70	18.70	2.57	16.08	16.08
2	2.21	13.79	32.49	2.21	13.79	32.49	1.84	11.53	27.61
3	1.59	9.92	42.41	1.59	9.92	42.41	1.54	9.64	37.25
4	1.35	8.43	50.84	1.35	8.43	50.84	1.46	9.10	46.35
5	1.17	7.28	58.12	1.17	7.28	58.12	1.39	8.67	55.03
6	1.05	6.59	64.71	1.05	6.59	64.71	1.28	8.02	63.05
7	1.02	6.35	71.06	1.02	6.35	71.06	1.28	8.02	71.06

表5－3－6给出了因子分析各个阶段的特征根与方差贡献表。其中，初始特征值栏给出初始的样本相关系数矩阵或协差阵特征根，用于确定哪些因子应该被提取，表5－3－6结果显示，有7个因子对应的特征根大于1，因此应该提取7个公因子。前6个因子已经可以解释原始变量71.06%的方差，包含了大部分信息。经过旋转，7个因子的累积方差贡献率并没有改变，依然是71.06%。

通过以上分析认为，运用因子分析法对农业上市公司综合绩效的打分是合理的。并运用SPSS软件得出7个因子的具体得分。再根据各个因子方差贡献率计算出各个公司最后得分，其计算公式如下：

$$ZHDF = 0.1870FAC_1 + 0.1379FAC_2 + 0.0992FAC_3 + 0.0843FAC_4 + 0.0728FAC_5 + 0.0659FAC_6 + 0.0635FAC_7$$

通过上述因子分析重分类后计算出各上市公司各年度综合绩效及综合绩效的各项成分指标，具体数据参见附录3。

（四）研究假设

政府对农业上市公司投入财政资金，其目的不仅是利润最大化，还希望农业上市公司能够承担更多社会责任。企业承担的社会责任包括对股东的责任，对债权人的责任，对供应商的责任，对消费者的责任，对政府以及对社会公众等不同利益相关者责任。为了衡量政府对农业上市公司资源投入效率，我们使用综合绩效来衡量。综合绩效除了包括经济绩效还包括承担的对社会大众的效率。同时，财政补贴投入方式可被区分财政贴息，税收返还及税收优惠，为了研究不同财政投入方式对农业上市公司综合绩效的影响，提出了以下假设：

假设1：财政补贴对提高农业上市公司综合绩效有积极、显著的作用；

假设2：财政贴息对提高农业上市公司综合绩效有积极、显著的作用；

假设3：税收返还对提高农业上市公司综合绩效有积极、显著的作用；

假设4：项目补贴对提高农业上市公司综合绩效有积极、显著的作用。

（五）模型设计及变量定义

1. 变量设计

（1）被解释变量。

本节围绕农业上市公司绩效设计了1个指标作为被解释变量，企业综合绩效为ZHDF。综合绩效是衡量企业综合得分的指标，其是运用因子分析法，通过承担的对不同利益相关者的责任指标综合计算得出。

（2）解释变量。

我们的模型主要是解释财政补贴与综合绩效的关系，而财政补贴作为解释变量。财政补贴具体包括财政贴息、税收返还和项目补贴，因此共设计了四个解释变量：财政补贴总额—BTZE、财政贴息—CZTX、税收返还—SSFH、项目补贴—XMBT。

（3）其他控制变量。

在实际研究中，影响农业上市公司综合绩效因素非常多，不仅仅受财政补贴的影响。因此在模型设计当中需要加入一些控制变量，通常在研究企业经济效益模型中会把公司规模作为控制变量和企业年龄。参照以前学者通用的做法，我们选取企业营业收入指标的自然对数作为衡量企业规模指标。模型中用“SIZE”表示企业规模；企业年龄用对应数据年份减去企业第一次注册时间，在模型中用“AGE”表示企业年龄。

2. 模型构建

为检验原假设，本节构建以下回归模型。

模型1：$ZHDF_t = \alpha + \beta_1 BTZE_{t-1} + \beta_2 BTZE + \beta_3 SIZE + \beta_4 AGE + \varepsilon$

模型2：$ZHDF_t = \alpha + \beta_1 CZTX_{t-1} + \beta_2 CZTX + \beta_3 SSFH_{t-1} + \beta_4 SSFH + \beta_5 XMBT_{t-1} + \beta_6 XMBT + \beta_7 SIZE + \beta_8 AGE + \varepsilon$

在模型1和模型2中，$ZHDF_t$ 表示公司综合绩效得分变量；$BTZE_{t-1}$表示样本公司上一期所获得的财政补贴总额，而 $BTZE_t$ 表示样本公司当期所获得的财政补贴总额；$CZTX_{t-1}$和 $CZTX_t$ 分别表示样本公司上一期和本期所获得的财政贴息金额；$SSFH_{t-1}$和 $SSFH_t$ 分别表示样本公司上期和本期所得的税收返还金额；$XMBT_{t-1}$和 $XMBT_t$ 分别表示样本公司上期和本期所得的项目补贴金额；SIZE 是表示企业规模的控制变量，用企业营业收入的自然对数表示公司规模；AGE 是表示企业存续时间的控制变量，用企业年龄对应数据年份减去企业第一次注册时间表示。

（六）实证结果及分析

1. 各区域农业上市公司综合绩效得分

从不同维度获取有关评价农业上市公司绩效指标，并运用因子分析法对农业上市公司绩效进行综合打分，得出有关综合绩效的综合得分，其具体统计结果如表5-3-7所示：

从综合绩效得分均值看，2010年，东部地区综合绩效得分均值为0.1765，中部地区为0.2271，西部地区为0.0939；2011年，东部地区综合绩效得分的均值为0.2803，中部地区为0.1006，西部地区为0.1430；2012年，东部地区综合绩效得分的均值为0.1982，中部地区为0.1024，西部地区为0.2331；2013年，东部地区综合绩效得分均值为0.2763，中部地区为0.0939，西部地区为0.2050。

从综合绩效得分均值角度看，除 2010 年中部地区总绩效得分较高外，2011 ~ 2013 年中部地区综合绩效得分都是最低的。从标准偏差率看，东部地区农业上市公司综合绩效得分维持在一个比较低的水平上，且比较稳定；中部地区及西部地区农业上市公司综合绩效得分的标准偏差率维持在较高水平，且波动较为明显。由此说明，就企业综合绩效而言，东部地区较中部和西部地区表现较为稳定。

表 5 -3 -7　2010 ~ 2013 年各区域农业上市公司综合绩效得分

指标	统计量	综合绩效 - ZHDF			
		2010 年	2011 年	2012 年	2013 年
东部（28）	最小值	-0. 3876	-0. 2731	-0. 2236	-0. 4289
	最大值	0. 5088	0. 9128	0. 9511	1. 1503
	均值	0. 1765	0. 2803	0. 1982	0. 2763
	标准偏差率	1. 2283	1. 2059	1. 3925	1. 3232
中部（14）	最小值	-0. 2949	-0. 2648	-0. 2633	-0. 2996
	最大值	0. 8973	0. 2624	0. 1103	0. 0139
	均值	0. 2271	0. 1006	0. 1024	0. 0939
	标准偏差率	1. 4223	1. 3956	1. 1865	1. 1555
西部（11）	最小值	-0. 2996	-0. 2570	-0. 6390	-0. 5622
	最大值	0. 0139	0. 1737	0. 6298	0. 7413
	均值	0. 0939	0. 1430	0. 2331	0. 2050
	标准偏差率	1. 1555	1. 142	1. 4715	1. 5922

2. 回归分析

为了解释前面提出的四个假设，我们建立了两个模型，并运用整理的数据结合模型 1 和模型 2 通过对面板数据做回归分析解释提出 4 个假设。进行回归分析时，主要分为两个模块进行分析：首先是运用模型 1 验证假设 1，即验证财政补贴总额与农业上市公司综合绩效的相关关系；其次运用模型 2 解释提出的假设 2、假设 3 和假设 4，即验证不同政府补贴方式对农业上市公司综合绩效的影响。做回归分析时，只对样本公司的 53 家企业总体做回归分析，并没有将样本公司分区域做回归分析，原因在于分区域以后各区域样本量不足 30 家，不适合做回归分析。因此最终以农业上市公司 53 个样本总体做回归分析。

为了验证假设 1，通过面板数据做回归分析解释财政补贴总额与农业上市公司综合绩效的相关关系。建立如下模型：

模型 1：$ZHDF_t = \alpha + \beta_1 BTZE_{t-1} + \beta_2 BTZE + + \beta_3 SIZE + \beta_4 AGE + \varepsilon$

首先，对模型 1 进行检验，以便确定运用何种模型进行回归，检验步骤如下：

$$F = \frac{(S\_ 混 - S\_ 个固)/(N-1)}{S\_ 个固/(NT-N-K)}$$

$$F = \frac{(13.1101 - 3.5522)/52}{3.5522/99}$$

$$F = 5.1227 > F_{0.05}(55, 99)$$

因此，拒绝混合面板原假设，接受个体固定效应模型。

其次，通过 Hausman 检验表明，Chi－Sq 统计量＝0.00，P 值＝1.00，接受个体随机效应模型原假设，因此，个体随机效应模型为最佳模型。由于 T＝3 年很短，无须考虑时点效应问题

通过模型 1 运用个体随机效应模型对样本数据 2010～2013 年面板数据进行回归，其回归结果如表 5－3－8 所示。

表 5－3－8　模型 1　2010～2013 年面板数据回归结果

指标	ZHDF－Coefficient	ZHDF－Prob
C	－0.1771	0.9044
BTZE	1.80E－09***	0.0007
$BTZE_{t-1}$	1.56E－09***	0.0039
AGE	－0.0303***	0.0027
SIZE	0.0234	0.7211
Adjusted R－squared	0.6235	
Prob（F－statistic）	0.0000	

注：***代表在 1% 水平下显著，**代表在 5% 水平下显著，*代表在 10% 水平下显著。

从表 5－3－8 回归结果可以看出，方程是非常显著的，且 Adjusted α 值为 0.6235，由此说明运用模型 1 做线性回归方程拟合是合适的，且模型解释能力足够强。

就各指标系数而言，BTZE（本期财政补贴总额）与 ZHDF（综合绩效）正相关，且通过 1% 的显著性检验；$BTZE_{t-1}$（上年度政补贴总额）与 ZHDF（综合绩效）正相关，且通过 1% 的显著性检验。由回归结果及系数显著性可以看出，本期财政补贴总额对本期及下一期农业上市公司综合绩效都有显著作用，即财政补贴对提高农业上市公司综合绩效有显著的积极作用。控制变量 AGE（企业年龄）与 ZHDF（综合绩效）呈负相关，并且通过 1% 的显著性检验，由于上市公司一般已经经过初创期，所以后期随着企业年龄增长，企业各方面增长性都不高，因此对提高企业综合绩效是负作用。SIZE（企业规模）与 ZHDF（综合绩

效）正相关，但不显著，即企业规模基本不影响农业上市公司综合绩效。

总之，表5－3－8的回归结果表明，财政补贴总额与企业农业上市公司综合绩效有显著正相关性，即财政补贴总额对提高农业上市公司综合绩效有显著的积极作用。原假设1通过验证，政府的财政补贴政策总体而言达到了预期效果。

为了检验假设2、假设3和假设4，建立了模型2来解释财政贴息、税收返还和项目补贴与农业上市公司综合绩效相关关系，模型如下：

模型2：$ZHDF_t = \alpha + \beta_1 CZTX_{t-1} + \beta_2 CZTX + \beta_3 SSFH_{t-1} + \beta_4 SSFH + \beta_5 XMBT_{t-1} + \beta_6 XMBT + \beta_7 SIZE + \beta_8 AGE + \varepsilon$

首先，对模型2进行检验，以便确定运用何种模型进行回归，检验步骤如下：

$$F = \frac{(S\_混 - S\_个固)/(N-1)}{S\_个固/(NT-N-K)}$$

$$F = \frac{(13.626 - 3.485)/52}{3.485/97}$$

$F = 4.8969 > F_{0.05}(52, 97)$

因此，拒绝混合面板原假设，接受个体固定效应模型。

其次，通过Hausman检验标明，Chi－Sq统计量＝0.00，P值＝1.00，接受个体随机效应模型原假设，因此，个体随机效应模型为最佳模型。同样，由于T＝3年，时间很短，无须考虑时点效应问题

通过模型的以上检验，运用个体随机效应模型对2010～2013年样本数据做面板回归分析，回归具体结果如表5－3－9所示。

表5－3－9　模型2面板数据回归结果

指标	ZHDF－Coefficient	ZHDF－Prob
C	－0.5345	0.6758
CZTX	3.06E－09	0.3095
$CZTX_{t-1}$	1.22E－08***	0.0000
SSFH	3.28E－09**	0.0196
$SSFH_{t-1}$	－1.19E－10	0.9055
XMBT	1.71E－09***	0.0008
$XMBT_{t-1}$	1.80E－09**	0.0112
AGE	－0.035443**	0.0019
SIZE	0.0427	0.4373
Adjusted R－squared	0.6155	
Prob（F－statistic）	0.0000	

注：***代表在1%水平下显著，**代表在5%水平下显著，*代表在10%水平下显著。

从表 5 - 3 - 9 各年度及年度汇总的回归结果可以看出，方程是非常显著的，且 Adjusted R - squared 为 0.6155，说明运用模型 2 线性回归方程拟合是合适的，并且模型的解释能力足够强。

就系数方面，CZTX（本期财政贴息）与 ZHDF（综合绩效）呈正相关，但是没有通过显著性检验；$CZTX_{t-1}$（上期财政贴息）与 ZHDF（综合绩效）正相关，且系数通过 1% 显著性检验。由回归结果及系数显著性可以看出，本期获得的财政贴息对提高农业上市公司当期综合绩效没有显著作用，而本期获得的财政贴息对提高农业上市公司下一年度综合绩效有显著作用，说明财政贴息对提高农业上市公司综合绩效有滞后作用。

就税收返还而言，SSFH（本期税收返还）与 ZHDF（综合绩效）正相关，且通过 5% 显著性检验；$SSFH_{t-1}$（上期税收返还）与 ZHDF（综合绩效）负相关，但系数没有通过显著性检验。由回归结果及系数的显著性可以看出，本期税收返还提高农业上市公司本期综合绩效有显著作用；本期获得的税收返还对提高农业上市公司下一期的综合绩效没有明显作用，说明税收返还仅对农业上市公司本期综合绩效产生影响，即税收返作用没有滞后性。

就项目补贴而言，XMBT（本期项目补贴）与 ZHDF（综合绩效）呈正相关，并且通过了 1% 的显著性检验；$XMBT_{t-1}$（上期项目补贴）与 ZHDF（综合绩效）呈正相关，并且通过了 5% 的显著性检验。由回归结果及系数显著性可以看出，项目补贴对农业上市公司本期和下一期的综合绩效均有显著作用，不同的是本期项目补贴对本期农业上市公司的综合绩效影响程度大于本期对下一期的影响程度。

在控制变量方面，AGE（企业年龄）与 ZHDF（综合绩效）呈负相关，并且通过 1% 显著性检验；SIZE（企业规模）与 ZHDF（综合绩效）呈正相关，但不显著。同理由于上市公司一般已经经过初创期，随着企业年龄的增长，企业各方面的增长性都不高，因此对提高企业综合绩效是负作用。而企业规模基本不影响农业上市公司综合绩效。

通过对比不同补贴方式系数大小可以发现（其中对于不显著指标不予以考虑），不同的补贴方式对农业上市公司的综合绩效的影响程度及方式不同。财政贴息对综合绩效的影响较大，但是其仅对下一期综合绩效产生影响；税收返还对综合绩效影响程度弱一些，其仅对本期综合绩效产生影响；项目补贴对综合绩效影响最弱，但是其对综合绩效本期及下一期的效率均产生影响。

3. 研究结论

本节通过收集数据建立模型、对样本数据进行回归分析发现，政府对农业上市公司的财政贴息、税收返还及项目补贴都产生正效应，对提高农业上市公司综合绩效有显著的积极作用。但是，不同补贴方式对农业上市公司综合绩效影响不同。表5-3-9的回归结果表明：财政贴息与企业农业上市公司综合绩效有显著相关性，但是有滞后性，原假设2通过验证，即财政贴息对提高农业上市公司的综合绩效有积极显著作用；税收返还与企业农业上市公司综合绩效有显著相关性，且没有滞后性，原假设3通过验证，即税收返还对提高农业上市公司综合绩效有积极显著作用；项目补贴与农业上市公司综合绩效有显著相关性，并且对综合绩效下一期也有显著影响，原假设4通过验证，即项目补贴对提高农业上市公司综合绩效有积极显著作用。因此我们认为，政府对农业上市公司的财政贴息、税收返还及项目补贴都发挥了正效应，对提高农业上市公司综合绩效有积极显著的作用。本结果与其他研究者存在差异是因为我们着眼于涉农企业的综合效益，而非单纯财务指标。

不同补贴方式对农业上市公司综合绩效影响是不同的，因此从政府投入角度看，可以有选择地进行投入。从监管角度看，由于财政贴息政策的实行还引入了银行部门共同审核监督，更有利于支农专项资金的监管。

四、农村合作社的政府投入与监管典型案例调查

农村合作社，是最近几年在农村兴起的一个由政府推动、农民自发组合、财政扶持的新型农业合作组织，蔬菜基地就是这种合作组织的一种形式。蔬菜基地在各级政府推动和财政支持下得到比较快速的发展。重庆市自2009年起逐步加大对蔬菜产业发展的资金投入，2009年、2010年、2011年每年分别投入约2亿元，2012年、2013年分别投入3亿元、3.8亿元资金，用于蔬菜基地建设、产业链建设、农村科技投入等项目，蔬菜基地累计达到170万亩，总种植面积1010万亩，蔬菜种植规模得到提高。这些蔬菜基地依托重庆市农科院、西南大学和重庆市农校等研究机构，推进蔬菜种植新技术、新品种。目前全市蔬菜优良品种普及率在85%以上，蔬菜加工转化率超过20%，蔬菜农残综合抽检合格率稳定在97%以上。“全市蔬菜产品拥有‘中国驰名商标’3个、地理证明商标6个、中国地理标志产品25个、有机产品48个、绿色产品111个”①。蔬菜种植规模的扩大以及蔬菜科技含量的提高使蔬菜年产值达到300多亿元，增长率在10%以上，对全市农民人均纯收入贡献度由2009年的660元发展到2013年的1000多元，贡

① 重庆市农业委员会蔬菜处.2011年重庆蔬菜供应量足价稳农民增收.重庆蔬菜信息.2012.1.9.

献率达16%左右，促进农民增收效果显著。

到2013年底，重庆市共有百亩以上蔬菜基地1077个，基本以农村合作社形式存在。为了解政府对农村合作社投入资金及监管情况，课题组选取了两个蔬菜比较典型的基地进行调查研究。基于蔬菜种植和管理模式不同，选取了单一专业化品种种植模式的綦江县××蔬菜股份合作社①（以下简称“甲合作社”）和多元化种植模式的黔江区×××蔬菜种植专业合作社（以下简称“乙合作社”）进行实地调研，从而了解政府资金在蔬菜基地投入效果及监管。

（一）蔬菜基地投入产出分析

1. 蔬菜合作社简介

（1）甲合作社简介。

甲合作社于2006年3月成立，2008年经重庆市农委向农业部推荐成为国家重点蔬菜基地。当地以生产萝卜为主，合作社采用“会员种植、合作社统一销售”模式，合作社对会员生产萝卜签订收购价格保护协议。社员向合作社申请加入合作社，合作社向会员发放种子、宣传资料、种植培训，以达到从种植、技术到销售全程统一管理，以绿色、有机、无公害标准统一种植，收获之后合作社统一收购，通过“农超对接”、萝卜加工等统一销售，逐步形成自有品牌。目前甲合作社的萝卜种植面积为5000亩左右，萝卜年产值为500万元左右。

（2）乙合作社基本情况介绍。

乙合作社成立于2010年10月，注册资金1200万元，现有社员131个，拥有省级科研机构技术顾问3人，专业管理人员5人，农技师6人，发展种植面积跨6个街道镇（乡），带动1000多户农户，户均增收800元。合作社根据黔江区多为山地以及农户种植技术差等情况，以辣椒、糯玉米产业为主，采取集中育苗，保护价统一收购方式进行管理。同时，合作社也着力为农户提供栽培技术服务，在种植过程中，乙合作社旨在为农户提供专业技术服务，定期、不定期组织技术培训，采取田间现场培训方式，使农户更容易接受新栽培技术，推广微耕机使用，引导农户以农家肥和绿肥为主，帮助识别使用农药，科学种植，提高产量，增产增收，在提高劳动效率的基础上增加每亩产量。

（3）两种蔬菜基地模式对比。

两个蔬菜基地采用不同发展模式发展壮大，代表两种蔬菜基地发展方式，现对两种蔬菜基地模式进行比较分析。

1）运营方式不同。甲合作社采用是“农户种植，合作社销售”模式，农户

① 由于调查前课题组与调查对象签署了保密协议，不能对外公布调查的对象名称，此处只能以代号表示。

向合作社缴纳10元会费，合作社向农户统一发放种子、肥料，统一技术培训，以达到绿色、有机、无公害的标准，最后由合作社收购，统一销售。甲合作社属于松散组织，没有进行专业化生产。而乙合作社采用“合作社+基地+农户”进行运作，由合作社自行聘用农户在合作社种植，进行相对专业化的生产。

2）种植方式不同。甲合作社采用单一种植模式，只种植萝卜，不断钻研萝卜品种，依靠萝卜品质发展壮大。乙合作社没有采用种植单一蔬菜，种植种类完全由合作社法人决定，目前乙合作社蔬菜种植专业合作社以辣椒、糯玉米、鲜食薯为主。

3）风险不同。甲合作社由于只种植单一蔬菜，易打造出品牌，风险相对较小，目前甲合作社的草蔸萝卜已形成品牌效应；乙合作社种植自由度较高，完全按照法人经验进行种植，未形成品牌，种植、经营风险较大。

4）产业链不同。甲合作社种植萝卜的同时，积极发展相关产业链，有相应的后续萝卜加工，比如加工成食品或泡制咸菜；有萝卜的包装，比如高端礼品萝卜。乙合作社没有形成蔬菜后续加工、包装等产业链，不能有效赚取后续利润。

2. 两个蔬菜合作社投入产出分析

（1）政府对两个蔬菜基地资金投入金额及方式。

表5-4-1　2008~2013年政府对甲合作社资金投入金额及方式

单位：万元

年份	农业部项目补贴		市“农超对接”补贴		县“大棚蔬菜”补贴		合计
	金额	方式	金额	方式	金额	方式	
2009	20	拨款报账					20
2011			15	拨款报账			15
2013					30	招标承建	30
合计	20		15		30		65

表5-4-2　2011~2013年政府对乙合作社资金投入金额及方式

单位：万元

年份	“万元增收”补贴		“育苗中心”补贴		“基地建设”补贴		合计
	金额	方式	金额	方式	金额	方式	
2011	10	拨款报账					10
2012			60	招标付款			60
2013					10	招标付款	10
合计	10		60		10		80

通过表 5－4－1 和表 5－4－2 的对比分析可以看出，这两个蔬菜基地分别三次获得政府补助资金，甲合作社累计获得政府 65 万元资金扶持，而乙合作社累计获得 80 万元资金补助。甲合作社蔬菜股份合作社按照先进行蔬菜基地建设，然后进行蔬菜农超对接和大棚蔬菜建设，提高蔬菜科技含量，蔬菜合作社接受政府资助的进程比较符合农业发展规律。乙合作社在起初获得农民增收项目补助资金时，合作社发展初期目标比较模糊；接受育苗中心建设补助项目，提高了蔬菜品质，推动蔬菜基地建设，与甲合作社资金使用顺序相反。另外，甲合作社获得国家农业部认定为国家示范性萝卜基地，获得过农业部 20 万元资金补助，对其树立品牌、开拓市场具有重要意义，而乙合作社未获得过农业部资金支持，在市场营销方面缺少品牌宣传。

（2）两个蔬菜基地相应产出统计。

表 5－4－3　2008～2013 年甲合作社产出统计（品种：萝卜）

年份	当地市价（元/斤）	收购保护价（元/斤）	基地外销价（元/斤）	基础总面积（亩）	单产（斤/亩）	毛利（万元）	毛利增量（万元）
2008～2009	0.15	0.30	0.50	33	4000	2.64	
2010～2011	0.30	0.40	0.80	200	4500	36.00	33.36
2012～2013	0.80	1.00	1.20	5000	5000	500.00	464
合计						538.64	

注：该蔬菜基地只生产土特产萝卜，表中的价格为萝卜单价；该基地的档案数据建设不完整，表中的毛利根据基地主管人员概算统计，其中不包括少量经包装出售的高档礼品萝卜，利润采用基地外销价与收购保护价之差保守计算。

表 5－4－4　2011～2013 年乙合作社产出统计（品种：鲜食薯）

年份	当地市价（元/斤）	收购保护价（元/斤）	基地外销价（元/斤）	基础总面积（亩）	单产（斤/亩）	毛利（万元）	毛利增量（万元）
2011	2	1	1.3	500	4000	60	
2012	2.1	1.2	1.5	700	4100	86.1	26.1
2013	2.3	1.25	1.6	1000	3800	133	46.9
合计						279.1	73

注：表中的价格为蔬菜单价，表中的毛利根据基地主管人员概算统计，利润采用基地外销价与收购保护价之差保守计算。乙合作社种植多种蔬菜，此表按其中一个品种鲜食薯计算。

通过表5－4－3、表5－4－4统计数据看出，两个蔬菜基地种植面积和亩产增长相差较大，甲合作社基地总面积呈现5倍、24倍增长，亩产呈现稳定上升趋势；而乙合作社基地总面积年增长比例不到50%，亩产有升有降。

通过表5－4－1、表5－4－3和实地调研情况综合分析，甲合作社于2008～2009年申请农业部20万元资金补助，用于蔬菜基地基础设施建设，以此促进蔬菜基地种植面积由原来33亩增加到220亩，以此带来约13.36万元毛利的增加；2010～2011年，市政府给合作社“农超对接”15万元补助，35万元资金用于蔬菜基地基础设施和“农超对接”建设，35万元资金带动基地面积增加到5000亩。与此同时，合作社和重庆百货、新世纪超市达成“农超对接”，在蔬菜基地面积增加、萝卜产量增加的时候，打通了萝卜销售渠道，保证萝卜销量和萝卜价格稳定，促进了合作社毛利的增加；2012～2013年，县政府又对基地“大棚蔬菜”项目补贴30万元，至此合作社累计接受政府补助资金65万元，在土地总面积一定的条件下，通过蔬菜大棚建设，提供高价格反季节蔬菜，提供新的经济增长点；与此同时，合作社将萝卜进行分类：品质好、卖相好的作为礼品盒萝卜，走高端路线，经过加工包装的萝卜可卖50元一盒；中等萝卜进入超市，进行“农超对接”，两元到三元一斤；经过筛选卖相较差的萝卜，低价卖给泡制咸菜的公司或者商户。通过差异性定价，最大限度提高利润。

乙合作社于2011年获政府补贴10万元，此补贴推动了合作社综合建设，有利于提高蔬菜卖出价格，提高毛利水平，促使基地鲜食薯外销价格由1.3元增长为1.5元，以此促进种植面积扩大至200亩。合作社于2012年获得60万元育苗补助，累计收到补助70万元，用于大棚蔬菜种植和科学育苗，蔬菜品质的提高使得基地鲜食薯外销价格增长到每个1.6元，亩产由4000斤增长为4100斤。2013年政府补助基地建设费10万元，基地累计获得80万元补助，使基地种植面积增长300亩，并提高了毛利水平，但亩产并没有增加，每亩反而减产400斤，降低了毛利。

（3）两个蔬菜合作社毛利贡献度分析。

毛利计算公式为：毛利＝基础总面积×单位亩产×（基地外销价格－收购保护价格），运用“连环替换法”依次分析基地总面积、亩产、基地外销价格、收购保护价等因素对蔬菜合作社毛利贡献度。计算结果如表5－4－5、表5－4－6所示。

首先，实际调研发现，基地总面积对毛利贡献度较大，这是由于这两个蔬菜合作社都处于高速发展初期，靠增加土地面积能够有效提高毛利水平。但由于土地面积的有限性，甲合作社基地面积已趋于饱和，扩大基地面积不具有持续性，不能带来毛利水平的巨大提高。

表 5－4－5　甲合作社各因素对萝卜毛利贡献度

年份	基地面积贡献度	亩产贡献度	基地外销价格贡献度	基地收购保护价贡献度	总和
2008～2009	—	—	—	—	—
2010～2011	40.04%	6.00%	80.94%	－26.98%	1
2012～2013	186.21%	21.55%	215.52%	－323.28%	1

表 5－4－6　乙合作社各因素对鲜食薯毛利贡献度

年份	基地面积贡献度	亩产贡献度	基地外销价格贡献度	基地收购保护价贡献度	总和
2011	—	—	—	—	—
2012	91.95%	8.05%	219.92%	－219.92%	1
2013	78.68%	－19.19%	81.02%	－40.51%	1

其次，基地外销价格对毛利有正向贡献，保证基地外销价格，可以提高合作社毛利水平。无公害蔬菜食品区别于市场上同类产品，可以提高价格，进而提高蔬菜毛利。而基地收购保护价对毛利水平有反向贡献。

最后，基地亩产对于毛利水平贡献度比较低，关键在于亩产不可能大规模提高，但提高亩产成本较低。通过选用高效适用肥料、选用良种等可以适当增加产量，但不可能大幅度提高，因此，对于毛利水平贡献度比较低。

通过以上分析，在保证蔬菜销售情况下，合作社发展初期阶段，扩大蔬菜基地规模是提高合作社蔬菜毛利的有效途径；合作社进入平稳发展阶段，提高蔬菜产品外销价格和提高亩产是蔬菜合作社提高毛利的重要途径。

（二）蔬菜基地监管流程及风险分析

1. 重庆市蔬菜补助资金监管机制

课题组在对蔬菜基地实地调研中梳理了监管流程，蔬菜资金监管流程主要涉及市、区县、乡镇各级农委和市、区县、乡镇财政局，此外还有蔬菜合作社及其所在的基层政府。通过对监管流程和涉及的各部门流程梳理，形成蔬菜补贴资金监管机制，如图 5－4－1 所示。

图中虚线流程①表示蔬菜项目资金申请相关政策文件及其申请指南自上而下

依次下发，并下发至行政村和蔬菜合作社；流程②、③表示蔬菜项目补助资金申请人依次自下而上向主管部门及财政部门提交申请书；流程④表示对项目申请人进行审核、评估并将结果公示到乡镇、街道、行政村；流程⑤表示通过审核公示或招标后，财政部门将资金下发给蔬菜资金申请人或承建单位；流程⑥表示项目完成后，蔬菜合作社要向财政部门或主管部门申请资金验收；流程⑦表示资金和项目验收完成后，向上级进行汇报或者备案。

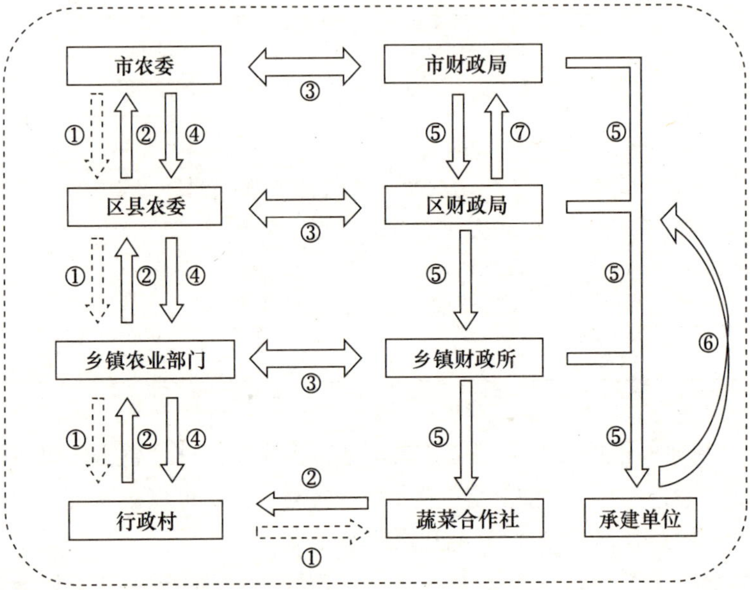

图 5－4－1　重庆市蔬菜资金补助监管机制

2. 蔬菜基地项目补贴资金监管流程及其风险点

从图 5－4－1 可以归纳为四大环节：资金申请、资金审核、资金拨付和资金验收。分析各环节可能存在的主要风险，以便针对风险点提出应对措施。

通过以上分析，财政支农资金在蔬菜基地建设中的补贴监管主要有 7 个环节，19 处风险点。由于信息透明度不够，且农业主管部门和财政部门相互之间监管薄弱，特别是在申报、招标和验收三大环节，如果相关主管经办人员合谋作弊，则可能导致其他监管措施统统失效，进而增加舞弊行为的风险，因此，必须严格把握这些关键风险点，通过有针对性的系统改进，降低各类风险发生概率。

表 5－4－7 蔬菜基地项目补贴监管流程及其风险点

一级流程	二级流程	风险点
资金申请流程	①申报信息公布和宣传。确定资金补助具体项目及其相关要求，按市、县规定在基地镇、街公示项目及要求，并在农委网站上公示 ②基地、乡镇、街按照要求审核、筛选、确定申请对象并书面向县级推荐，同时组织业主向县农委、县财政申请立项并提交实施方案；组织专家进行评审	R1a：相关项目申报信息未按照要求进行宣传或者或公示，形成“信息传导滞后”风险 R1b：各级部门对于项目申报的文件精神解读不准确，出现理解偏差，形成“信息解读偏差”风险 R1c：项目申报信息自上而下宣传环节过多造成时间过长或者项目申请表逐渐呈报各个部门，周期过长，容易形成“申报逾期”风险 R1d：利用信息不对称，村干部可能将符合申报要求的对象排除在外，将涉及自身利益但不符合申报要求的对象纳入申报，形成“干部违规操作”风险 R1e：公示走过场，无法有效地将信息传达给蔬菜合作社，形成“公示失效”风险 R2a：项目立项管理政出多门，对重复申报的防范措施有漏洞，导致某些重复申请，形成“事前监管失效”风险 R2b：审核操作不严谨或舞弊行为导致某些符合申报条件项目不能通过材料审核，造成“审核操作不规范”风险 R2c：存在虚假申报，先申请资金，后申报种植面积立项，存在“骗取补贴资金”风险
资金审核流程	③财政部门及主管部门按规定组织专家对项目进行评审，根据评审结果按照分数高低，在基地、镇、街进行公示，公示期为 5～7 天 ④公示无异议后，按照评分结果向县农委、县财政分管领导、主要领导签字盖章并向市级申报；若项目规定需要市级二次评审的，要经过市级专家组评审，市级审批或审核备案，之后县农委、县财政下发批复文件	R3a：未公示评审结果，未公布举报电话并接受群众监督；公示未满 7 天就上报审核；公示后有异议的，未认真调查核实实际情况就上报审核通过。这三种风险统称为“公示失效”风险 R3b：未按照项目评审规定聘请专家或者聘请专家不专业或与专家舞弊，存在“评审操作不规范”风险 R3c：项目申请要求中没有业主享受补贴项目类别和年次的限制性规定，导致业主钻漏洞重复申请，而又无依据进行判定申请不符合规定，“事中监管失效”风险 R3d：蔬菜基地之间由于信息缺乏公开透明，无法形成互相监督，出现“信息不透明风险” R4：工作人员为减轻自身工作任务，对有异议的公示结果未进行反馈，导致“信息反馈延迟风险”

续表

一级流程	二级流程	风险点
招标及资金拨付流程	⑤项目批准后，将项目公示，符合规定条件的建设项目对外公开招标，按照3∶1比例确定入围的承建单位，聘请专家对入围的承建单位进行评标，评标结果进行公示；业主或承建单位提出项目启动、进度、结算申请书；各级主管部门审核并签署意见，由各级财政部门审批并向业主或承建单位拨款，项目资金拨款采用分期拨付方式，按照项目申请完工程度拨付	R5a：未进行招标或招标流程不规范；对工程项目完工标准未做明确规定；没有对招标信息进行公示，形成“招标不规范”风险 R5b：评标不公正、不科学；评标专家结构不科学，专业水平不高；评标过程不公开，“暗箱操作”，未公示评标结果；评选专家与承建单位存在利益关系，进行评选的承建单位个数未达标准；承建单位资质不达标；投标单位互相串通，出现陪标、轮流中标现象或借机抬高标价，形成“评标不规范”风险 R5c：实施方案编制不规范，对项目实施内容、建设标准、技术规范等要求不明确，对项目的实施、检查、验收及成效造成不利影响；有实施方案，但部分承建单位工程建设程序不规范，未能按照项目实施方案，特别是在招标过程中走过场，形成“实施方案不完善”风险 R5d：部分资金使用超出范围支出资金，资金使用不规范，存在“资金使用违规”风险
资金验收流程	⑥财政部门对资金使用进行监管，农委等主管部门对项目进行监管，并接受社会监督和审计部门的审计与检查 ⑦资金和项目验收完成后，向上级主管部门或财政部门进行汇报或者备案	R6a：注重资金监管验收，不注重项目验收，对项目验收流于形式，形成“事后监管失效”风险 R6b：对排灌沟渠、水池、道路、大棚等建设项目没有明确具体建设技术规范和补助标准，验收困难，造成“验收监管失效”风险

第六章　西部地区政府支农专项资金投入及监管对策建议

一、研究结论

历时 3 年多的研究期间，课题组数十次下乡调研，在西部地区访谈了 600 多位农户和农村基层干部，对 3000 多位农户进行了问卷调查，调研了两个蔬菜基地。同时，收集了我国 A 股农业上市公司的全部样本，在掌握大量第一手资料的基础上，采用扎根理论、博弈分析、统计分析、回归分析、结构方程模型分析、案例分析等量化与质性研究方法，得出具有现实意义的研究结论。

（一）理论研究主要结论

（1）“财政主导型”支农专项资金监管模式存在诸多不足。当前，政府对于支农专项资金监管实行“以财政为主导”的自上至下的垂直监管体制，其中各级财政部门处于监管主导地位，其他部门协同财政部门进行监管工作，但是监管分工不够明确，在基层监管中，缺少一个整体基层监管系统。在项目资金监管中，财政部门的监管往往被主管部门或长官意志所取代，申报、招标和验收过程是主要风险所在，交叉监管、网状监管尚未建立。

（2）农村基层是支农专项资金犯罪的“重灾区”。通过涉农专项资金犯罪案例统计分析看出，腐败分子利用手中权力，侵犯政府支农专项资金的手段多样，犯罪趋于隐蔽化；农村基层干部犯罪占了较大比例，基层干部的素质较低和法治观念不强，信息不透明、权力缺乏制约是重要原因。

（3）农户参与监管优于目前的政府单方面监管。通过对农户直补资金监管的博弈分析可知，让农户和村干部，尤其是农户有效参与监管，一旦发生舞弊，对未参与舞弊农户的利益侵占必然发生，监管效率会得到有效提升，因此，让农户参与监管，无论对于提高监管效率还是降低舞弊，都优于政府单独监管。

（4）仅仅通过政府审计很难将资金使用方与监管方合谋舞弊概率控制合理范围内。通过项目资金监管博弈分析可知，降低资金使用方与监管方合谋舞弊的方法是以合理成本开展有效审计，提高合谋作弊代价，降低合谋作弊的期望收益。提高对舞弊者的惩罚只能在一定程度降低舞弊概率，在政府审计存在行政干预情况下，要实现将资金使用方与监管方合谋舞弊概率控制在一个合理范围内，仅仅通过政府审计是很难实现的。

（二）基于西部6省市调研的主要结论

（1）农户家庭收入偏低。农户家庭收入来源以农产品种植和外出务工为主；农户家庭收入主要集中于中低收入段，农户总体收入偏低；农户家庭收支平衡状况中收入低于支出和基本平衡情况所占比例较高，大部分农户家庭比较贫困，有部分农户家庭入不敷出。

（2）农户对政府支农专项资金投入感受不深。政府直补资金基本发放农户手里，农户得到一定实惠，但由于政府支农专项资金涉及面广、过于分散，导致大部分农户感受各种补贴对农业生产帮助不大；大部分农户也表示支农政策的实施对农业收入增加帮助不够大，政府直补投入效果不明显。

（3）政府支农专项资金监管存在信息不透明等问题。从西部六省调查结果可以看出：①大部分农户所在村没有对实施的补贴政策张榜公告或者农户不知道是否有张榜公告，一些地方公示走过场；②由于支农补助金额比较小，许多农户对于支农补贴资金的申报、公示和发放不够关心，甚至完全不了解；③大部分农户都怀疑支农专项资金存在腐败问题，却又不知道如何反映或认为即使反映也不起作用。

（三）基于重庆市深入调研的主要结论

（1）当前支农资金的基层发放与监管存在诸多问题。通过问卷调查数据分析，直补政策虽然给农户带来一定实惠，但存在不容忽视的问题：①补贴有错发、漏发情况，并且由于农户采取的反映方式不直接，甚至不进行反映，造成问题的解决滞后，急需从源头上堵住导致问题发生的环节；②存在由子女以外的他人代领补贴现象，而现有监管模式还不能最大限度降低由此导致的补贴资金被非法侵占的风险，尚有改进空间；③基层对补贴的落实检查工作因为经费紧张等原因无法保证面面俱到，而由于多数农户不关注补贴公示，造成群众监督难以产生效果，在两方面共同作用下，为各种补贴问题的出现拉开了“口子”。

（2）基层干部和农户之间存在较严重的信息不对称。基层干部和农户对于政策实施的感受存在差异，说明有些区县在实行支农直补政策时取得了良好效果，而另外一些则不够理想。基层干部对于支农资金政策的解读与农户有差异，基层干部对于政策更了解，但也反映出补贴金额公示内容不完整，补贴发放不完全，存在代领，农户满意度不高。

（3）支农专项资金的申报、发放与监管是一个多环节、多风险点的链条。通过对直补资金从申报到发放全过程的梳理和风险点分析，在直补资金发放过程中有 12 个环节，政策执行链条较长，其中存在“漏登错登风险”“错误延续风险”“操作风险”“村干部舞弊风险”“口径争议风险”“信息不透明风险”等大小 26 个风险点，每一处风险都可能影响政策落实进而影响惠农效果，目前的防范措施未能完全覆盖这些风险。此外，对重庆市蔬菜生产合作基地调研发现，基地项目补贴的监管流程涉及 7 个环节，19 处风险点。特别项目申报、招标和验收三大环节是需要注意控制的关键风险点。

（4）不同支农资金投入方式产生的效益具有显著差异。通过对重庆市两家蔬菜生产合作基地案例的比较研究发现，对于农业项目的政府支持，不同的资助形式与执行步骤，其效果是不同的，其投入产出效率也不一样。因此，需要对专项资金投入进行适当优化，寻求最优效果。

（四）基于农林牧渔业 A 股上市公司实证研究的主要结论

（1）通过分析农业上市公司政府补贴效率发现，财政支持对于涉农公司的综合绩效有正面影响。其中项目补贴、财政贴息、税收返还的政策影响都是正面的。但是由于财政贴息增加了银行为第三方实质性监管，作弊风险有所降低。

（2）财政贴息对于农业上市公司的综合绩效有显著正面作用，且有滞后性，即可以影响下一期综合绩效；而财政补贴、税收返还则没有滞后性，即对下一期综合绩效没有影响。

以上研究结论表明，现行“财政主导型监管”模式，以及冗长和冲突的监管主体间的监管机制是导致当前监管作用低效的主要原因，因此，从更科学、更有效的利益相关者监管角度探索新的监管模式，从风险发现与防范角度探索新的监管机制十分必要。

二、对策建议

通过实地调查分析发现，在支农专项资金投入和监管中暴露出来的种种问题的根本原因是基层地方政府及职能部门监管不到位，从信息理论视角分析，受信息沟通不畅、监管运作成本高昂、群众参与力量缺失等弊病困扰的监管体系已经无法适应现实发展状况。为此，课题组提出对支农专项资金投入方式及监管改进的“三个原则”，在此原则下提出“利益相关者共治模式”思路框架。

（一）优化支农资金投入方式与监管原则及思路

1. 优化原则

（1）权力制衡原则。

英国思想史学家阿克顿曾经说过：“权力导致腐败，绝对权力导致绝对腐败。”① 在反腐败运动高涨的今天，这段话道出了腐败的本质。在现代政治中，权力制衡是反对腐败的一个重要原则。从课题组收集的许多腐败案例可以看出，由于权力缺少制约，一把手权力过大导致部分干部超越法律界限，放任自己意志侵犯国家支农惠农资金，侵犯群众利益，造成恶劣后果。要想在今后减少新的腐败，必须在体制上限制过分集中的权力。尤其在西部农村，基层干部过分膨胀的公权力需要有适当制约力量，才能改善乡村治理，减少对农民的不公。权力制衡还表现在监管过程中的角色划分问题上，需要政府监管过程中改变运动员和裁判员不分现状，让监管者和执行方独立行事，责权利制衡明确，规则统一。

（2）成本控制原则。

根据效益—成本原则，只有当效益高于成本时方案才具有可行性。考虑改进政府支农专项资金投入和监管问题时，一定要注意成本控制问题。西部地区地域广阔，交通不便，经济文化和法治建设水平低于全国平均水准，因此，监管成本也会相对高一些。在这种情况下，更需要注意成本控制问题，更多考虑少花钱多办事。2010 年西南地区 5 省市遭受大旱，慈善家曹德旺父子捐赠 2 亿元人民币给灾区近 10 万户农民，该项目由中国扶贫基金会执行。按照曹德旺先生提出的条件，在半年时间内，3% 的成本，低于 1% 的差错率，透明的执行过程和严厉的监管和问责机制创造了中国扶贫史上一个经典案例，为我们树立了一个高效、低成本、廉洁的榜样。政府支农资金与慈善捐款在监管方面有类似之处，该案例对于处理成本与效率的关系有可借鉴之处。

（3）优先改革增量原则。

目前支农专项资金遇到的监管问题普遍存在，必须认识问题的严重性，并坚持没有改革就不能追加增量资金。这是对支农专项资金负责的态度和应有的责任感。必须坚持改革，寻求分配利益更加公平的办法和更有效的监督手段，才能彻

① ［英］阿克顿．自由与权力：阿克顿勋爵论说文集［M］．商务印书馆 2001：342.

底改变支农专项资金监管的困难局面。从另一个角度来说，也可以把政府支农资金的增量作为改革重点，首先从增量资金上做文章，让增量资金的投入走一条更加规范管理的路线，这样既可以迅速收到一定成果，也可以保持政策稳定性。

2. 优化思路

课题组认为，支农专项资金监管模式应从目前的“以财政主导型”的支农专项资金监管模式向“利益相关者共治模式”转换，改变运动员裁判员不分现象。基于该模式，还需根据我国广大农户、农业基地（或农业合作组织）、农业上市公司在监管方面的特殊性，构建“从农户到农户”的监督机制和第三方加入的监管机制加以实施，在支农资金增量的改革上，可以采取小型农业发展引导基金方式，试点以有偿方式支配部分资金，以改善其配置及监管效果。另外，还需制定实施系列配套政策，以保障“利益相关者共治模式”及其三种实施机制的合法有效运行（简称“一模式三机制”）。政策建议设计思路如图 6-2-1 所示。

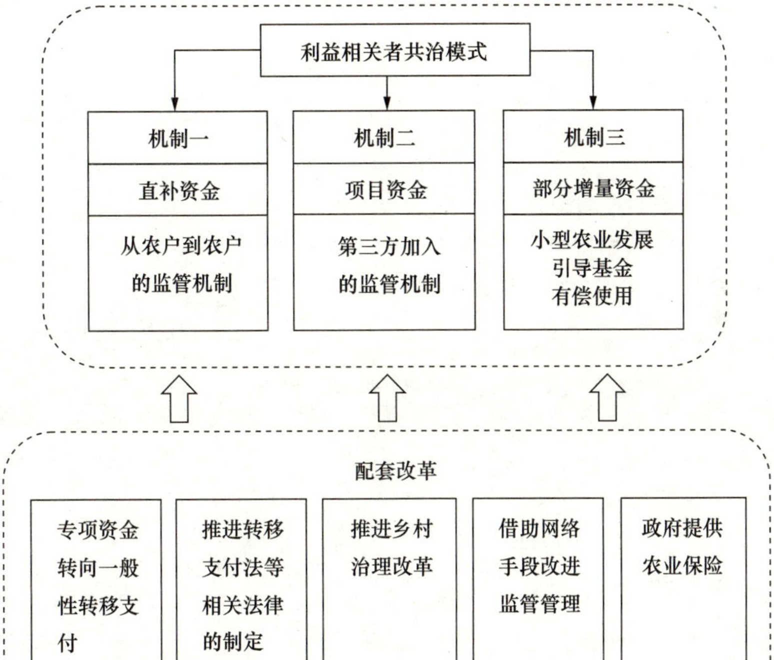

图 6-2-1　利益相关者共治模式框架

（二）利益相关者共治模式

对支农专项资金的监管关系政府与农民的关系，必须建立一个行之有效的模式。从目前的情况看，支农直补资金主要以各级财政部门监管为主导，农业主管部门配合管理；而项目资金则以财政部门及主管部门为主，财政负责审核批准后拨款，主管部门主要负责协同财政部门对项目资金用途、补助标准进行公告、组织有关专家评审等流程管理。这种单一的以“财政部门主导”的监管模式造成前述种种弊病。理想的监管模式，应该让所有利益相关者共同参与监管，建立“利益相关者共治模式”，才能够有效达到监管目的。

所谓利益相关者共治模式，就是所有与政府支农专项资金有关各方，都有平等权利和共同义务参与资金监管，利益相关者包括涉及政府支农专项资金的政府立项方、各级执行部门、各级监管部门、审计部门、项目受益方（农户、农业合作社或涉农企业）以及对此问题感兴趣的社会公众和媒体。

1. 利益相关者共治模式的权力制约

（1）政府权力定位。

政府提供公共秩序和公共产品，是政策、规则制定者和维护者。政府为支农专项资金的提供者，具有天然义务执行对资金的监管。因此，制定规则，提供资金，开展监管就是政府主要职责。

目前在支农惠农直补资金中，政府还是资金的直接分配方，这样政府就增加了一个角色，即规则制定者、资金提供者，还要分配资金，并进行监管。在这种情况下，需要分散监管职责，明确与相关主管部门的相互制约关系，更重要的是让主要受益方——农户也成为监管者，并且加强政府内部相互监督和制约，减少犯罪分子作弊机会。

在利益相关者共治模式中，政府处于主导地位，政府制定政策和游戏规则，提供资金并分配资金，执行共同监管，还要维护公平和其他利益相关方权益，惩治侵犯支农专项资金的犯罪分子。

（2）农户、涉农企业及其他利益相关者的权益。

农户、涉农企业是政府财政支农资金受益方，他们的权益是要公平获得应该属于自己的那部分资金。为了这个目的，他们也要参与资金监管以维护自己的权益。他们参与监管的前提是政府接纳他们作为监管主体之一，并向他们提供相应信息。这意味着：

1）所有信息对各个利益相关者透明。各个利益相关者都有权获得政府支农专项资金的文件、额度、分配方式、时间表、责任人、监管方式等信息。无论是公示期内还是过了公示期，都可以方便地获得所有信息内容。

2）所有利益相关者都有查询的权利。所有利益相关者都有权并可以随时方便地查询政府支农专项资金相关信息，包括有关所有文件和数据。

3）所有利益相关者都有举报的权利。所有各方都有权利举报未按照规定规则办事的舞弊行为，可以越级举报各种不端行为。各类举报应该有专门部门处理（如主管部门、纪委、监察部门），并且限期对举报问题的调查处理进行公开答复。

4）所有利益相关者都有对政府支农资金使用结果考核的知情权。对支农专项资金的监管，应有严格的考核评估指标，考核结果以公报形式定期向社会公布。根据考核结果，决定对监管方工作的评价和奖惩。真正做到权、责、利统一。

（3）第三方权利和责任。

除了政府、农户和涉农企业，还有其他社会公众和政府支农项目承包人、承建施工方、引入的第三方服务企业等，也是利益相关者的组成部分。社会公众是财政支农专项资金的原始提供者（财政资金来源于税收），社会舆论对于监管也是一个重要方面；而承包人、承建施工方和第三方服务企业，则根据合同履行应尽义务，也有权从中获得自己应有的收益。因此，他们也需要一个统一明确的游戏规则，透明开放的信息披露以及公正的纠纷解决机制。

2. 利益相关者共治模式构建主要内容

（1）对于直补资金的监管，建立“从农户到农户的风险监管机制”。所谓“从农户到农户的风险监管机制”是指让农户参与直补资金监管的循环，让所有信息对农户透明，形成农户对直补资金的全程监管。

（2）对于项目补贴的监管，引进“独立管理第三方加入的监管机制”。所谓独立管理第三方加入的监管机制，本质是政府通过购买第三方服务，分离政府对于项目的执行权或管理权，让第三方独立管理项目，政府则专注于监督第三方。保证第三方的独立性、透明和高效工作。

（3）对于支农专项资金的增量资金，建议成立“农业发展投资引导基金”等，形成更加专业的利益相关者共治模式。

（三）实施利益相关者共治模式指导下的三种监管机制

按照利益相关者共治和民主与法治建设共同推进模式，课题组提出一些可操作性政策建议供有关部门参考。

1. 建立从农户到农户的风险监管体系

从农户到农户的风险监管体系，就是让农户进入政府支农专项资金监督循环，通过农户集体监督达到对直补资金的监督目的。从第四章第二节和第五章第二节我们了解到，支农直补资金主要风险在基层，从资金申报到发放存在26处风险点，目前的监管方式难以全面覆盖。针对这些风险点，我们设计了一个信息系统，具有数据共享和查询功能，面向公众的永久性查询和公示功能，并有网上举报功能。

构建“从农户到农户”信息化监管体系是解决涉农资金监管问题、节省信息录制、汇总、审订、储存成本的关键，也是今后信息化建设发展的必然。其运行机制如图6－2－2所示，该机制是基于“双向流程—风险定点—按点监管—措施改进”思路设计构建的，它源自调查，具备解决实际问题的价值。

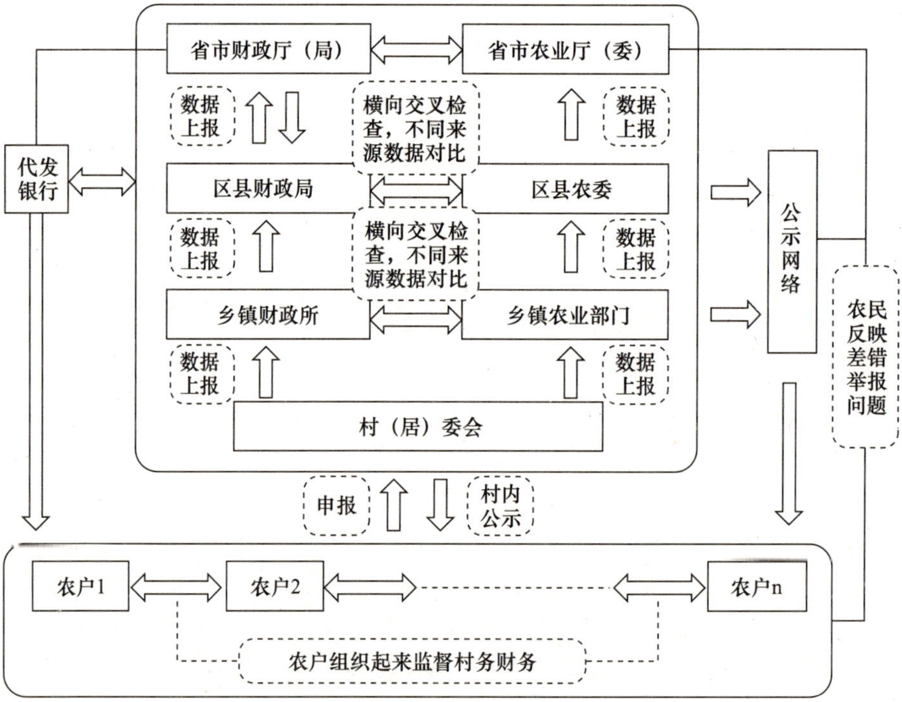

图6－2－2　从农户到农户的风险监管体系

农户既是补贴资金申报起点也是资金发放终点，也是资金使用人和受益人，资金发放工作可以从农户视角获得比较客观的评价。而农户维护自身合法权益的强烈愿望，以及自身庞大的数量，使其成为整个监督体系中天然且强大的力量。通过精简监管环节、优化监管程序、整合监管资源，提高农户参与补贴资金监督积极性，充分激活农户这一监督端，能够实现监管机构从上到下的定点监督和农户由下至上的广域监督相结合的监管模式的转变，从而构建起高效率低成本的监管体系。

构建从农户到农户监管体系要点是：

（1）建立维护农户利益的农协组织。

农民自发组织农协等是自主村务财务监督组织，农协可以按照行业组织，也可以按地域以乡镇或县为单位组织，所有农户都可以参加。党和政府对农协需要给予积极支持，认可其为农村村民自治制度的补充和完善。目前城市各行各业都有自己的协会，对行业自律和行业互助发挥重要作用。农协是农民互助的组织，农民只有组织起来才可能对乡村公权力形成一定制约，才能发挥监督政府支农专项资金和其他村务财务的力量。

（2）复查申报基础数据。

基础数据包括惠农资金申报资格的农户姓名、地址、人口、家庭成员姓名、联系电话、补助卡号、田亩数量等，要根据以往申报数据建立基础数据库，结合农地确权颁证工作核实土地面积，并将这些数据作为公示数据之一，农、财两家要分别建立自己的基础数据库。省市县一级政府要定期抽查基础数据库，以便掌握这些基础数据的可信度。并对以往虚报情况加以纠正和处罚。

（3）建立“双向申报”工作流程。

所谓“双向申报”，就是让基层农委和基层财政同时接受村级申报，通过基础数据和申报数据以及财农数据横向交叉对比减少差错，并形成相互监督。财政、农业两个部门独立对上报数据真实性进行核实，核实工作可依靠农协协助完成。

（4）将直补资金的“多存折”发放逐步整合到惠农“一卡通”发放。

在8个区县调研中组发现，农户手上有多张存折，分别实现政府不同补贴的项目支付，为了解决对农户直补资金“支付平台”整合及提高监管效果，方便农户取款和查询，课题组提出“多卡合一”改革方案并提交重庆市财政局，即将现在的多张直补存折合并到“金融社保IC卡”，并使用银行具有“村村通”功能的“惠农通”办理款项支取。

惠农一卡通（简称“惠农通”）是一张金融社保IC卡，该卡集养老、医疗、失业、工伤、生育保险、个人账户于一身，覆盖人群包括城乡居民医保及新农合人员，既涉及全部户籍人口，又可包括外来人员。目前，重庆市已有11家发卡银行与重庆市人社局、财政局合作，在社保卡中加载金融功能。金融社保IC卡融社保账户和金融账户于一体。加载金融功能的社保卡具有免年费、免小额存款管理费的优势。2012年，金融社保IC卡得以大规模推进。至今，重庆市已发放2935万余张，预计将覆盖3614万人口。为保障社保中心与银行间发卡合作的顺利进行，发卡银行与社保中心都有专用数据连接线路、数据发送处理流程、定期联系会议制度等。功能齐全、使用免费、受众广泛、保障有力，金融社保 IC 卡的这些特点为“多卡合一”的顺利实施提供了必要条件。

在重庆市财政局、社保局、银行支持下，在重庆市北碚区永兴村云开超市进行了“惠农一卡通”试点，在金融社保 IC 卡上加载直补资金发放功能，这种方式实现了多卡折合一，降低了发放成本和农户管理难度，银行在永兴村云开超市配置了一台小型移动金融 POS 机，既可以实现直补资金的查询、取现等功能，农户可在超市刷卡消费，也可以存取款、手机充值等。对于直补资金到账情况银行还提供了免费短信通知服务。目前试点工作进展顺利，实现了农户、超市店主、银行的多赢局面，地方财政局对试点持肯定态度，准备逐步推广，将来有望在农村利用商务部千村万店工程铺设的农资连锁超市或商品零售门市普遍设立金融机具网点。

（5）网络公式与村内公示相结合。

通过网络公示，农户既可以直观地查询自己和公示范围内所有其他农户的历年直补信息，也可以直接在网络上进行投诉举报，还可以越级投诉举报，让农民不再为差错或利益受损害而投诉无门。目前实行的 4 级公示至少有两级可以在网上实现。考虑目前农户上网的可能性，各级政府可以通过微信公众账号宣传财政支农政策，既可以降低成本又可以扩大宣传面，还可以和农户直接互动。

（6）建立问责指标，定期考评。

建立各级政府对于直补资金的定期监管考评和问责制度，对于直补资金管理过程中的各个风险点的控制进行评估，凡是对农户投诉举报不及时回应解决的都要做扣分处理。考评可以由公正第三方执行，公正第三方需要广泛收集农户意见，做出公允评价，上级政府和农协要对第三方评估公正性进行监督。

2. 建立第三方加入监管体制

项目资金包括农业农村发展专项资金和涉农企业项目资金，由于项目众多，管理上条块分割，所有项目基本都是一次性申报审批拨款，难以形成长期稳定的管理基础，因此是一个监管难点。

为了改进项目监管机制，建议引入独立管理第三方（简称“独立管理方”），独立管理方是对项目管理有一定经验的造价师事务所、会计师事务所或律师事务所通过招标方式介入项目的管理。独立管理方对上级（省级）财政主管部门负责，并管理项目的资金划拨，资金不一定要进独立管理方的账，只要能控制资金划拨进度即可。在项目实施中，独立管理方组织招标会，与地方政府、村委会共同参与项目招标，共同参与项目管理和验收，并要将所有活动过程和结果公开披露。

独立管理方必须坚持独立原则和回避原则，不能介绍与自己有亲属关系或业务往来的企业或个人参与投标，在利益冲突情况下必须如实披露并放弃管理权。

独立管理方全权代表业主与中标方签订项目合同，组织项目监理，与地方政府和村委会共同安排项目验收。

地方和上级政府主要领导不得介绍自己亲友担任独立管理方，地方一、二把手不能参加项目招标，也不能介绍自己亲友及关联企业参与投标。

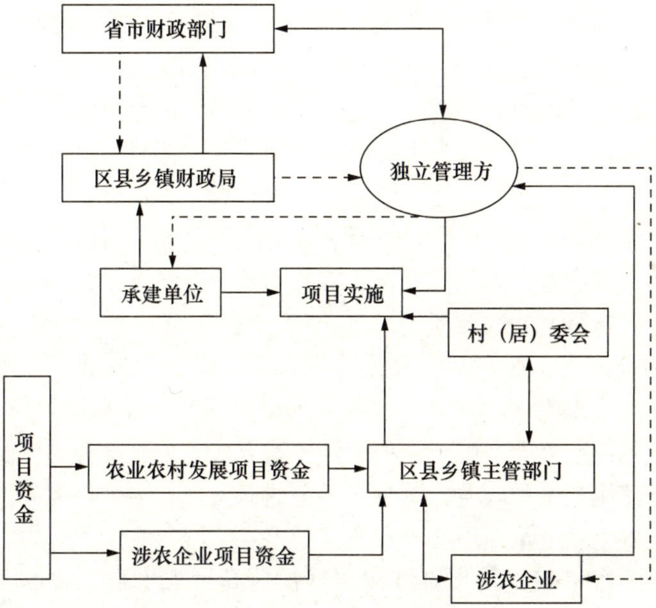

图 6-2-3　引入第三方项目资金的监管机制

通过以上安排，把项目管理权交给独立管理方，政府只负责监管独立管理方的独立性、透明度和工作质量，就可以将运动员与裁判员职责彻底分开。

3. 成立农业发展投资引导基金监管机制

我国是一个人口大国，粮食安全处于十分重要的地位，因此粮食生产在某种程度上有半公共品性质。为了促进农副产品的生产，国家每年对涉农企业投入大量资金。国内外一些学者已经完成的研究曾指出政府在农业上直接投资效率较低，主要与政府对农业财政直接投入监管难题有关，因此需要对政府支农项目投入方式加以改进，使其既符合市场经济规律要求，又便于监管。成立政府主导、社会资金参与、第三方专业化运营、社会共同监督的农业发展投资引导基金（以下简称“农投引导基金”）是一个可以考虑的方向。

目前我国已经有一个国家级的中国农业产业发展投资基金，该基金由国务院批准，2012 年 12 月成立，由财政部、农发行、中国信达、中信集团共同发起，基金规模 40 亿元，主要投资方向为农业龙头企业。与联合国农发基金不同的是，中国农发基金是政策性营利性兼有的基金，资金投入和使用按照市场经济原则，实行有偿使用。该基金管理人采用邀请招标方式遴选。该基金的成立是财政支农方式改革的一次有益的探索，对于推动农业龙头企业发展和发挥其带动作用有一定帮助。

课题组建议的农投引导基金是建立在省市一级的中小规模农业投资引导基金。基金规模可在 10 亿元以下，资金来源可以由省市财政作为发起方，集合农发行、保险、投资等各类长期资金，通过公开招标聘请专业化第三方投资管理公司作为基金管理人，投资方向为本省内有市场前景的新型农业及农业服务业，如有机农产品、特色农产品、农业金融、农业保险等。各省市区可以成立多个农投引导基金，以竞争方式开展运营。政府主管部门和财政部门作为基金持有人和发起方，对基金进行监管，确保基金投资方向和基金管理方尽职工作。

采取农投引导基金方式的理由：

（1）政府对涉农企业完全采取无偿投入方式导致效率低下。政府在财政支农上有诸多专项是投向涉农企业，这些专项资金除贷款贴息需要归还本金之外，经济上没有其他偿还义务。由于这种无偿使用方式对企业没有经济约束，因此对企业提高资金使用效率和效益，没有实质上的压力，其结果只能导致对资金的争夺和有限的支农专项资金使用效率和效益低下。

（2）在现有监管模式下不宜继续大规模提高投入水平。数量庞大的政府支农专项资金基本是无偿使用，带来监管上的诸多难题。在行政体制没有实质性改革之前，很难彻底解决问题。因此，目前不宜继续大规模提高投入水平，由于基金方式管理规范，责任比较清楚，资金有偿使用，也不易滋生腐败，出了问题责任也比较分明。在当前情况下是政府支农专项资金增量管理的一个选项。

（3）政府支农专项资金投入需要形成良性循环。政府支农专项资金的高速增长得益于这些年财政收入的快速增长，但是从长期看，政府财政增长不可能一直高于国民收入增长，经济发展速度也必然会逐步放缓，因此政府支农专项资金的高增长是不可持续的。如果政府支农资金有一部分可以循环使用，在运营中还能有所增值，就可以为未来带来更多支农资金。

（4）投资管理公司对于项目管理有更多的专业知识和资源。引入专业化第三方管理基金可以带来更多资金和知识，效益好还可以引入合伙人，集合社会资金投资农业，对于让政府支农专项资金进入良性循环大有好处。

（5）促使涉农企业提高经济效益。通过基金方式管理政府支农专项资金，可以从投资回报率上看到资金使用效果，这是一个比较客观的评价标准，有利于涉农企业精打细算，改进技术和规范管理，提高劳动生产率，创造有竞争力的农业生产模式。

（6）逐渐培育独立第三方管理公司。基金管理公司运作模式成熟之后，部分政府无偿资金的投入管理也可以交给他们合法合规运作。例如一些农村基础设施建设投资，可以让管理公司担任执行方、政府担任监管方、运动员和裁判员分开，可以避免政府投入和监管角色重复带来的部分问题。

（7）小型引导基金优势。因为小型引导基金可以适当引入竞争机制，各省可以按照有机农业、农业金融等不同主题建立多个基金，相互比较其综合效益，不搞大型基金也是为了避免尾大不掉，产生新的利益集团。

通过基金化方式管理政府支农资金的增量投入，部分支农资金有偿使用，是一个创新的制度安排，政府有关部门需要逐步探索其中规律，设计比较完善的管理办法和运作模式。

（四）配套改革

课题组提出的“一模式三机制”监管体制需要乡村治理和法制等配套改革措施支持。在乡村治理方面，要寻求提高农户地位，改进乡村权力结构，促进基层民主，让农民成为政府支农资金监管的一个主体；在相关法律方面，国家应加快推进相关法律的制定并运用于改革实践。

1. 推进乡村治理改革

我国农村从1998年开始实行村民自治制度，由村民大会选举村委会负责人，结合党的基层组织共同构成农村管理体制。十多年来，农村村民自治制度没有带来基层民主的进步，反而面临经济基础弱化、文化基础异化、人才流失等多方面问题，村民自治制度面临基础性危机①。有些地方变成宗族治村甚至恶霸治村，改进乡村治理迫在眉睫。

村民自治制度危机也是政府支农专项资金监管的危机，中央政府和社会各界应该重视农村发生的变化，为农村投入更多关注和资源，为农村基层治理寻找新的出路。本课题组提出的建立基层农民协会的建议就有这样一层意思。村民自治制度不应该是单一的，而应该是丰富的、多元的，对农民开放的。改进乡村权力结构，促进基层民主，让农民成为政府支农资金监管的一个主体。

2. 推进转移支付法等相关法律的制订

财政支农是政府的重大政策，涉及大笔财政转移支付，需要政府各个部门在国务院框架之下协调配合，有所分工又相互制约。为了保证重大转移支付的投入

① 申端锋．村民自治是如何搞偏的［J］．人民论坛．2010（23）：38－39.

与监管都能够满足公共利益和政策目标的实现，首先应该在法制环节有充分准备。但是我国《转移支付法》迟迟未能出台，迄今为止，甚至没有一部涉及转移支付的行政法规规范财政转移支付行为，这是一个极大的制度缺陷和漏洞。分税制后中央政府集中了较大财力，财政转移支付大幅增加，但是竟然没有一部法律规范这种行为，难怪有法制学者批评中国是靠红头文件治理的国家①。由于无法可依，于是政出多门、政府各个部门出台自相矛盾的政策乃至“跑部钱进”等奇怪现象就可以得到解释。行政部门分配资金最后有了“部门利益”这样隐晦的说法来暗示经办官员在分配资金时可能得到的好处。有权有钱的部门最后变成了普遍腐败的标本。为了尽快改进这个状态，需要全国人大尽快制定转移支付法，使支农专项资金投入和监管有法可依。

3. *专项资金应该逐步向一般性转移支付靠拢*

可以毫不夸张地说，政府支农专项资金的监管是所有财政转移支付监管问题中难度最大的一个。如何在成本可接受情况下实现对西部地区政府支农专项资金监管的全面有效覆盖，是一个严峻问题。由于西部地区农村地域广大，人口众多，交通不便，农村人口识字率较低，经济文化发展水平普遍落后，乡村治理结构失衡，而且在政府支农专项资金投入与监管体制中存在种种弊端和漏洞，难以对资金申报和发放的所有风险点全面控制，给贪污腐败分子留下可乘之机。

解决政府支农专项资金监管问题，必须和改进投入方式一起考虑。许多监管问题的产生，恰恰是由于投入方式不合理造成的。例如政出多门的投入方式，就给监管带来了混乱。一位基层财政干部反映，最了解本地农业发展和农民需求的，就是当地地方政府。政府的政策“一刀切”，最后结果就是只有中央政府的积极性，地方上无可奈何。中央政府应该充分相信地方政府，支农专项资金应尽量采取切块方式划拨地方，由地方政府安排使用，上面规定政策目标，严加监管，下面根据实际情况因地制宜，这样才有利于调动双方的积极性。

理顺中央和地方财政分配关系，让地方政府事权与财权相匹配，既是行政体制改革的一个重要目标，也是解决政府支农专项资金监管问题的治本之道。

正如本书开头提到的，专项资金是反映政府临时性或应急性的政策取向，为当前迫切需要的特定对象、特殊事件专门划拨资金。而财政支农，对农民采取“多予少取”政策，已经是我国政府长期既定政策，因此应该更多采取一般性转移支付方式，而不应再采取专项支付方式。中央政府各个职能部门的主要工作，不应该再是分项目分资金，而是制定政策、贯彻政策和了解检查政策落实情况。国务院需要在政府机构改革中逐步缩小各个涉农部门的支农专项，代之以一般预

① 谢岳．当代中国政治沟通［M］．上海：上海人民出版社，2006：116.

算转移支付方式，将资金直接分配到省市县级政府，并重点投向西部地区，为改变西部地区农村贫困状况投入财力。

4. 借助网络手段提供透明化监管平台

改进对政府支农专项资金监管，最重要一点是信息透明化，如果所有信息能够彻底公开，支农专项资金监管的困难就完全可以克服。荣昌县一位农委副主任曾经说："别忘了农民才是直补资金监管的主力军！"发动农户参与包括支农专项资金在内的村务财务管理，是农民权利的体现，也符合党的群众路线传统。在支农专项资金监管实践中，最需要广大农户参与。应该允许并支持农户组织起来，建立农协，以主体身份参与农村管理。一些基层干部惧怕农户组织起来对他们进行监督，压制农户维护权利的正当要求，是许多地方干群关系紧张的根源①。

21 世纪网络和 IT 技术的进步和普及，为低成本开展群众化财务监督提供了无限可能，尽管目前农村处于落后状态，但是随着村村通工程的进展，移动电话的普及，广大农户也开始有机会接触网络信息服务。如果能够善用互联网技术提供的各种手段，为支农专项资金提供透明化的平台和管道，可以让所有利益相关者和对支农专项资金问题有兴趣的人获得全面信息，任何徇私舞弊都会在网络公开的照妖镜下原形毕露。

5. 政府提供农业保险

随着全球性气候变暖，灾害性天气越来越频繁，给农业生产带来了更多风险和不确定性。农民比任何时候都更加需要农业保险。但是许多农户对于保险不了解，也没有能力支付保险成本。这个时候，政府可以考虑将保险资金作为支农专项资金增量的一个选项。通过合理制定农业保险费率（通过招标方式），让保险资金也能够参与降低支农专项资金监管风险的过程中来。

保险理赔过程是一个检验真实性过程，农民只有在遭受损失之后才向保险公司申请理赔，且投保范围必须真实可信，由于保单是在申报时按照统一标准定制的，贪腐分子很难在农业保险补助中获得超额收益。也就是说，农业保险给广大农户提供了财产保障，但是别有用心的人却很难钻到空子。这符合我们在博弈分析中提到的"降低作弊的预期收益，提高审计成功率"原则。

① 于建嵘. 中国当代农民的维权抗争［M］. 中国文化出版社，2004.

附　录

附录1　西部6省市调查问卷

支农专项资金问题调查问卷

编号：

亲爱的朋友：

您好！

财政支农专项资金的投入对于增加农民收入，促进农村发展具有重要意义，但支农专项资金在使用和监管上存在一些问题。本问卷希望从农民朋友的角度，了解他们对支农资金的知悉情况，以便我们对目前存在的问题进行总结，从而加强对支农专项资金的监管，最终真正扶持我们的“三农”建设。希望您能积极配合，如实填写。

非常感谢您的支持！

一、单项选择问题

1. 对于国家出台的关于财政支农的新政策（如农业税费减免、种田补贴、技术支持等）您了解多少？

A. 全部了解　　B. 部分了解　　C. 完全不了解

2. 财政支农政策的实施对您的收入有何影响？

A. 有明显增加　　B. 有少量增加　　C. 无明显变化

3. 您的家庭收入主要来源是？

A. 农产品种植业　　B. 外出务工

C. 林、果、渔等农副产业　　D. 其他

4. 您家庭的年收入？

A . 1 万元以下　　B. 1 万元至 2 万元

C. 2 万元至 5 万元　　D. 5 万元以上

5. 您家里有__________台车（包括汽车、摩托车、拖拉机及其他农机设备）其中汽车__________辆；摩托车__________台；拖拉机__________辆；其他__________。

6. 您的家庭支出主要在哪些方面？

A. 子女上学　　B. 农业投资　　C. 农业外投资

D. 日常生活开支　　E. 医疗开支

7. 您目前的收入支出平衡状况如何？

A. 收入高于支出有节余　　B. 支出高于收入目前负债

C. 基本平衡

8. 目前农产品和农业原料（如化肥、种子等）价格普遍上涨，对您农业收入有何影响？

A. 明显减少　　B. 稍有减少　　C. 无增减　　D. 有增加

9. 您都享受到哪些补贴政策？（可选多项）

A. 农产品直接补贴　　B. 良种补贴

C. 养殖补贴　　D. 医疗补贴

E. 农机具购置补贴　　F. 退耕还林

10. 您所在村对于实行的补贴政策是否张榜公布或有其他的公告？

A. 公告或张榜　　B. 没有张榜也没有公告

C. 不知道

11. 农产品直接补贴、良种补贴、农机具购置补贴对您家农业生产有没有帮助？

A. 帮助很大　　B. 有些帮助

C. 没什么帮助　　D. 没听说过或没获得过

12. 据您了解，支农资金都使用在哪些项目上？（可选多项）

A. 农业种养殖业　　B. 农村道路建设

C. 农村教育及农民培训　　D. 农村扶贫

E. 农村现代化建设　　F. 农村环境治理

G. 农田整治　　H. 家电下乡

13. 您认为对于支农资金还应该加大哪方面投入？

A. 农村医疗　B. 农村教育　C. 农村基础设施
D. 农业技术培训　E. 只要增加直补就可以了
14. 您所在乡镇有没有惠农技术支持，情况如何？
A. 情况较好（有专业技术人员指导，宣传到位）
B. 情况一般　C. 基本没有
15. 国家出台财政支农政策后，你对从事农业生产的积极性是否有变化？
A. 积极性提高　B. 积极性降低
C. 无所谓　D. 其他__________
16. 您有没有接受过农业教育？（技术支持，种植结构，经营方法）
A. 没有　B. 偶尔接受一点　C. 经常有
17. 您认为我国政府在财政支农方面做得怎样？
A. 不够　B. 还好，但仍需加强　C. 足够了
18. 您觉得应如何完善财政支农补贴方式？
A. 继续加大力度补贴种粮农民，把补贴发到农民手里
B. 继续实行退耕还林政策，并扩大规模，提高补贴标准
C. 尽快实施对农民的燃油补贴
D. 继续加大对新农村建设的补贴（例如道路、自来水、广播电视等）
19. 您是否知道怎样监督财政支农资金的使用？
A. 知道，发放直补资金有监督电话号码
B. 知道，网络上有公布项目的详细情况，可以随时查询
C. 不了解，没有人提到过还可以监督
D. 不关心，监督都是表面的，难以落到实处
E. 其他____________
20. 您认为财政支农项目管理是否存在漏洞？
A. 据我了解，存在漏洞
B. 不了解是否存在漏洞，但怀疑存在腐败问题
C. 我认为不存在漏洞　D. 不晓得
21. 如果您感觉某项支农补贴不公平，您是否知道怎样向上级反映？
A. 知道可以向谁反映
B. 虽然知道可以向谁反映，但是由于思想顾虑，不敢反映
C. 不知道可以向谁反映
D. 虽然知道向谁反映，但是觉得反映了也起不了作用

二、基本信息

家庭住址：__________省__________县（市）__________乡（镇）

__________村__________组

家庭人口：__________ 耕地面积：__________亩

劳动力数量：__________，在家务农劳动力数量：__________

年龄：__________，教育程度：__________

附录 2 重庆 8 区县调查问卷

农户调查问卷

惠农直补资金监管问题调查问卷（农户）

编号：

我们从农民朋友方面了解惠农资金的执行情况，希望你真实回答或自行填写（打√）。谢谢！

一、基本信息

性别：男（ ）；女（ ）

年龄：①21～30 岁（ ） ②31～40 岁（ ） ③41～50 岁（ ）

④51～60 岁（ ） ⑤61～70 岁（ ）

文化程度：①没读过书（ ） ②小学（ ） ③初中（ ）

④高中（ ） ⑤大专及以上（ ）

住址：①乡（镇） ②村组

二、四项补贴情况（包括粮食直补、良种补贴、农机具购置补贴、农资综合补贴，每题只打一个“√”）

政策落实（1～7）

1. 四项补贴你获得了几项？

A. 4 项 B. 3 项 C. 2 项 D. 1 项 E. 0 项

2. 你的“直补存折”上的四项补贴如何管？

A. 自己去取钱子女去取钱 B. 村干代保管直补存折

C. 亲戚朋友代取 D. 从没取过钱

3. 遇到过漏发、错发你的四项补贴次数吗？（若此项选择 0 次，则跳过问题

4、问题5）

A. 0 次　B. 1 次　C. 2 次　D. 3 次　E. 4 次及以上

4. 如果遇到漏发、错发你的四项补贴，反应情况的方式为？

A. 向村干部反映　B. 向乡镇政府反应

C. 打电话举报　D. 向其他村民核对　E. 不管这事

5. 如果遇到漏发、错发你的四项补贴，最后解决情况为？

A. 足额补到直补存折　B. 多数钱补到直补存折

C. 少数钱补到直补存折　D. 没有补到直补存折

E. 至今没解决

6. 村干部收走你的卡，给你代领四项补贴的次数是？

A. 0 次　B. 1 次　C. 2 次　D. 3 次　E. 4 次及以上

7. 乡镇政府、县上部门对四项补贴落实情况检验几次？

A. 0 次　B. 1 次　C. 2 次　D. 3 次　E. 4 次及以上

政策了解（8～13）

8. 了解四项补贴的途径有几种？

A. 4 种及以上　B. 3 种　C. 2 种　D. 1 种　E. 0 种

9. 对四项补贴政策了解多少？

A. 非常了解　B. 比较了解　C. 一般了解　D. 了解较少　E. 不了解

10. 了解四项补贴政策标准吗？

A. 非常了解　B. 比较了解　C. 一般了解　D. 了解较少　E. 不了解

11. 你了解四项补贴的发放要经过哪些部门吗？

A. 非常了解　B. 比较了解　C. 一般了解　D. 了解较少　E. 不了解

12. 你关注你们村公示四项补贴的程度为？

A. 不关注　B. 较少　C. 一般　D. 较多　E. 非常

13. 村干部向你们村宣传四项补贴政策的次数为？

A. 0 次　B. 1 次　C. 2 次　D. 3 次　E. 4 次及以上

政策满意度（14～20）

14. 你认为国家的四项补贴政策好不好？

A. 非常好　B. 较好　C. 一般　D. 不好　E. 非常差

15. 你对村干部落实四项补贴的情况满意吗？

A. 非常满意　B. 较满意　C. 一般　D. 不太满意　E. 非常不满意

16. 你对四项补贴的公开情况满意吗？

A. 非常满意 B. 较满意 C. 一般 D. 不太满意 E. 非常不满意

17. 你对四项补贴的申报手续满意吗？

A. 非常满意 B. 较满意 C. 一般 D. 不太满意 E. 非常不满意

18. 你对四项补贴从申报到发到你卡上时间满意吗？

A. 非常满意 B. 较满意 C. 一般 D. 不太满意 E. 非常不满意

19. 你觉得你们村四项补贴搞得公平吗？

A. 非常公平 B. 较公平 C. 一般 D. 不公平 E. 非常不公平

20. 你们村因为四项补贴发生打架、吵架等次数为？

A. 0 次 B. 1 次 C. 2 次 D. 3 次 E. 4 次及以上

惠农效果（21～25）

21. 你家的人均年收入多少？

A. 1 万元以下 B. 1 万元至 2 万元

C. 2 万元至 3 万元 D. 3 万元至 5 万元

E. 5 万元以上

22. 你家每年获得的四项补贴金额大致是？

A. 0～250 元 B. 251～500 元 C. 501～750 元

D. 751～1000 元 E. 1000 元以上

23. 四项补贴对你家收入的提高有没有影响？

A. 影响很大 B. 影响比较大 C. 一般

D. 影响不大 E. 没有影响

24. 四项补贴的发放对你家农业生产有没有帮助？

A. 帮助很大 B. 帮助比较大 C. 一般

D. 帮助不大 E. 没有帮助 F. 买种子化肥

G. 学生花费 H. 家庭日常开支 I. 老年人零花钱

J. 其他

建议访谈问题

1. 你主要是从哪些途径了解国家最新的惠农政策的（电视广播、报刊、政府政务公开栏）？

2. 据你了解，目前的惠农资金都有哪些项目，使用效果如何？

3. 你对目前的惠农政策满意吗？你觉得政府还应该加大或增加对哪些项目的投入？

4. 你所在村村干部的工作作风如何？有没有乱集资、乱收费或者欺压群众的现象？

5. 据你了解，村干部在农业四项补贴、医疗补贴等惠农资金的使用和发放方面有没有贪污挪用的现象？（如分配不公、冒领等）

6. 若你觉得惠农资金的发放存在不公平，你知道如何向上级反映吗？都有哪些渠道？

7. 你所在的村有没有村民因为惠农资金的问题上访？是如何解决的？

8. 你觉得惠农资金在管理方面有什么漏洞？你有什么完善的建议？

乡镇村干部问卷

惠农直补资金监管问题调查问卷（乡镇、村）

编号：

请在对应的（ ）内划“√”

性别：男（ ）；女（ ）

职务：镇乡书记（ ），镇乡副书记（ ），镇长或乡长（ ），副镇长或副乡长（ ），村长（ ），村书记（ ），一般惠农直补资金项目工作人员（ ）

年龄：21～30岁（ ），31～40岁（ ），41～50（岁），51～60岁（ ），61～70岁（ ）

住址：乡（镇） 村组

惠农直补资金监管效率量表（请根据工作中的实际情况，只选择一项，在答案后打“√”）

信息公开层面（1～5）

1. 你们乡镇（村）在上级惠农资金下达后多久进行宣传？

A. 当天 B. 第2天 C. 第3天 D. 第4天 E. 5天及以上

2. 你们乡镇（村）对国家惠农资金有几种宣传形式？

A. 4种及以上 B. 3种 C. 2种 D. 1种 E. 不宣传

3. 你们乡镇（村）对经审核后的惠农直补资金分户清单公示吗？

A. 完全公示 B. 绝大部分公示 C. 少部分公示

D. 不公示 E. 不清楚

4. 你们乡镇（村）对经审核后的惠农直补资金的分户清单公示内容全面吗？
A. 完全公示　B. 绝大部分公示　C. 小部分公示
D. 不公示　E. 不清楚
5. 你们乡镇（村）公示后，村干部（农户）会去了解吗？
A. 都会去了解　B. 绝大部分会去了解
C. 小部分人会去了解　D. 无人去了解
E. 不清楚

资金发放规范性层面（6～13）

6. 你了解你们乡镇（村）惠农直补资金发放流程吗？
A. 非常了解　B. 比较了解　C. 一般
D. 了解一点点　E. 完全不了解
7. 你们乡镇（村）是如何统计惠农直补资金数目的？
A. 实地考察　B. 农户自行申报
C. 相关干部负责申报　D. 利用往年数据进行估计
E. 不清楚
8. 你们乡镇（村）分配惠农直补资金考虑因素？
A. 家庭现有人口数和现有土地面积　B. 原分到土地的人口数
C. 原先分到的土地面积　D. 都可以
E. 不知道
9. 你们乡镇（村）对惠农直补资金数目多久核实一次？
A. 每1年或更短　B. 每2年　C. 每3年
D. 每4年及以上　E. 不清楚
10. 你们乡镇（村）惠农直补资金发放率是多少？
A. 100%发放
B. 不完全发放，但发放率在90%以上
C. 资金发放率超过50%，但不到90%
D. 资金发放率超过0%，但不到50%
E. 0发放
11. 你们乡镇（村）是通过什么形式发放惠农直补资金的？
A. 通过“直补存折”发放　B. “直补存折”和现金发放
C. 现金发放　D. 不发放，由专人管理
E. 不清楚
12. 你们乡镇（村）在惠农直补资金统发工作中，有代领情况吗？

A. 完全没有　　B. 有小部分　　C. 大部分

D. 全部由专人负责领取　　E. 不清楚

群众参与层面（14～18）

13. 农户了解你们乡镇（村）惠农直补资金发放流程吗？

A. 农户都了解　　B. 绝大部分农户了解

C. 极少数部分农户了解　　D. 没有农户了解　　E. 不知道

14. 农户清楚如何查询自己应获得惠农直补资金数目吗？

A. 所有农户都清楚　　B. 绝大部分农户清楚

C. 极少数部分农户清楚　　D. 没有农户清楚　　E. 不知道

15. 你们乡镇（村）有多少个群众代表或群众义务监督小组对惠农直补资金发放工作进行监督？

A. 3 个及以上　　B. 2 个　　C. 1 个　　D. 完全没有　　E. 不清楚

16. 农户对惠农直补资金发放满意吗？

A. 非常满意　　B. 比较满意　　C. 一般　　D. 不满意　　E. 不清楚

17. 你们乡镇（村）惠农直补资金发放后，有几种举报渠道供群众举报惠农直补资金发放的违规情况？

A. 3 种及以上　　B. 2 种　　C. 1 种　　D. 完全没有　　E. 不清楚

监督检查层面（19～21）

18. 你们乡镇（村）有几个类似于惠农直补资金“监督管理工作领导小组”的组织机构？

A. 3 个及以上　　B. 2 个　　C. 1 个　　D. 完全没有　　E. 不清楚

19. 你们乡镇（村）惠农直补资金发放后，审计部门对惠农直补资金发放情况进行定期的审计？

A. 定期审计　　B. 不定期审计　　C. 很少审计　　D. 不审计　　E. 不清楚

20. 你们乡镇（村）惠农直补资金发放后，纪检部门对惠农直补资金发放情况进行定期监督检查吗？

A. 定期监督检查　　B. 不定期监督检查　　C. 很少监督检查

D. 不监督检查　　E. 不清楚

21. 你们乡镇（村）惠农直补资金发放后，财政部门对惠农直补资金发放情况进行定期跟踪调查吗？

A. 定期跟踪调查　　B. 不定期定期跟踪调查　　C. 很少跟踪调查

D. 不跟踪调查　　E. 不清楚

建议访谈问题

1. 你们乡镇（村）对国家惠农资金的宣传有哪些形式？

2. 你们乡镇（村）对经审核后的惠农直补资金的分户清单公示哪些内容？如何公示？

3. 你们乡镇（村）的惠农直补资金发放具体流程？

4. 你们乡镇（村）在惠农直补资金统发工作中，一般什么情况下可以代领？

5. 你们乡镇（村）在惠农直补资金统发工作中，有哪些渠道可以为惠农补贴发放工作提出改进意见？

6. 你们乡镇（村）在惠农直补资金发放后，有哪些渠道供农户解决政策方面的疑难问题？（专线号码等）

7. 你们乡镇（村）在惠农直补资金发放后，有哪些渠道可以举报惠农直补资金发放的违规情况？

8. 你对其他乡镇（村）针对惠农直补资金进行集资的情况怎么看？

9. 审计部门、纪检部门、财政部门一般多久来进行审计监督检查村组惠农补贴发放政策的宣传、公示、资金到位等情况？

附录3 农业上市公司样本数据

名称	年份	FAC_ 1	FAC_ 2	FAC_ 3	FAC_ 4	FAC_ 5	FAC_ 6	FAC_ 7	ZHDF
康达尔	2010	-1.2088	-0.7562	-0.6022	-0.132	0.3788	0.0384	-0.2604	-0.3876
康达尔	2011	-1.5004	-2.3265	9.4739	-0.0723	0.8261	-0.4355	-2.1997	0.2239
康达尔	2012	-0.5221	-0.4595	-0.1984	-0.0351	1.8391	0.095	-0.677	-0.0864
康达尔	2013	-0.7124	-0.5515	-0.4902	-0.2637	1.3624	-0.0779	-0.1607	-0.1963
农产品	2010	-0.5478	0.7386	0.2226	0.1909	-0.4234	-0.2878	-0.5508	-0.0472
农产品	2011	-0.5503	0.7924	0.0623	0.1502	-0.4959	-0.1003	-0.4375	-0.0454
农产品	2012	-0.6943	0.809	-0.3922	0.0033	-0.0375	0.186	-0.0241	-0.0489
农产品	2013	-0.6981	0.7011	-0.2603	0.2577	0.7599	-0.047	-0.3474	-0.0078
中福实业	2010	0.2993	-1.4809	-0.3355	0.7115	-0.1699	-2.8188	-0.0812	-0.3247
中福实业	2011	0.3321	-1.4502	-0.4975	0.6203	-0.0255	-1.338	-0.3109	-0.2447
中福实业	2012	0.4285	-1.4487	-0.4966	0.5866	0.2879	-0.8333	-0.3573	-0.176
中福实业	2013	0.3656	-1.4429	-0.3524	0.55	0.4226	-0.3648	-0.3184	-0.1326

续表

名称	年份	FAC_ 1	FAC_ 2	FAC_ 3	FAC_ 4	FAC_ 5	FAC_ 6	FAC_ 7	ZHDF
永安林业	2010	−0. 5963	0. 0952	−0. 5977	0. 1832	−0. 654	0. 3235	−0. 5631	−0. 2043
永安林业	2011	−0. 6841	0. 0884	−1. 1543	0. 2549	−0. 4521	0. 3264	−0. 8329	−0. 2731
永安林业	2012	−0. 672	0. 1378	−0. 6451	0. 2827	−0. 1788	0. 5709	−0. 3377	−0. 1437
永安林业	2013	−0. 7583	0. 0533	−0. 569	0. 1915	0. 0221	0. 4302	−0. 7014	−0. 1894
正虹科技	2010	−0. 4769	−0. 0977	−0. 0685	−0. 7201	−0. 7031	0. 2175	−0. 3818	−0. 2313
正虹科技	2011	−0. 4024	−0. 0594	−0. 0855	−0. 669	−0. 5731	0. 169	−0. 3258	−0. 1996
正虹科技	2012	−0. 4439	−0. 0375	−0. 131	−0. 7721	−0. 5014	0. 2861	−0. 329	−0. 2048
正虹科技	2013	−0. 3863	−0. 02	−0. 3571	−0. 8225	−0. 2962	0. 2731	−0. 268	−0. 2004
丰乐种业	2010	−0. 2445	0. 0684	0. 4374	−0. 7771	−0. 1422	0. 4031	−0. 0784	−0. 0472
丰乐种业	2011	−0. 2372	0. 1256	0. 1038	−0. 7882	0. 0036	0. 3366	−0. 0376	−0. 0631
丰乐种业	2012	−0. 2346	0. 0625	0. 1726	−0. 7741	0. 18	0. 2078	0. 3491	−0. 0344
丰乐种业	2013	−0. 2815	−0. 0125	0. 0949	−0. 8798	0. 3586	0. 2849	0. 2052	−0. 0612
罗牛山	2010	0. 1859	−0. 133	−0. 7385	0. 3363	−0. 502	1. 3721	1. 2863	0. 1071
罗牛山	2011	−0. 2887	−0. 7645	−0. 2869	0. 2356	−0. 3623	0. 3133	−0. 1408	−0. 1827
罗牛山	2012	−0. 318	−0. 6185	−0. 5453	0. 1577	−0. 3224	0. 8832	0. 1372	−0. 1421
罗牛山	2013	−0. 4129	−0. 7881	−0. 4237	0. 269	−0. 0569	0. 4208	0. 1086	−0. 1747
中水渔业	2010	0. 8245	0. 1169	−0. 2488	−0. 5831	1. 4936	−0. 756	−0. 3812	0. 1313
中水渔业	2011	0. 174	0. 0673	−0. 1359	−0. 6203	1. 5246	−0. 8323	−0. 2823	0. 0143
中水渔业	2012	0. 536	0. 0439	−0. 2019	−0. 5145	1. 5352	−1. 2787	−0. 0674	0. 0662
中水渔业	2013	1. 038	1. 1179	−0. 7895	0. 9147	8. 3291	0. 5267	−2. 1398	0. 8524
顺鑫农业	2010	−0. 6525	−0. 9743	0. 57	2. 655	0. 0232	0. 537	−0. 6828	0. 0177
顺鑫农业	2011	−0. 6435	−1. 0644	0. 7103	3. 4391	0. 2244	0. 4024	−0. 5605	0. 1005
顺鑫农业	2012	−0. 7782	−1. 2152	0. 1746	4. 2273	0. 4678	−0. 0616	−0. 7842	0. 0407
顺鑫农业	2013	−0. 9089	−1. 4583	0. 522	5. 723	1. 0667	−0. 2816	−0. 9319	0. 1631
新希望	2010	−0. 2176	1. 274	0. 509	0. 2253	−0. 9044	0. 0667	0. 4833	0. 1737
新希望	2011	−0. 1962	1. 6333	1. 6834	4. 1046	−1. 7569	−2. 865	3. 8562	0. 6298
新希望	2012	0. 1869	2. 7206	0. 5544	4. 4977	−1. 355	−1. 0624	1. 0356	0. 7413
新希望	2013	0. 0264	2. 4228	0. 8455	4. 5277	−0. 8948	−1. 1323	0. 3208	0. 6851
隆平高科	2010	−0. 5297	−0. 0802	0. 2228	−0. 7933	0. 1452	0. 2785	0. 5763	−0. 0894
隆平高科	2011	−0. 6315	0. 0268	0. 4639	−0. 7211	0. 5351	0. 5486	0. 9001	0. 0031
隆平高科	2012	−0. 5302	0. 5179	0. 3021	−0. 6425	0. 5144	0. 9016	1. 029	0. 1103
隆平高科	2013	−0. 9876	0. 1682	0. 2944	−0. 8012	0. 6604	0. 3098	2. 1135	0. 0029

续表

名称	年份	FAC_ 1	FAC_ 2	FAC_ 3	FAC_ 4	FAC_ 5	FAC_ 6	FAC_ 7	ZHDF
登海种业	2010	-0.0365	-0.7243	1.3451	-0.6227	1.1439	-0.6781	2.5968	0.1778
登海种业	2011	0.0586	-1.0344	0.7915	-0.7464	0.7641	-1.5858	3.9098	0.0835
登海种业	2012	0.2507	-0.4541	0.4215	-0.4963	0.8425	0.2116	4.843	0.3673
登海种业	2013	0.201	-0.7133	0.7223	-0.6211	0.994	-0.4466	6.5834	0.4198
獐子岛	2010	-0.1074	-0.4597	0.9602	0.522	-0.1916	1.1978	0.3305	0.1417
獐子岛	2011	0.4698	0.3903	-0.372	0.8719	0.0565	3.8415	5.2735	0.7706
獐子岛	2012	-0.1211	-0.154	-0.7137	0.5876	0.2735	2.0606	2.0215	0.219
獐子岛	2013	-0.2313	-0.1703	-0.8133	0.2919	0.2605	2.1836	2.3514	0.1894
东方海洋	2010	-0.0833	-0.7155	0.1313	0.0709	-0.8602	0.4076	-0.4271	-0.1582
东方海洋	2011	-0.153	-0.715	0.2636	0.0488	-0.7767	0.6475	-0.4429	-0.139
东方海洋	2012	-0.2462	-0.7097	0.2437	0.0319	-0.4888	0.7834	-0.4088	-0.127
东方海洋	2013	-0.3065	-0.6991	-0.0539	-0.0124	-0.2642	0.6985	-0.418	-0.1599
天康生物	2010	-0.2811	1.6849	0.1717	-0.3152	0.0695	-0.2674	-0.3769	0.1337
天康生物	2011	-0.4364	1.1235	-0.0242	-0.3944	-0.2314	-0.4472	-0.5596	-0.0442
天康生物	2012	-0.4821	1.439	0.0514	-0.1904	0.3527	-0.0829	-0.5079	0.0852
天康生物	2013	-0.4707	0.7554	0.302	-0.5186	0.542	-0.2885	-0.4383	-0.005
天邦股份	2010	-0.4609	1.0528	-0.0164	-0.5409	-0.575	-0.849	-0.6794	-0.1292
天邦股份	2011	-0.5542	1.1948	-0.1664	-0.5103	-0.2322	-0.4502	-0.6076	-0.0836
天邦股份	2012	-0.5964	1.2981	-0.035	-0.0173	0.1594	-0.2044	-0.6044	0.0222
天邦股份	2013	-0.7032	1.3998	0.0301	-0.0756	0.1857	-0.0492	-0.6221	0.0289
正邦科技	2010	-0.4509	0.9892	-0.0358	-0.2992	-0.665	-0.5073	-0.4426	-0.0867
正邦科技	2011	-0.4847	1.0501	0.1023	-0.104	-0.7384	-0.4913	-0.5563	-0.066
正邦科技	2012	-0.6366	1.1938	-0.1678	0.2217	-0.8215	-0.3482	-0.3508	-0.0575
正邦科技	2013	-0.7328	1.3418	-0.7205	0.2129	-0.5736	-0.1803	-0.2931	-0.0778
千足珍珠	2010	-0.183	-0.7326	0.1019	0.1004	-0.6427	0.8916	-0.5249	-0.1381
千足珍珠	2011	-0.234	-0.6696	-0.0873	0.1145	-0.5209	0.6856	-0.5687	-0.164
千足珍珠	2012	-0.1688	-0.6668	-0.0988	0.1411	-0.4538	0.6403	-0.2319	-0.127
千足珍珠	2013	-0.2941	-0.7113	-0.2029	0.0953	-0.3213	0.6155	-0.4948	-0.1795
民和股份	2010	-0.3002	-0.5671	0.1356	0.0116	0.0618	0.5498	-0.2812	-0.0971
民和股份	2011	0.4435	-0.39	1.6514	0.0863	0.2974	0.7865	-0.0103	0.2731
民和股份	2012	-0.1806	-0.5651	-0.9414	-0.1849	0.783	0.4231	-0.0812	-0.1409
民和股份	2013	-0.4309	-0.6923	-1.8004	-0.3103	1.0418	0.5231	-0.0594	-0.2742

续表

名称	年份	FAC_ 1	FAC_ 2	FAC_ 3	FAC_ 4	FAC_ 5	FAC_ 6	FAC_ 7	ZHDF
圣农发展	2010	-0.0913	-0.5364	6.59E-01	0.3991	-1.0258	0.2471	-0.3252	-0.0711
圣农发展	2011	0.1995	-0.5041	0.5876	0.3758	-0.874	0.5307	-0.3735	0.0053
圣农发展	2012	-0.2289	-0.5047	-0.4173	0.4627	-0.7772	0.3935	-0.3798	-0.1696
圣农发展	2013	-0.3843	-0.4311	-0.8699	0.5582	-0.7957	0.5462	-0.3857	-0.217
海大集团	2010	0.1606	1.5212	0.3921	-0.3464	-0.1599	-0.8352	-0.1993	0.1701
海大集团	2011	0.1845	2.3549	0.0684	-0.0361	0.5086	-0.4757	-0.1185	0.3611
海大集团	2012	-0.4041	0.9546	0.4372	-0.3344	-0.1976	-0.569	-0.0163	0.0183
海大集团	2013	-0.1488	2.7532	-0.3518	0.0577	0.5599	0.1489	0.0616	0.3762
华英农业	2010	-0.5839	-0.0658	0.333	-0.8496	-0.0541	0.503	-0.218	-0.1415
华英农业	2011	-0.6274	-0.0779	0.6353	-0.5992	0.0687	0.5388	-0.2748	-0.0925
华英农业	2012	-0.8199	-0.0472	-0.2873	-0.903	0.5699	0.6175	0.0343	-0.1801
华英农业	2013	-0.7555	-0.0504	-0.8891	-0.9505	0.6074	0.5187	-0.0095	-0.2388
大北农	2010	0.6263	1.6303	0.6998	-0.2567	-0.4463	0.0738	-0.3673	0.3387
大北农	2011	0.6162	2.2209	0.8813	-0.0229	-0.2467	0.6398	0.7037	0.5758
大北农	2012	0.4645	3.0403	0.3115	0.1911	0.2302	0.8457	0.6192	0.6649
大北农	2013	0.3639	5.4251	-0.6885	1.4657	1.8232	1.681	0.5589	1.1503
壹桥苗业	2010	0.8427	0.2455	1.2099	-0.7481	-0.7204	1.223	0.1525	0.2862
壹桥苗业	2011	-0.0749	-0.0355	0.9922	-0.848	-0.6623	0.8414	-0.278	-0.0024
壹桥苗业	2012	-0.0395	-0.15	0.8585	-0.7545	-0.3064	0.5997	0.0987	0.0169
壹桥苗业	2013	-0.5148	-0.1741	0.7489	-0.7346	-0.7785	-0.0686	1.057	-0.102
益生股份	2010	0.3542	0.0118	0.6273	-0.7414	-1.0529	0.6167	-0.2288	0.017
益生股份	2011	0.7182	0.3677	2.1314	-0.6079	-0.5573	0.8447	-0.2085	0.347
益生股份	2012	-0.2746	0.0217	-0.0439	-0.8599	-0.5302	0.4314	-0.3049	-0.1548
益生股份	2013	-0.7545	-0.0281	-2.0192	-0.9466	-0.2127	0.4602	-0.1905	-0.4223
雏鹰农牧	2010	1.4264	0.1394	1.2334	-0.6652	-1.0733	0.4564	0.0526	0.3075
雏鹰农牧	2011	0.391	0.2063	2.0186	-0.6529	-0.8995	0.8225	0.4243	0.2624
雏鹰农牧	2012	-0.2062	0.1858	0.5035	-0.5609	-0.8989	1.1336	1.0564	0.066
雏鹰农牧	2013	-0.6388	0.0814	-0.1488	-0.5768	-0.4873	0.84	0.3243	-0.1312
大康牧业	2010	5.5499	-0.552	-0.0072	-0.0156	-1.0898	1.0141	-0.7865	0.8973
大康牧业	2011	1.6754	-0.7655	0.1362	-0.1768	-0.6683	-2.9232	-0.2551	-0.0511
大康牧业	2012	1.039	-0.8328	-0.5703	-0.1984	-0.4689	-2.5634	-0.1475	-0.2062
大康牧业	2013	0.3175	-0.837	-0.3308	-0.2731	-0.2514	-2.3732	-0.1536	-0.2963

续表

名称	年份	FAC_ 1	FAC_ 2	FAC_ 3	FAC_ 4	FAC_ 5	FAC_ 6	FAC_ 7	ZHDF
金新农	2010	-0. 1101	0. 4175	0. 9671	-0. 2168	0. 6624	-0. 6851	-0. 6832	0. 0743
金新农	2011	1. 1688	0. 5626	0. 3353	-0. 2769	0. 532	-0. 5579	-0. 4331	0. 2806
金新农	2012	0. 9273	0. 5098	-0. 0116	-0. 315	0. 6398	-0. 7037	-0. 4766	0. 186
金新农	2013	0. 5159	0. 5849	-0. 1322	-0. 3394	0. 8567	-0. 712	-0. 4216	0. 1241
荃银高科	2010	1. 9685	-0. 7128	0. 5329	-0. 5737	0. 5308	-0. 1122	0. 738	0. 3525
荃银高科	2011	-0. 0367	-0. 622	-0. 1396	-0. 8124	2. 3431	0. 0546	0. 4176	0. 0258
荃银高科	2012	0. 0122	-0. 5848	-0. 0189	-0. 677	1. 2341	0. 1277	0. 034	-0. 0368
荃银高科	2013	0. 0399	-0. 5029	-0. 258	-0. 5512	1. 8962	0. 1286	0. 0196	0. 0139
国联水产	2010	1. 1992	-0. 8883	-0. 1942	0. 4922	0. 0588	0. 4677	-0. 2184	0. 1453
国联水产	2011	1. 1148	-0. 8659	-0. 6282	0. 4812	0. 2095	0. 2654	-0. 1842	0. 0884
国联水产	2012	0. 2924	-1. 0579	-1. 5564	0. 7915	0. 3696	-0. 1862	-0. 3414	-0. 1859
国联水产	2013	0. 1651	-1. 3511	-0. 2598	0. 5253	0. 2589	-0. 1045	-0. 3616	-0. 1479
西部牧业	2010	0. 5438	0. 9437	0. 2431	-0. 7491	-0. 7527	0. 1553	-0. 747	0. 1007
西部牧业	2011	0. 0525	0. 9775	1. 86E -01	-0. 7532	-0. 2763	0. 2546	-0. 7982	0. 0455
西部牧业	2012	-0. 3284	0. 9335	0. 0991	-0. 7925	-0. 4743	0. 1504	-0. 6365	-0. 0548
西部牧业	2013	-0. 4124	0. 951	0. 0198	-0. 7661	-0. 5233	0. 2624	-0. 7388	-0. 0764
星河生物	2010	3. 1803	-0. 5664	0. 6121	-0. 1993	-0. 7606	0. 5172	-0. 4802	0. 5088
星河生物	2011	3. 4905	-0. 5629	0. 0849	-0. 2191	-0. 616	0. 3552	-0. 4954	0. 5123
星河生物	2012	0. 0907	-0. 6981	-0. 0651	-0. 6399	0. 2072	-0. 1724	-0. 3063	-0. 1554
星河生物	2013	-0. 3701	-0. 7273	-1. 8874	-0. 7346	0. 189	-0. 1711	-0. 2017	-0. 4289
大华农	2010	0. 5009	-0. 924	0. 6647	0. 7375	1. 111	0. 8	-0. 103	0. 2215
大华农	2011	3. 8067	-0. 8574	0. 0442	0. 9851	0. 2219	1. 0317	-0. 2878	0. 747
大华农	2012	4. 2957	-0. 6046	-0. 2691	1. 1746	0. 6519	1. 4074	0. 292	0. 9511
大华农	2013	1. 9776	-0. 7559	-0. 2544	0. 9646	1. 3911	0. 8812	0. 326	0. 5018
神农大丰	2010	0. 5176	0. 1713	0. 7603	-0. 6882	-0. 0663	0. 2713	-0. 5584	0. 1154
神农大丰	2011	5. 4723	0. 263	-0. 2047	-0. 2166	-1. 522	0. 3085	-0. 2808	0. 9128
神农大丰	2012	1. 7551	0. 1959	0. 0466	-0. 7759	-0. 4751	0. 5359	-0. 0542	0. 2918
神农大丰	2013	0. 7867	0. 1503	-5. 00E -04	-0. 9554	0. 1273	0. 6127	0. 0629	0. 1409
开创国际	2010	-0. 5849	-0. 8174	-0. 1219	-0. 6924	1. 5434	-0. 1534	-0. 0374	-0. 1926
开创国际	2011	-0. 4225	-0. 8059	0. 2825	-0. 5658	0. 6736	-0. 0503	-0. 2908	-0. 1826
开创国际	2012	-0. 2169	-0. 7718	0. 7798	-0. 5584	0. 8025	0. 0528	-0. 1973	-0. 0673
开创国际	2013	-0. 1971	-0. 7666	0. 5593	-0. 6188	0. 9325	-0. 0223	-0. 2059	-0. 0859

续表

名称	年份	FAC_ 1	FAC_ 2	FAC_ 3	FAC_ 4	FAC_ 5	FAC_ 6	FAC_ 7	ZHDF
亚盛集团	2010	-0. 1962	-0. 0517	0. 1656	-0. 6522	-1. 3269	0. 2307	-0. 3344	-0. 1851
亚盛集团	2011	-0. 1199	-0. 0188	0. 1076	-0. 5587	-1. 4161	0. 0385	-0. 4424	-0. 1901
亚盛集团	2012	0. 2659	0. 1642	0. 4194	-0. 4494	-1. 255	0. 1125	-0. 4433	-0. 0361
亚盛集团	2013	0. 1234	0. 0226	0. 347	-0. 5819	-1. 2554	0. 1548	-0. 4709	-0. 0996
金健米业	2010	-0. 6368	0. 7442	-0. 3292	-0. 2699	-0. 6658	-0. 3612	-0. 5475	-0. 179
金健米业	2011	-0. 6623	0. 8021	-0. 7891	-0. 4601	-0. 6363	-0. 6254	-0. 5784	-0. 2546
金健米业	2012	-0. 6672	0. 7349	-0. 3532	-0. 4315	-0. 6467	-0. 7302	-0. 6239	-0. 2297
金健米业	2013	-0. 1644	0. 8118	-0. 3212	-0. 557	-0. 4459	-0. 6064	-0. 371	-0. 0936
吉林森工	2010	-0. 1835	-1. 4144	-0. 2279	1. 032	0. 1614	-0. 4667	-0. 292	-0. 2025
吉林森工	2011	-0. 1677	-1. 4388	-0. 132	1. 0497	0. 078	-0. 7947	-0. 348	-0. 2231
吉林森工	2012	-0. 3711	-1. 4704	-0. 359	0. 8538	0. 5173	-0. 6752	-0. 2979	-0. 2615
吉林森工	2013	-0. 3568	-1. 4595	-0. 3236	1. 0588	0. 3504	-0. 3409	-0. 3678	-0. 2311
中牧股份	2010	-0. 4424	1. 6824	0. 676	0. 3929	2. 0456	0. 4529	-0. 3054	0. 4088
中牧股份	2011	-0. 0286	1. 861	1. 1392	0. 4226	2. 4044	0. 5107	-0. 4368	0. 5809
中牧股份	2012	0. 0787	1. 7107	0. 3798	0. 3322	0. 7119	0. 1997	-0. 4156	0. 3549
中牧股份	2013	0. 1664	1. 8992	0. 1958	0. 6028	1. 9874	0. 4457	-0. 39	0. 5125
冠农股份	2010	-0. 7001	-0. 1187	-0. 1844	-0. 8621	-0. 2344	0. 5816	0. 0138	-0. 2161
冠农股份	2011	-0. 7356	-0. 1578	0. 6731	-0. 7177	-0. 1904	0. 6776	-0. 2598	-0. 1388
冠农股份	2012	-0. 7368	-0. 187	1. 0176	-0. 4868	0. 3283	0. 6481	0. 0081	-0. 0366
冠农股份	2013	-0. 7158	-0. 2185	1. 1224	-0. 9498	0. 6888	0. 3548	0. 8269	-0. 0067
大湖股份	2010	-0. 197	-1. 4881	-0. 0377	0. 4027	0. 021	-0. 0547	-0. 3531	-0. 2363
大湖股份	2011	-0. 1547	-1. 4798	-0. 3688	0. 3852	0. 0339	-0. 1775	-0. 2906	-0. 2648
大湖股份	2012	-0. 1737	-1. 4683	-0. 3756	0. 4799	-0. 1311	-0. 0269	-0. 3187	-0. 2633
大湖股份	2013	0. 0169	-1. 3846	0. 2264	0. 5001	0. 2478	0. 3186	0. 2829	-0. 0661
*ST 景谷	2010	-0. 2986	-1. 436	-0. 3731	0. 46	-0. 0611	0. 1301	-0. 1433	-0. 257
*ST 景谷	2011	-0. 534	-1. 2477	-2. 9617	0. 45	0. 1683	0. 0776	-0. 3427	-0. 5321
*ST 景谷	2012	-0. 639	-1. 0944	-3. 8052	0. 5629	0. 2836	0. 3727	-0. 1108	-0. 5622
*ST 景谷	2013	-0. 9341	-1. 8138	0. 1335	0. 3963	0. 0854	-0. 1429	0. 2949	-0. 3626
中农资源	2010	1. 098	0. 0823	-0. 6046	-0. 3303	2. 7616	-3. 9919	0. 0861	0. 0725
中农资源	2011	0. 5323	0. 0115	-0. 5015	-0. 1902	0. 0557	-3. 5903	-0. 4368	-0. 2249
中农资源	2012	0. 226	0. 0321	-0. 4665	-0. 173	0. 4745	-3. 4681	-0. 2441	-0. 2236
中农资源	2013	0. 2905	0. 1584	-0. 3782	-0. 4706	0. 9242	-2. 0064	-0. 3641	-0. 089

续表

名称	年份	FAC_ 1	FAC_ 2	FAC_ 3	FAC_ 4	FAC_ 5	FAC_ 6	FAC_ 7	ZHDF
敦煌种业	2010	-0.7382	-1.0708	0.2696	0.2092	-0.1712	0.1361	1.5872	-0.144
敦煌种业	2011	-0.5362	-0.8454	-0.3559	0.006	0.0506	0.5307	0.4985	-0.1813
敦煌种业	2012	-0.6384	-0.7342	-1.0762	0.4548	0.4734	0.8122	-0.0526	-0.2044
敦煌种业	2013	-0.6886	-0.8225	-0.4614	0.0802	0.664	0.551	0.9472	-0.1364
新农开发	2010	-0.7149	-0.0565	-0.3078	-0.1256	-0.4623	0.3913	0.6329	-0.1503
新农开发	2011	-0.885	0.1962	-4.5147	-0.4046	-1.2024	0.5266	0.539	-0.639
新农开发	2012	-0.7482	-0.133	0.0504	-0.4281	-1.6288	0.5908	-0.6082	-0.3077
新农开发	2013	-0.9016	-0.0392	-0.196	-0.5581	-0.557	0.8155	0.1397	-0.2185
万向德农	2010	-0.5848	-0.0606	0.3113	-0.7401	-0.0043	0.1336	-0.2552	-0.157
万向德农	2011	-0.7243	-0.0155	0.6848	-0.7291	0.3225	0.2801	-0.1208	-0.0969
万向德农	2012	-0.7313	-0.0896	0.6984	-0.7728	0.2417	0.0263	6.00E-04	-0.1256
万向德农	2013	-0.8796	-0.1321	-0.6384	-0.9503	0.5325	0.0945	-0.0043	-0.2814
通威股份	2010	-0.5648	1.3826	-0.0042	0.1861	-0.5097	-0.081	-0.5505	0.0228
通威股份	2011	-0.5938	1.3883	-0.3108	0.2334	-0.3013	-0.1981	-0.3711	0.0106
通威股份	2012	-0.6197	1.7714	-0.3756	0.4388	0.0296	-0.2304	-0.4691	0.0852
通威股份	2013	-0.4536	1.8042	0.1187	0.5659	0.1333	-0.1559	-0.3261	0.2021
好当家	2010	-0.2376	-0.7082	0.0845	-0.0165	-0.0053	0.465	-0.2801	-0.1226
好当家	2011	0.0803	-0.4487	0.108	0.0022	0.3248	0.9534	-0.2368	0.0355
好当家	2012	-0.0713	-0.4178	-0.008	-0.0262	0.79	0.947	-0.0112	0.0453
好当家	2013	-0.3191	-0.6901	-0.2151	-0.1259	0.9208	0.64	0.101	-0.0711
香梨股份	2010	-0.0828	0.5943	-0.2518	-0.8268	-0.5194	-2.4735	0.2785	-0.2113
香梨股份	2011	0.2124	-0.0365	-0.3722	-0.9285	-0.3063	-5.3262	3.9387	-0.2035
香梨股份	2012	0.5341	0.7453	-0.4013	-0.911	-0.7129	-1.026	-0.5005	-0.0653
香梨股份	2013	5.0048	0.951	-0.9388	-0.3759	-0.6086	-0.0366	-0.4799	0.8651
新赛股份	2010	-0.4813	-0.117	0.2935	-0.347	-1.4827	-0.5427	0.0854	-0.2446
新赛股份	2011	-0.6907	-0.0301	-1.6555	-0.4338	-1.338	-0.279	-0.326	-0.4706
新赛股份	2012	-0.5696	-0.1813	0.0967	-0.2725	-1.1913	-0.3286	-0.3254	-0.274
新赛股份	2013	-0.7329	-0.295	-0.3494	-0.4903	-1.0479	-0.1514	0.4286	-0.3128
北大荒	2010	-0.2573	-0.1274	-0.199	1.737	-1.7472	0.4019	-0.0299	-0.0417
北大荒	2011	-0.2794	-0.2146	-0.033	2.9061	-1.3771	0.3504	-0.3869	0.0581
北大荒	2012	-0.3063	-0.0952	-0.7065	1.9734	-1.4652	0.3344	-0.2198	-0.0728
北大荒	2013	-0.3219	-0.188	-0.8824	1.6805	-1.4146	0.4521	-0.1842	-0.1169

续表

名称	年份	FAC_ 1	FAC_ 2	FAC_ 3	FAC_ 4	FAC_ 5	FAC_ 6	FAC_ 7	ZHDF
福成五丰	2010	0. 0243	-0. 0697	-0. 2502	-0. 8731	-1. 1959	0. 2516	-0. 4576	-0. 2031
福成五丰	2011	0. 0404	-0. 07	0. 1188	-0. 8549	-0. 9553	0. 3273	-0. 4872	-0. 1413
福成五丰	2012	-0. 0696	-0. 0719	0. 1228	-0. 8707	-0. 7394	0. 3959	-0. 468	-0. 1417
福成五丰	2013	-0. 1145	-0. 1264	0. 3474	-0. 7052	0. 4381	0. 3762	0. 0216	-0. 0058
新五丰	2010	0. 006	-0. 1427	-0. 0126	-0. 5491	-1. 0808	-2. 0282	-0. 2597	-0. 2949
新五丰	2011	0. 0415	-0. 071	0. 5368	-0. 7068	-0. 2967	-0. 9602	-0. 2349	-0. 1082
新五丰	2012	-0. 1454	-0. 0819	0. 0298	-0. 7326	-0. 7107	-1. 0202	-0. 3039	-0. 2356
新五丰	2013	-0. 3272	-0. 1143	-0. 1138	-0. 6357	-0. 6869	-1. 3703	-0. 2754	-0. 2996

资料来源：国泰安 CSMAR 数据库。

参考文献

[1] Chang J. Agriculture Productivity, Government Expenditure and Economic Growth [J]. American Journal of Agriculture Economics, 2001 (5).

[2] Barro R. Government Spending in a Simple Model of En – dogenous Growth [J]. Journal of Political Economy, 1990 (15).

[3] Lundahl, Mats. 'Efficient but Poor' – Schultz' Theory of Traditional Agriculture [J]. Scandinavian Economic History Review, 1987, 35 (01), 108 – 129.

[4] Theodore William Schultz. Transforming Traditional Agriculture, 1987.

[5] Ulrich Koester. Governance of the Common Agricultural Policy in the New Member States [J]. Euro Choices, 2004.

[6] Jensen F. E. The Farm Credit System as a Government – sponsored Enterprise [J]. Review of agricultural economics, 2000, 22 (2): 326 – 335.

[7] OECD. A. C. Gui delines on Poverty eduction [J]. Working Paper, 2001.

[8] Naude W., Coetzee R. Globalisation and Inequality in South Africa: Modelling the Labour Market Transmission [J]. Journal of Policy Modeling, 2004, 26 (8 – 9): 911 – 925.

[9] Salih, Chris. Agriculturefunds wilt Inmarketheat [J]. Money Marketing, 2008.

[10] Spittler, Justin, Ross, Robert, Block, Walter. The Economic Impact of Agricultural Subsidies in the United States [J]. The Journal of Social, Political, and Economic Studies, 2011.

[11] Beason R. and Weinstein D. E. Growth, Economies of Scale and Targeting in Japan (1955 – 1990) [J]. There View of Economies and Statistics, 1996, 78: 286 – 295.

[12] Lee, J. W. Government Interventions and Productivity Growth [J]. Journal of Economic Growth, 1996, 1 (3): 391 – 414.

［13］ Van Tongeren F. W. Microsimulation of Corporate Response to Investment Subsidies ［J］. Journal of Policy Modeling, 1998, 20 (1): 55 – 75.

［14］ Bergstrom F. Capital Subsidies and the Performer of firms ［J］. Small business economics, 2000, 14: 183 – 193.

［15］ Tzelepis D., Skuras D. The Effects of Regional Capital Subsidies on Firm Performance: An Empirical Study ［J］. Journal of Small Business and Enterprise Development, 2004, 11 (1): 121 – 129.

［16］ 杨伯坚. 2004 ~ 2008 年中国财政农业支出效率的实证分析——基于省际面板数据的 DEA – TOBIT 两步法 ［J］. 财政研究, 2012 (3): 23 – 25.

［17］ 刘穷志, 卢盛峰. 财政支农支出绩效评估与数量优化研究 ［J］. 中南财经大学学报, 2009 (2): 51 – 53.

［18］ 方鸿. 政府财政支农资金效率的地区比较——基于三阶段 DEA 模型的实证分析 ［J］. 软科学, 2011 (7): 27 – 32.

［19］ 张鸣鸣. 我国农村公共产品效率评价——基于 DEA 方法的时间单元检验 ［J］. 经济体制改革, 2010 (1): 107 – 111.

［20］ 彭克强. 改革开放以来我国财政支农效率的实证分析 ［J］. 经济纵横, 2008 (9): 49 – 50.

［21］ 何军, 胡亮. 基于 DEA 模型的国家财政支农资金效率评价 ［J］. 生产力研究, 2010 (8): 74 – 74.

［22］ 陈丽华. 我国财政农业投入的公平与效率效应及政策优化——基于 1978 ~ 2006 年统计数据的实证分析 ［J］. 中央财经大学学报, 2010 (1): 17 – 22.

［23］ 康书生, 尹成远, 刘振威. 财政金融政策对农民收入绩效的实证研究 ［J］. 中央财经大学学报, 2010 (6): 7 – 12.

［24］ 杨建华, 岳振华. 我国财政支农资金对农民收入影响的实证分析——基于 1991 ~ 2010 年数据的检验 ［J］. 软科学, 2013 (1): 42 – 46.

［25］ 张亦工, 胡振虎. 农村基础设施建设与农民增收研究——一个农业财政资金整合的视角 ［J］. 山东大学学报哲学社会科学版, 2008 (2): 90 – 97.

［26］ 张攀峰. 财政农业支出对农村居民消费影响的经验分析 ［J］. 财经问题研究, 2012 (2): 106 – 108.

［27］ 朱牡丹, 张永杰, 耿强. 财政支农结构与城乡居民收入差距——基于统筹城乡发展视角 ［J］. 生态经济, 2009 (4): 48 – 50.

［28］ 朱迎春. 我国财政支农资金的收入分配效应研究 ［J］. 当代财经, 2013 (9): 39 – 47.

[29] 姚林香．居民收入差距与财政政策的关联度［J］．改革，2011（3）：137－139.

[30] 钟德仁，梁俊凤，王茜，郝渊．制度变迁中财政支农资金低效锁定研究［J］．财经论丛，2012（7）：27－32.

[31] 赵璐，吕杰．我国财政支农效率的区域差异研究［J］．经济问题，2011（4）：102－105.

[32] 徐建军，星焱．财政支农粮食产出效应的区域比较研究［J］．财政研究，2013（1）：54－57.

[33] 林江，李普亮．地方财政农业投入与农村居民消费增长——基于省级面板数据的实证分析［J］．地方财政研究，2011（11）：55－60.

[34] 李普亮，贾卫丽．地方财政农业投入的最优规模分析［J］．税务与经济，2011（5）：42－47.

[35] 林万龙，张莉琴．农业产业化龙头企业政府财政补贴政策效率［J］．中国农村经济，2004（10）：33－37.

[36] 邹彩芬，许家林，王雅鹏．政府财税补贴政策对农业上市公司绩效影响实证分析［J］．农业经济问题，2006（03）：53－58.

[37] 冷建飞，王凯．补贴对农业上市公司盈利的影响研究——基于面板数据模型的分析［J］．江西农业大学学报，2007（19）：134－137.

[38] 彭熠，胡建峰．财政补贴优惠政策与农业上市公司经营绩效［J］．四川大学学报，2009（3）：86－94.

[39] 黄海洋，夏禹，赵明．财政支农结构偏差的实证分析［J］．贵州农业科学，2008（2）：168－171.

[40] 刘旦．财政支农结构与农民收入增长的关系［J］．北方经济，2006（12）：35－37.

[41] 彭克强，鹿新华．中国财政支农投入与粮食生产能关系的实证分析［J］．农业技术经济，2010（9）：18－29.

[42] 曹子坚，魏巍，宋亚．国家财政支农投入与农民纯收入之间的数量关系［J］．统计与决策，2007（4）：72－74.

[43] 管鹏，刘荣茂．农业信贷、财政支农投入对农民收入增长的有效性研究——以江苏省为例［J］．经济与科技，2007（11）：102－103.

[44] 张甲东．中国财政支农投入对农业产出增长影响的研究——基于中国1981～2005年相关数据的实证分析［J］．经济研究导刊，2009（1）：11－12.

[45] 刘国辉，林娅琪．财政支农支出与农民收入关系实证研究——以辽宁省为例［J］．地方财政研究，2010（10）.

[46] 李琼，严伟涛．重庆支农政策与支农资金效应：重庆个案［J］．重庆社会科学，2010（5）：32－37.

[47] 李健，邱立成，安小会．面向循环经济的企业绩效评价指标体系研究［J］．中国人口资源与环境，2004（4）：121－124.

[48] 温素彬，薛恒新．基于科学发展观的企业三重绩效评价模型［J］．会计研究，2005（04）．

[49] 韩春伟．基于可持续发展的三重企业绩效矢量评价模型［J］．贵州经济学院学报，2009（2）：19－23.

[50] 温素彬．企业三重绩效的层次变权综合评价模型——基于可持续发展战略的视角［J］．会计研究，2010（12）：82－87.

[51] 宋志华，韩亮亮，李凯．财政支农专项资金的绩效模糊综合评价［J］．东北大学学报（自然科学版），2011（8）：1202－1205.

[52] Dorward, Andrew, Chirwa, Ephraim. The Malawi Agricultural Input Subsidy Programme: 2005/06 to 2008/09 [J]. International Journal of Agricultural Sustainability, 2011: 232－247.

[53] Ali, Sonia M; Adams, Richard H., Jr. The Egyptian Food Subsidy System: Operation and Effects on Income Distribution [J]. World Development, 1996 (11): 1777－1791.

[54] Jha, Raghbendra, Gaiha, Raghav, Pandey, Manoj K., Kaicker, Nidhi. Food Subsidy, income Transfer and the Poor: A Comparative Analysis of the Public Distribution System in India's States [J]. Journal of Policy Modeling. 2013 (6): 887.

[55] Geraldo Sant'ana de Camargo Barros, Lucilio Rogerio Aparecido Alves, Osaki, Mauro. Biofuels, Food Security and Compensatory Subsidies [J]. China Agricultural Economic Review, 2010: 433－455.

[56] Torayeh, Neveen M. The Effects of Reducing European and American Subsidies on Agricultural Exports of Developing Countries [J]. The Journal of Developing Areas, 2011: 349－365.

[57] Abdoulkarim Esmaeili, Ayatollah Karami, Bahaeddin Najafi. Welfare Effects of Alternative Targeted food Subsidy Programs in Iran [J]. Food Security, 2013: 451－456.

[58] Sharma, Vijay Paul, Alagh, Munish. Food Subsidy in India: Its Components, Trends, Causes and Reforms for Public Policy [J]. Indian Journal of Agricultural Economics, 2013: 195－221.

［59］Du Yuneng，Sun Bo，Fang Bing. The Review and Reflection of Chinese New Agricultural Subsidy System［J］. Journal of Politics and Law，2011（4）：132 -137.

［60］Guanzhong James Wen；Gene Hsin Chang. Communal Duality. Communal duality：Agricultural Subsidies from TVEs［J］. Contemporary Economic Policy，1999：79 -86.

［61］de Gorter，Harry，Just，David R，Tan，Qinwen. The Socially Optimal Import Tariff and Tax Credit for Ethanol with Farm Subsidies［J］. Agricultural and Resource Economics Review，2009，65 -77.

［62］Bureau，Jean - christophe，Tangermann，Stefan；Matthews，Alan；Viaggi，Davide；Crombez，Christophe. The Common Agricultural Policy After 2013［J］. Intereconomics，2012，316 -342.

［63］郭春丽，赵国杰．从制度经济学视角评价我国粮食直补政策的绩效［J］．中国农机化，2010（4）：91 -93.

［64］王金晖，张宝忠，王建国．对粮食直补政策实施现状的调查与分析［J］．安徽农业科学，2007（06）：1829.

［65］林弓长，单德鹏．对我国粮食直补政策的分析［J］．中共青岛市委党校青岛行政学院学报，2008（7）：71 -73.

［66］吴茂群，谢晶莹．对我国粮食直补政策问题的探讨［J］．经济研究导刊，2007（12）：70 -71.

［67］唐茂华．当前粮食补贴政策的主要问题及对策［J］．经济界，2010（3）：82 -84.

［68］刘桦，朱云．对中央“粮食直补”及其他农业补贴的政策建议——以绵阳市的情况调查为例［J］．农业科技与信息，2008（21）：3 -4.

［69］冉红毅，罗荣，余胜．对种粮大户补贴政策的探讨［J］．种子，2009（6）：121 -122.

［70］孙艺，胡艳芳．我国粮食补贴政策体系的构建与完善［J］．石家庄经济学院学报，2009（6）：28 -31.

［71］李喜童．新形势下我国粮食直补政策实施中的问题与解决思路［J］．商业时代，2009（19）：117 -119.

［72］张莹．中国粮食直接补贴政策实施效果与展望［J］．农业展望，2013（6）：38 -41.

［73］刘忠侠，张帆，王军，李伟．不挂钩方式下粮食直补绩效分析［J］．安徽农业科学，2009（36）：12866 -12867.

［74］柴洪，杨林娟，尚博，魏翔．甘肃省粮食直补政策效率分析［J］．武

汉理工大学学报（信息与管理工程版），2011（1）：136－139.

［75］刘艳，吴平．我国粮食直补政策效应的实证分析——基于2004～2009年面板数据［J］．农村经济，2012（1）：17－20.

［76］彭嫱，孟俊杰．产粮大县农资综合补贴政策效应分析——以固始县为例［J］．信阳农业高等专科学校学报，2014.

［77］崔奇峰，周宁，孙翠清，吴颖宣．粮农综合补贴对农户生产要素投入的影响分析——以内蒙古太仆寺旗种植业农户雇用农机作业的行为为例［J］．安徽农业科学，2013.

［78］潘群敏．瑞安市农资综合补贴和粮食直补工作的主要做法及建议［J］．现代农业科技，2013（13）：311－312.

［79］魏茂青，郑传芳．农户对农资综合补贴政策的认知及其影响因素分析——基于福建南平的调研［J］．福建论坛（人文社会科学版），2013（5）：145－151.

［80］王秀东，王永春．基于良种补贴政策的农户小麦新品种选择行为分析——以山东、河北、河南三省八县调查为例［J］．中国农村经济，2008（7）：24－31.

［81］冷博峰，任建超，郭军．农作物良种补贴对农户种植决策的影响研究［J］．2012（6）：125－128.

［82］王秀东，王永春．我国农户小麦生产模式对执行良种补贴政策的影响分析——以河南、山东、河北小麦种植情况调查为例［J］．农业经济问题，2007，16－20.

［83］郭军，任建超．良种补贴对粮食质量影响程度研究［J］．经济纵横，2011（8）：86－89.

［84］张冬平，郭震，边英涛．农户对良种补贴政策满意度影响因素分析——基于河南省439个农户调查［J］．农业技术经济，2011（3）：104－110.

［85］颜玄洲，欧一智，姬钰．江西农机具购置补贴政策实施效果分析［J］．中国农机化，2011（5）：28－31.

［86］顾和军．农机具购置补贴的经济效应分析——基于江苏地区的实证研究［J］．农业经济，2008（9）：89－91.

［87］刘宁．我国农机购置补贴对粮食生产成本收益影响分析［J］．经济理论与实践，2010（3）：49－50.

［88］恽竹恬．我国农业机械购置投入分析［J］．农机化研究，2010（3）：70－73.

［89］吴旭峰．公共财政体制下支农资金来源及特点［J］．经济研究，2013

(9)：102－105.

［90］韩财安．健全农村金融服务体系的对策［J］．中国国情国力，2011（6）：32－33.

［91］陈新平．金融化运作：财政支农资金使用方式再探索［J］．宏观经济管理，2008（12）：32－34.

［92］王正艳．我国农村小额贷款公司的发展问题及对策研究［J］．生产力研究，2012（3）：83－84.

［93］周科，王钊．西部农村金融服务缺失的生成机理研究——以重庆市为例［J］．经济问题，2010（5）：92－94.

［94］汪上，胡春阳，李宝礼．财政支农资金投入及整合路径研究——基于县域层面的协整、脉冲响应及 Granger 因果检验［J］．宁夏社会科学，2012（5）：39－43.

［95］肖文兴，向佳炜．农业财政投入问题与政策建言［J］．求索，2011（2）：40－41.

［96］彭克强，胡星城．财政支农资金整合：剖析与展望［J］．甘肃社会科学，2008（3）：107－110.

［97］胡振虎．财政支农资金整合：整和、政合与整壑［J］．当代财经，2009（5）：28－31.

［98］饶培元．新农村建设中基础设施建设机制探析［J］．湖南农业科学，2009（3）：145－147.

［99］逯文生，赵亮，窦永强．整合政府支农资金创新农村投入新机制［J］．中国园艺文摘，2012（3）：187－190.

［100］泽巴足．集中财力办大事——四川财政支农资金整合试点的调查和思考［J］．中国财政，2007（5）：30－32.

［101］庞鉴宏．集中财力办大事——重庆市黔江区开展政府支农投资整合的实践与启示［J］．中国金融，2007（3）：73－74.

［102］王奎泉，刘鹏．县级财政支农资金整合实现路径研究——基于浙江省的调研［J］．财经论丛，2013（1）：13－17.

［103］王继华，张爱国．整合财政支农资金打造农业综合开发示范区［J］．山西财税，2010（8）：27－28.

［104］Wunsch，James S. Strengthening Rural Development Management Through International Assistance Projects：Summary［J］. Public Administration & Development. 1983，235－264.

［105］Coulson，Bernard Paul. Control of European Community Agricultural Ex-

penditure, Regulation 4045/89 [J]. Managerial Auditing Journal, (1993): 13-21.

[106] Harris, Rebecca Lee. Agricultural Policy? Reform in Mexico: A Computable General Equilibrium Analysis [J]. Proquest Dissertations and Theses, 2000, 166.

[107] Juliane von Reppert - Bismarck. EU to Take up Disclosing Who Gets Farm Aid; Publishing Subsidy Lists Could Fuel Global Pressure To End Agricultural Support. Wall Street Journal, Eastern edition, 2005.

[108] Kroupova, Zdenka; Cervena, Gabriela; Antouskova, Michaela. Tools for Agriculture and Rural Development Policy Evaluation [J]. The Business Review, 2009, 208-215.

[109] Nielsen, Laura. Green Farm Subsidies Sponsoring Eco Labeling: Is the Separation of Market Access and Subsidies Regulation in WTO Law Sustainable? [J]. Journal of World Trade, 2009, 1193-1222.

[110] Rednak, Miroslav; Volk, Tina; Erjavec, Emil. A Tool for uniform Classification and Analyses of Budgetary Support to Agriculture for the EU Accession Countries [J]. Agricultural Economics Review, 2013, 76-93.

[111] GAO: Federal Grants: Improvements Needed in Oversight and Accountability Processes. 2011 (23), 3 - 19. http://www.gao.gov/products/GAO-11-773T.

[112] GAO: Farm Programs: Direct Payments Should Be Reconsidered, 2012.

[113] Michael Fiebig. Prudential Regulationand Supervision for Agricultural Finance. 7-94.

[114] GAO: Farmers Have Been Eligible for Multiple Programs and Further Efforts Could Help Prevent Duplicative Payments, 2014.

[115] 张志鹏，张悦玲，张丽明．财政支农资金监管中存在的问题及对策研究［J］．经济与管理，2003（7）：47-55.

[116] 种金睿．支农专项资金管理中存在的问题及对策［J］．消费导刊，2008（8）：77-79.

[117] 胡飞．浅谈农业专项资金的财务管理［J］．中国农业会计，2009（8）：26.

[118] 马晓萍．农业专项资金的管理［J］．河北农业科学，2009（5）：26-27.

[119] 陈学军．加强财政支农资金使用管理的思考［J］．经济研究导刊，2008（19）：14-15.

［120］占玉芳．农业专项资金审计中发现的问题及对策［J］．审计与理财，2008（8）：16－17.

［121］邵淑娥．浅谈新时期财政支农资金的使用管理问题［J］．科技创新与应用，2012（10）：270.

［122］李玲英．论中国财政支农资金会计监督模式［J］．经济研究导刊，2012（2）：181－182.

［123］韩凤清．关于黑龙江省财政支农资金若干问题的探讨［J］．绿色财会，2012（8）：11－12.

［124］吴佶楠，高志刚，刘刚．浅谈完善财政涉农资金管理［J］．农村财政与财务，2012（6）：8－9.

［125］辛波，于淑俐．新农村建设中的公共产品供给与转移支付制度变革刍议［J］．农村经济，2007（12）：9－12.

［126］贠鸿琬．农业专项资金管理存在的问题与对策［J］．农村经济，2008（11）：69－70.

［127］林振平．福建财政支农资金效益的现状和改善的思路［J］．发展研究，2009（12）：62－66.

［128］徐金清．浅议农业基本建设项目财务管理［J］．会计之友（下旬刊）：2009（8）：34－35.

［129］王红梅．财政支农专项资金管理存在的问题及建议［J］．审计月刊，2009（9）：35－36.

［130］谭林根．农业专项资金管理分析［J］．当代经济，2006（8）：60－61.

［131］李连华．我国三农资金监管方式的效率比较分析［J］．经济问题，2010（7）：88－91.

［132］章新蓉，王杏芬．政府支农专项资金监管的博弈模型分析［J］．经济问题，2011（12）：56－60.

［133］陈道燕，李义平．关于发挥乡镇财政支农资金监管作用的调查与思考［J］．财税金融，2011（10）：69.

［134］毕瑞祥．财政支农资金监管研究——基于信息技术视角［J］．财政监督．2012（1）：26－27.

［135］李仿．支农资金管理中的问题及解决对策［J］．商业文化（下半月）2012（4）：110.

［136］董琦．农业专项资金审计的几点思考［J］．现代经济信息，2013（5）：181.

[137] 曾芸．当“社区参与”遭遇行政路径依赖——以G省世界银行贷款项目为例［J］．南京农业大学学报（社会科学版），2014（3）：92-97.

[138] 韩谷．风险管理在世界银行贷款项目投标中的应用［J］．科技信息，2014：457-458.

[139] 刘平平．关于世行贷款项目招投标管理流程的借鉴分析［J］．现代企业文化，2009（23）：90-92.

[140] 李风华．治理理论：渊源、精神及其适用性［J］．湖南师范大学社会科学学报，2003，（5）：45-51.

[141] 尹孝凡，吕杰，王超．基于新制度经济学视角的财政支农效率分析［J］．财经问题研究，2010，（9）：78-82.

[142] 周荣青．财政支农支出中的多重委托代理失灵与治理［J］．地方财政研究，2010，（12）：18-22+28.

[143] 赵云旗．我国粮食直补政策的稳定性分析［J］．经济研究参考，2012，（17）：4-13.

[144] 赵国新，张居贵．我国财政支农资金效益评价分析［J］．中州学刊，2008，（3）：54-56.

[145] 傅英略．对监管者进行监管的理论分析［J］．长白学刊，2008，（2）：87-89.

[146] 楚永生．利益相关者理论最新发展理论综述［J］．聊城大学学报（社会科学版），2004，（2）：33-36.

[147] 杨凤．政府监管的一种规范分析——传统公共利益理论述评及其政策应用［J］．经济纵横，2007，（24）：78-81.

[148] 吕耀，章予舒．农业外部性识别、评价及其内部化［J］．地理科学进展，2007，（1）：123-132.

[149] 陈治，财政激励、金融支农与法制化［J］．当代财经，2010，（10）：25-33.

[150] 章新蓉，程杰，徐向丽．政府支农专项资金审计的博弈分析［J］．江西财经大学学报，2014（3）：86-91.

[151] 冯海发，李微．我国农业为工业化提供资金积累的数量研究［J］．经济研究，1993，（3）：60-64.

[152] 孙圣民．工农业关系与经济发展：计划经济时代的历史计量学再考察——兼与姚洋、郑东雅商榷［J］．经济研究，2009：8.

[153] 陈桂棣，春桃．中国农民调查［M］．人民文学出版社，2004.

[154] 苏明．中国农业财政政策的回顾与展望［R］．中华人民共和国财政

部专题报，2006.

［155］张通，穆树彬等．财政出钱，农民受益——部分省（区）新型农村合作医疗改革试点跟踪调研报告［R］．中华人民共和国财政部调查研究报告，2006.

［156］李冬明．如何预防村干部职务犯罪［J］．农村农业农民．2006（4）：36.

［157］［英］阿克顿．自由与权力：阿克顿勋爵论说文集［M］．商务印书馆，2001：342.

［158］于建嵘．中国当代农民的维权抗争［M］．中国文化出版社，2004.

致谢

本专著是在国家社科基金课题研究成果基础上经过一年完善修改后形成的。作为课题主持人，回首课题研究的整个历程，酸甜苦辣涌上心头，想起在田间地头调研时挥洒的汗水，在课题研究方法上寻求突破时的焦虑失眠，在多方支持下获得研究成果时的欣喜，等等。各种艰辛与酸甜唯有自知，好在课题研究一直得到各方支持，并取得突破，顺利完成国家社科基金课题的结题工作。在此，我向为本课题做出贡献的各方致以衷心感谢！

感谢重庆市财政局相关领导和基层财政处、农业处、政策研究室各位参与者的积极支持，特别是重庆8个区县调研过程中的全力配合和周到的安排，使课题组能获取农村基层组织、乡镇干部、农村大户及农民个人的第一手调研资料，通过实地调研才发现支农专项资金在农村基层出现的问题，并听取了各监管层面对支农专项资金监管的改进建议，课题组得到许多启发和点拨。

感谢本课题组各位主研人员，他们是重庆工商大学陈煦江教授、蒋弘博士、顾飞博士、何玉霞科长、王杏芬博士、汤凤玲博士。他们在课题分工与协作研究和调研过程中提出了一系列新观点，给予我诸多新启发，没有和课题组团队的交流协作和观点碰撞，作为主持人的我是难以完成这一光荣而艰巨任务的。

感谢重庆工商大学程杰、邓飞、徐向丽、陈影、唐莉、夏艳、孟蕾、杨江龙、李修业、张勤、卿赟等研究生，他们先后参与本课题研究过程，特别是在调研中付出了辛苦，并且提出了许多合理化建议。

感谢重庆工商大学江瑜、眭鑫、叶凡等20多位本科同学，他们随课题组深入西部地区广袤的农村和重庆8个区县进行问卷调查，并对问卷数据进行初步整理统计，为课题的一手资料收集做了大量工作。

章新蓉

2016年12月于重庆工商大学